ro
ro
ro

rororo

Anne Gersdorff

Die Idee zu diesem Buch hatte Anne Gersdorff. Sie ist als Referentin für Sozialhelden e. V. tätig und studierte Soziale Arbeit und Leitung – Bildung – Diversität. Anne fühlt sich der Behindertenbewegung verbunden und setzt sich intensiv mit Ableismus und Inklusion auseinander.

Karina Sturm

Karina Sturm ist eine Multimedia-Journalistin aus Deutschland. Sie ist ehemalige medizinisch-technische Laborassistentin und heute Journalistin mit Fokus auf Menschen mit chronischen Erkrankungen und Behinderungen. Karina beendete ihren Master in *International Journalism* mit Auszeichnung an der Edinburgh Napier University in Schottland.

Anne und Karina leben beide mit unterschiedlichen Behinderungen und erleben dadurch in ihrem Alltag Diskriminierung, weshalb beide sich bei AbilityWatch e. V. engagieren und in diesem Buch ableistische Strukturen unserer Gesellschaft aufzeigen.

ANNE GERSDORFF
KARINA STURM

STOPPT ABLEISMUS!

DISKRIMINIERUNG ERKENNEN UND ABBAUEN

Rowohlt Taschenbuch Verlag

2. Auflage Juni 2024
Originalausgabe
Veröffentlicht im Rowohlt Taschenbuch Verlag,
Hamburg, Februar 2024

Covergestaltung zero-media.net, München
Coverabbildung FinePic®, München
Satz aus der Calluna bei Dörlemann Satz, Lemförde
Druck und Bindung CPI books GmbH, Leck
ISBN 978-3-499-01187-0

Inhalt

Vorwort

Ableismus. Ein Wort, neun Buchstaben, keine Ahnung davon, wie man es ausspricht (Ey-be-lis-mus), und darüber, was sich dahinter verbirgt, noch weniger. Dabei ist es eigentlich ganz einfach: Ableismus bezeichnet die Diskriminierung von Menschen mit Behinderung, basierend auf weitverbreiteten Stereotypen und Vorurteilen rund um Behinderung.

Ableismus drückt sich für behinderte Menschen ganz unterschiedlich aus. Sie werden häufig entweder für ihr schlimmes Schicksal bemitleidet oder von der Dominanzgesellschaft dafür bewundert, dass sie «trotz» alledem alltägliche Dinge tun wie arbeiten, feiern oder einkaufen gehen.

Wir Autorinnen leben mit ganz unterschiedlichen Behinderungen – Anne nutzt einen Rollstuhl; Karina hat eine chronische Krankheit, die zu einer unsichtbaren Behinderung führt. Doch eins teilen wir: die täglichen Erfahrungen mit Ableismus.

Stell dir zum Beispiel vor, Anne und Karina wollen zusammen kochen. Anne geht mit ihrer Persönlichen Assistenz einkaufen und sucht das richtige Regal für Pasta. Sofort und ungefragt kommt ein*e Mitarbeiter*in auf die beiden zu. Anne fragt, wo der Gang für Pasta sei. Statt Anne direkt anzusprechen, wendet sich die*der Mitarbeiter*in über Anne hinweg an die Assistenz.

Währenddessen ist Karina auf der Suche nach den passenden Gewürzen. Die stehen in einem Regal ganz weit oben. Heute hat sie starke Schmerzen und kann ihre Arme nicht heben. Sie bittet eine Mitarbeiterin um Hilfe. «Heute ein bisschen faul, hm?», kommentiert diese grummelnd und reicht Karina die Gewürze.

Gleiche Situation, zwei völlig unterschiedliche Erfahrungen mit Ableismus: Karina ist damit konfrontiert, weil sie nicht behindert aussieht, während Anne Ableismus erlebt, weil sie zu behindert aussieht.

Das Beispiel zeigt erstens: Viele Menschen verhalten sich im Alltag ableistisch, merken es aber gar nicht, und zweitens: Ableismus kann jeden Bereich des Lebens von Menschen mit Behinderung beeinflussen. Ableismus ist außerdem der Grund, warum 15 Prozent der Weltbevölkerung von Teilhabe ausgeschlossen bleiben und noch immer nicht gleichberechtigt am Leben teilhaben können.

Dennoch sprechen wir selten über diese Form der Diskriminierung. Fast zwei Jahrzehnte nach der Einführung der UN-Behindertenrechtskonvention verstecken sich viele Menschen hinter Floskeln wie: «Die Barrieren in den Köpfen müssen erst abgebaut werden.» Dabei liegt es in unser aller Hände, eine Gesellschaft zu schaffen, in der Menschen gleichberechtigt leben können. Wir können eine inklusive Welt für alle Menschen gestalten, wenn wir miteinander ins Gespräch kommen, wenn wir Aufklärung betreiben, die bestehenden Missstände benennen, Lösungsansätze aufzeigen und diese dann auch umsetzen.

In diesem Buch wollen wir zeigen, wie man sich aktiv mit Barrieren auseinandersetzen kann, zu einer Reflexion über die eigenen Vorurteile gegenüber Menschen mit Behinderung anregen und dabei unterstützen, die eigenen Privilegien zu erkennen und zu hinterfragen. Wir wollen aufzeigen, welchen Einfluss Ableismus auf das Leben behinderter Menschen hat. Durch dieses Buch sollen die allgegenwärtigen und in unserer Gesellschaft tief verankerten Stereotype und Vorurteile gegenüber Menschen mit Behinderung sowie die Berührungsängste zwischen nicht behinderten und behinderten Menschen abgebaut werden, sodass Menschen mit Behinderung zukünftig nicht mehr aus allen Lebensbereichen ausgeschlossen sind und nicht behinderte Menschen verstehen, warum Inklusion uns alle angeht. Dieses Buch liefert einen Einblick in die aktuellen Baustellen und die Umbaumaßnahmen, die es braucht, um dieser großen gesamtgesellschaftlichen Aufgabe gerecht zu werden. Es liefert einen Einblick in den vollgepackten Werkzeugkoffer, der längst bereitsteht, um das Thema Inklusion anzugehen, mitsamt der Bedienungsanleitung, wie die darin enthaltenen Werkzeuge effektiv eingesetzt werden können, um das Ziel Inklusion gemeinsam zu erreichen.

Dazu werden wir dich, unsere*n Leser*in, an die Hand nehmen und in die Welt des Ableismus einführen. Wir werden dir konkretes Wissen über Barrieren und Ausschlussmechanismen der Dominanzgesellschaft näherbringen. Jedes Kapitel von *Stoppt Ableismus!* soll dich über eine Beispielsituation hin zu einer Erkenntnis führen. Alle Beispiele beruhen auf dem, was uns Menschen mit Behinderung über viele Jahre mitgeteilt haben, sind aber zum Zwecke der Illustration abgeändert und verfremdet. Für das Kapitel «Intersektionale Diskriminierung» haben wir Menschen aus unterschiedlichen Communitys interviewt.

Um dich am Ende eines jeden Kapitels nicht mit der Frage «Und jetzt? Was mache ich mit diesem Wissen?» alleine zu lassen, schließt jedes Kapitel mit konkreten Handlungsempfehlungen und praktischen Tipps. Dadurch wirst du in die Lage versetzt, dein neu erlerntes Wissen anzuwenden und Inklusion im Alltag zu leben. Uns ist bewusst, dass auf politischer und gesellschaftlicher Ebene viele Weichen gestellt werden müssen. Ableismus kann nicht ausschließlich Aufgabe von Einzelnen sein. Dennoch glauben wir, dass die Schärfung des eigenen Bewusstseins eine gelungene Auseinandersetzung mit Ableismus unterstützt und den Wandel hin zur inklusiven Gesellschaft befördert, weil jede*r Einzelne dieses erworbene Wissen in die Gesellschaft hineinträgt.

Wir benennen in diesem Buch klar die bestehenden Missstände. Bisweilen fühlst du dich deshalb vielleicht ertappt oder empfindest Scham, vielleicht wirst du wütend ob der vielen Probleme, die es noch zu lösen gilt und die sich negativ auf unser Leben oder das Leben von Freund*innen, Bekannten oder Angehörigen auswirken. Das ist okay! Diese Gefühle sind Teil des Prozesses. Wenn man sich mit Diskriminierungen und der eigenen Rolle im gesellschaftlichen Kontext auseinandersetzt, kann oder muss das vielleicht auch mal wehtun. Solltest du diese Gefühle bei dir beobachten, dann lege das Buch kurz zur Seite und frage dich: Warum reagiere ich so? Was macht mich wütend? Wie kann ich mit diesen inneren Widerständen umgehen?

Als Autorinnen mit Behinderungen möchten wir dir auch einen Einblick in unsere Gefühlswelt geben. Die Erfahrungen, die wir in diesem Buch beschreiben, haben Menschen in unserer Community oder wir selbst so gemacht. Menschen mit Behinderung erleben, dass sie stets lieb und nett sein sollten, wenn sie etwas wollen; sie werden zu gesellschaftlichen Bittsteller*innen für ihre Barrierefreiheit. Wir wissen, dass es mehr braucht als eine nette Bitte, um in Gesellschaften einen Platz am Tisch einzunehmen. Wir – und viele andere Menschen mit Behinderung – rufen all die Missstände und Forderungen, denen du in diesem Buch begegnen wirst, seit vielen Jahren oder gar Jahrzehnten in die Welt hinaus. Trotzdem sind wir weiterhin jeden Tag Ableismus ausgesetzt. Das macht uns wütend. Wir sind dankbar dafür, dass du dich mit diesem Thema auseinandersetzen willst, unser Buch liest und nach der Lektüre vielleicht die Notwendigkeit siehst, dazu beizutragen, Ableismus abzubauen, zum Beispiel indem du anderen davon erzählst, sie auf die Missstände aufmerksam machst oder diese selbst aus dem Weg räumst.

Wir sind uns bewusst, dass auch wir Teil des Systems sind und Diskriminierung und Privilegien reproduzieren. Im Kapitel «Internalisierter Ableismus» setzen wir uns damit intensiv auseinander, genauso im Kapitel «Intersektionalität». Wir verstehen uns als weiße, in heteronormativen Beziehungen lebende Frauen mit Behinderungen bzw. chronischen Erkrankungen mit gutem sozioökonomischem Hintergrund. Dadurch nehmen wir im Vergleich zu vielen anderen behinderten Menschen – beispielsweise jenen, die multiplen marginalisierten Communitys angehören – eine privilegierte Position ein. Wir haben daher Menschen aus verschiedenen Bereichen interviewt, befragt und mehrere Versionen des Buches zur Überarbeitung an Sensitivity Reader und andere behinderte Medienmacher*innen geschickt, um vor allem die Communitys zu involvieren, zu denen wir nicht selbst gehören. Wir haben versucht, in den meisten Kapiteln auf die intersektionale Perspektive einzugehen und zusätzliche Herausforderungen aufzuzeigen, von denen wir selbst nicht betroffen sind. Um dieses Buch möglichst zugänglich zu gestalten, haben wir dir ab Seite 239 eine Liste mit Begriffserklärungen zusammengestellt.

Ableismus ist ein strukturelles Problem und kann deshalb nur durch individuelles, kollektives und gesellschaftliches Lernen und Handeln überwunden werden. Unser interaktives Handbuch kann ein Schlüssel sein, um die Entstehung, die Strukturen und die Wirkungsweisen von Ableismus (nicht nur) in Deutschland zu verstehen. Aus dem Lernen ins Handeln kommen wir dann, wenn wir das neu erworbene Wissen im Alltag einsetzen, um Ableismus abzubauen – auch die tief verankerten ableistischen Überzeugungen in uns selbst.

Anne & Karina

KAPITEL 1

Was ist Ableismus?

Was ist das eigentlich: Behinderung?

Martin: *Ich war schon immer ein Sportfan. Alles, was als «extrem» angesehen wurde, stand auf meiner Wunschliste, und seit meinem 18. Geburtstag habe ich Bungeejumping, Freeclimbing, Tiefseetauchen, Kitesurfen und Wingsuitfliegen ausprobiert. Meine Familie und Freund*innen waren nicht gerade begeistert, aber was soll ich machen? Alltägliche Sportarten wie Fußball haben mich schon immer gelangweilt. Klar bergen solche Aktivitäten auch immer ein Risiko, aber an so etwas denkt man doch nicht wirklich. In meinen 20ern habe ich mich absolut unverwundbar gefühlt. Krank sein? Das kannte ich nur aus Erzählungen. Mehr als eine jährliche Erkältung hatte ich nie. Und selbst wenn ich erkältet war, bin ich noch zur Arbeit und zum Sport gegangen. Keine große Sache, oder? Bis ich dann mit meinem Motorrad eine Kurve ein klein wenig zu eng genommen habe, dem entgegenkommenden Auto ausweichen musste, von der Fahrbahn abkam und einmal quer über die Leitplanke in einen Baum geschleudert wurde. Ich kam erst eine Woche später im Krankenhaus wieder zu mir und war querschnittsgelähmt. Plötzlich war alles anders. Ich musste lernen, einen Rollstuhl zu benutzen und wie ich meine Blase und meinen Darm entleere und kontrolliere. Dass mir so etwas passieren würde, das hätte ich mir* *nie vorstellen können. Es hat eine Weile gedauert, mein neues Leben zu akzeptieren, es war emotional wirklich hart, doch heute lebe ich glücklich mit meiner Frau und zwei Kindern in einem kleinen Vorort von München.*

Was du gerade gelesen hast, entspricht der landläufigen Klischeevorstellung eines behinderten Menschen: ein vollständig querschnittsgelähmter Rollstuhlfahrer, der durch einen Unfall seine Behinderung erwarb. Doch Behinderung ist kein statischer Zustand, sondern ein Spektrum, eine Bandbreite an Erscheinungen, die sich von Mensch zu Mensch unterscheiden und sich sogar für ein und dieselbe Person ständig verändern kann.[1] Was «Behinderung» bedeutet und welche Behinderungen es gibt, das erfährst du in diesem Kapitel.

Denk mal drüber nach
Wie sieht ein Mensch mit Behinderung in deiner Vorstellung aus?

Behinderung: Ein Definitionsversuch

Behinderung ist ein Wort mit unterschiedlichen Bedeutungen und umfasst ein breites Spektrum, das viele Menschen – behindert oder nicht behindert – nur schwer voll umfassen können. Menschen mit Behinderung können jedes Alter und Geschlecht haben und aus ganz unterschiedlichen Umfeldern kommen. Behinderung kann sichtbar sein (zum Beispiel durch Hilfsmittel wie einen Rollstuhl oder Assistenzhund), sie kann aber auch unsichtbar sein, wie im Fall von chronischen Schmerzen oder psychischen Erkrankungen. Manche Menschen werden mit einer Behinderung geboren; die meisten erwerben diese erst im Laufe ihres Lebens. Sie kann die Folge einer chronischen Krankheit sein – sowohl körperliche als auch psychische Erkrankungen können zu einer Behinderung führen –, doch nicht alle chronischen Krankheiten müssen zwangsläufig eine Behinderung nach sich ziehen, und nicht jede Behinderung ist die Folge einer zugrunde liegenden chronischen Erkrankung. Überfordert? Na, das können wir aufklären. Schauen wir zuerst auf die verschiedenen Definitionen von Behinderung. Aber Vorsicht, je nach Studie und Forschungsfrage ändert sich die Definition von «Behinderung», was auch zu veränderten Zahlenverhältnissen führen kann. Studien können deshalb nur für sich selbst stehen und sind innerhalb des Buches nicht vergleichbar.

Denk mal drüber nach

Was bedeutet «gesund» oder «krank» beziehungsweise «behindert» oder «nicht behindert» für dich?

Viele Autor*innen und Organisationen haben sich schon daran versucht, «Behinderung» zu definieren. Unabhängig von der genauen Definition ist allen gemein: Ein erheblicher Teil der Weltbevölkerung lebt mit einer Behinderung. Weltweit sind 15 Prozent aller Menschen behindert.[2] [3] Eine Studie, die die «westliche Hemisphäre» in den Blick nimmt, kommt sogar auf 20 Prozent.[4] Menschen mit Behinderung bilden damit weltweit eine der größten marginalisierten Gruppen.

Die Weltgesundheitsorganisation (WHO) definiert Gesundheit bzw. Behinderung mittels der «internationalen Klassifikation der Funktionsfähigkeit, Behinderung und Gesundheit», kurz: ICF.

Die ICF unterscheidet dabei verschiedene Komponenten:

- Körperfunktion
- Körperstruktur
- Teilhabe
- Umwelteinflüsse
- Wechselwirkung zwischen den Komponenten[5]

Weiterhin leben Menschen laut der UN-Konvention der Rechte behinderter Menschen (UN-BRK) mit einer Behinderung, wenn sie «langfristige körperliche, seelische, geistige oder Sinnesbeeinträchtigungen haben, welche sie in Wechselwirkung mit verschiedenen Barrieren an der vollen, wirksamen und gleichberechtigten Teilhabe an der Gesellschaft hindern können».[6]

In Deutschland gilt laut Sozialgesetzbuch IX als behindert, wer eine «körperliche, seelische, geistige oder Sinnesbeeinträchtigung hat, die denjenigen in Wechselwirkung mit einstellungs- und umweltbedingten Barrieren mit hoher Wahrscheinlichkeit länger als sechs Monate an der gleichberechtigten Teilhabe an der Gesellschaft hindern können».[7] «Beeinträchtigt» ist, dessen «Körper und Gesundheitszustand von dem für das Lebensalter typischen Zustand abweichen».[8] Beispielsweise wäre ein amputierter Finger eine solche Beeinträchtigung.

Behinderung und Beeinträchtigung werden häufig synonym verwendet. Streng genommen sind sie das aber nicht. Wird eine Person als beeinträchtigt beschrieben, dann liegt der Fokus rein auf dem körperlichen bzw. psychischen Faktor.[9] Behinderung geht darüber hinaus. Sie hat eine soziale Komponente, wie zum Beispiel die Erfahrung mangelnder Barrierefreiheit. Das heißt, man gilt erst als behinderter Mensch, wenn es zu einer Interaktion zwischen der Beeinträchtigung und den Barrieren in der Umwelt kommt.[10] Das bedeutet auch, dass die Gesellschaft eine Mitverantwortung, wenn nicht den Großteil der Verantwortung an einer Behinderung trägt.

Behinderung im Wandel

Um die Erfahrungen von Menschen mit Behinderung zu erklären und zum besseren Verständnis von Behinderung beizutragen, wurden in der Vergangenheit verschiedene «Modelle» entwickelt. Diese haben sich vor allem seit der UN-Behindertenrechtskonvention deutlich verändert. Dabei wurde der Versuch unternommen, Behinderung(en) zu kategorisieren. Dies sollte die Möglichkeit eröffnen, das Nachdenken und Diskutieren über Behinderungen zu erleichtern, und natürlich haben diese Kategorien Einfluss darauf genommen, wie Menschen mit Behinderung in der Gesellschaft wahrgenommen und behandelt werden.

Eines der verbreitetsten dieser Modelle ist das schon erwähnte medizinische Modell, in dem Menschen hauptsächlich im Hinblick auf ihre Erkrankungen oder Diagnosen und Beeinträchtigung kategorisiert werden.[11] Das medizinische Modell schaut ausschließlich auf angebliche Defizite und auf Abweichungen von der Dominanzgesellschaft und beurteilt danach Behinderungen. Ziel aller sich daraus ergebenden Bemühungen ist die Angleichung der betroffenen Menschen an die Dominanzgesellschaft, zum Beispiel durch Therapien und Behandlungen, außerdem der Schutz bestehender gesellschaftlicher Normen. Die soziale Komponente – die gesellschaftlichen Gründe, warum eine Person durch ihre Behinderung nicht am Leben teilhaben kann – wird im medizinischen Modell nicht berücksichtigt.

Verständlicherweise wurde dieses Modell deshalb von Behindertenrechtsaktivist*innen kritisiert und ihm das soziale Modell von Behinderung entgegengesetzt.[12] Dieses lenkt den Fokus von der behinderten Person zurück auf die Gesellschaft und verdeutlicht, dass der alleinige Fokus auf medizinische Beeinträchtigungen zu kurz greift. Wir sind alle Teil dieser Gesellschaft, aber Menschen mit Behinderung werden durch die auf die Dominanzgesellschaft zugeschnittene Umwelt behindert! Denn nicht ein Rollstuhl behindert die nutzende Person. Auch nicht die Tatsache, dass sie*er vielleicht nicht aufstehen und/oder gehen kann. Was die Person behindert, sind die Stufen vor einem Lokal, der defekte Fahrstuhl bei der U-Bahn oder die Tatsache, dass man sich für eine Bahn- oder Taxifahrt einen Tag vorher ankündigen muss.

Ein weiteres, eher neues Modell von Behinderung entstand mit dem menschenrechtlichen Modell, das den Staat und die Zivilgesellschaft in die Pflicht nimmt.[13] Es sieht Behinderung als Teil menschlicher Vielfalt und verpflichtet den Staat, Gesetze zu entwerfen, um Barrieren für Menschen mit Behinderung abzuschaffen und ihnen so die Teilhabe am Leben zu ermöglichen. In eine ähnliche Richtung weist das in Deutschland wichtige kulturelle Modell, das die Kategorien «gesund», «behindert» und «chronisch krank» in Frage stellt. Vertreter*innen dieses Modells gehen davon aus, dass die genannten Kategorien gesellschaftliche Konstrukte sind, wie beispielsweise Geschlecht oder Rassifizierung.[14]

Es gibt noch einige andere Modelle von Behinderung, und diese werden fortwährend weiterentwickelt. Für uns, die Autorinnen dieses Buches, ist Behinderung ein gesellschaftliches Konstrukt, das sich durch Barrieren manifestiert. Diese können wahlweise physischer Natur sein, etwa wenn Gebäude weiterhin nicht rollstuhlgerecht gebaut werden und für Menschen mit Behinderung nicht zugänglich sind, oder kommunikativer und kognitiver Natur, beispielsweise wenn nur neurotypische Menschen ohne Lernschwierigkeiten in Gespräche und Entscheidungsprozesse einbezogen werden. Gleichzeitig sieht die Gesellschaft Menschen mit Behinderung oft als reinen Kostenfaktor und nimmt ihre Bedürfnisse nur selten ernst. Es ist wichtig, Behinderungen medizinisch anzuerkennen, aber eine zutreffende Definition geht über die medizinische Perspektive hinaus und nimmt auch Faktoren wie die Lebensqualität und den gesellschaftlichen Umgang mit der Behinderung in den Blick.

Wir hoffen, es ist deutlich geworden, dass das völlig überzogene Beispiel am Anfang dieses Kapitels nicht der Standard in Bezug auf Behinderung ist. Natürlich gibt es Menschen, die durch einen Unfall einen vollständigen Querschnitt erworben haben und einen Rollstuhl nutzen, weil sie ihre Beine nicht bewegen oder spüren können. Doch die Community behinderter Menschen ist genauso divers wie die Dominanzgesellschaft, und keine zwei Behinderungen sind genau gleich. In den folgenden Abschnitten geben wir dir einen kurzen Überblick über verschiedene Formen von chronischen Krankheiten und Behinderungen und zeigen dir, wie sich diese auf den Alltag der betroffenen Menschen auswirken und dass das oft enge Verständnis von Behinderung nicht der Realität entspricht.

Denk mal drüber nach

Wo begegnest du Menschen mit Behinderung?

Realitätscheck: Behinderungen sind nur selten angeboren

Einige chronische Krankheiten/Behinderungen sind bereits im Fötus angelegt. Darunter fallen zum Beispiel Chromosomenveränderungen, wie das Down-Syndrom, angeborene Normabweichungen des Gehirns, die zu Bewegungsstörung führen, wie zum Beispiel die Zerebralparese, nicht autoimmune Bindegewebserkrankungen, wie das Marfan-Syndrom, neurologische Varianzen wie Autismus oder Veränderungen der Sinneswahrnehmung wie zum Beispiel Blindheit oder Taubheit.

Dabei sind angeborene chronische Krankheiten/Behinderungen im Vergleich eher selten: Auf nur drei Prozent aller Behinderungen trifft das zu.[15] In ihrem *World Report on Disability* schreibt die WHO: «Behinderung ist Teil des Menschseins. Fast jede Person wird irgendwann im Leben vorübergehend oder dauerhaft beeinträchtigt sein.»[16]

Viele Menschen denken jetzt vielleicht: «Quatsch! Mich betrifft das sicher nicht.» Das ist auch okay. Niemand will sich gerne mit einem Thema beschäftigen, das aufgrund der typischen Darstellung in der Öffentlichkeit so negativ behaftet ist und uns die eigene Verwundbarkeit aufzeigt. Die meisten Menschen beschäftigen sich erst dann mit bestimmten Themen, wenn sie selbst oder ein ihnen nahestehender Mensch betroffen sind. Doch die WHO hat recht. Fast jede Person wird irgendwann einmal, zumindest kurzfristig, mit Behinderung in Berührung kommen. Warum? Weil wir alle älter werden und keine Person älter wird, ohne dabei auch kränker oder eingeschränkter zu sein. Ab einem Alter von 55 Jahren nimmt die Zahl der schwerbehinderten Menschen massiv zu: 78 Prozent aller in 2020 verzeichneten schwerbehinderten Menschen waren 55 Jahre und älter.[17]

Andere erworbene Behinderungen können Hirnschäden durch Unfälle sein oder die am Anfang des Kapitels beschriebene Rückenmarksverletzung. Was die WHO als «vorübergehende Beeinträchtigung» beschreibt, kann ein gebrochenes Bein oder Ähnliches sein, was dazu führt, dass die Person zumindest für wenige Wochen nicht ihrem üblichen Alltag nachgehen kann. Außerdem können Behinderungen als Folge von chronischen Erkrankungen auftreten, wie Langzeitschäden durch Diabetes, etwa Nervenschädigungen oder Blindheit, oder auch als Folge von medizinischen Behandlungen, etwa nach einer Chemotherapie.

Chronische Krankheit und Behinderung

Von einer chronischen Krankheit spricht man, wenn die Erkrankung lang anhaltend und nicht heilbar ist. Oft wird eine Erkrankung von Mediziner*innen als «chronisch» bezeichnet, wenn sie länger als drei oder sechs Monate besteht. Aber eine einheitliche Definition gibt es nicht.[18] Den Unterschied zwischen chronischen Krankheiten und Behinderungen zu verstehen ist wichtig, denn nicht alle chronischen Erkrankungen führen zu Behinderungen, und nicht jede Behinderung wird durch eine chronische Erkrankung ausgelöst. Oft kann man Behinderung und chronische Krankheit dennoch nicht vollständig voneinander abgrenzen, weil sie ineinander übergehen. Tatsächlich sind chronische Erkrankungen aber mit fast 90 Prozent die häufigste Ursache von Behinderung. Unser Beispiel vom tragischen Unfall mit Querschnittslähmung ist mit nur einem Prozent eher die Ausnahme.[19] Während das Down-Syndrom, bei dem das Chromosom 21 dreimal vorkommt statt zweimal, und die Zerebralparese nicht zu den chronischen

Krankheiten zählen, sondern eher als komplexe Behinderungen verstanden werden, ist zum Beispiel das Marfan-Syndrom eine chronische Erkrankung, die meist, aber nicht immer, zu einer Behinderung führt. Manche chronischen Krankheiten sind demnach als Spektrum zu verstehen, weil Menschen mit ein und derselben Krankheit mal kaum Einschränkungen haben und andere wiederum behindert werden.

Körperliche und psychische/«geistige» Behinderungen

Man kann chronische Krankheit/Behinderung außerdem einteilen in körperliche und psychische/«geistige» Behinderungen. Körperliche Behinderungen sind alle Behinderungen, die ihre Ursache in einer Funktionseinschränkung des Körpers haben. Zum Beispiel ist die Ursache des Marfan-Syndroms ein Gendefekt, der dafür sorgt, dass das Bindegewebe der Betroffenen zu elastisch ist. Das führt zu großen Problemen überall im Körper. Die Blutgefäße können sich erweitern oder reißen, Gelenke sind überbeweglich oder instabil und vieles mehr.

Im Vergleich zu körperlichen Erkrankungen ist bei psychischen Erkrankungen die seelische Gesundheit der Menschen betroffen. Unter psychische Erkrankungen fallen zum Beispiel eine Depression oder Angststörung. Natürlich kann man körperliche und seelische Gesundheit nicht trennen – sie beeinflussen sich gegenseitig –, und so haben manche Menschen eben auch eine Mischung aus beiden Bereichen oder entwickeln aufgrund einer körperlichen Erkrankung eine psychische Erkrankung oder andersrum.

Wird von «geistiger» Behinderung gesprochen, ist damit meist gemeint, dass die Betroffenen eine Einschränkung der kognitiven Entwicklung und deshalb Probleme mit dem Lernen haben. Daher sprechen Menschen, die zu dieser Gruppe gehören, nicht von «geistigen Behinderungen», sondern davon, dass sie Lernschwierigkeiten haben.[20] Der Begriff «geistig behindert» oder «kognitiv behindert» wird hauptsächlich in medizinischen Kontexten verwendet.

Unsichtbare und sichtbare Behinderungen

Für die Dominanzgesellschaft ist es eine große Herausforderung, zu verstehen, dass es sehr viele chronische Krankheiten/Behinderungen gibt, die nicht sichtbar sind. Oft kommt es dadurch zu Missverständnissen, wenn die betroffene Person besonders jung ist und «gesund» aussieht. Ein typisches Beispiel: Eine junge Frau parkt auf einem Behindertenparkplatz, sie steigt aus und geht zum Eingang. Eine nicht behinderte Person beobachtet die Frau und schlussfolgert, dass diese unberechtigterweise auf dem Parkplatz parkt. Doch was die nicht behinderte Person nicht weiß: Die Frau hat das Marfan-Syndrom und lebt mit chronischen Schmerzen. An manchen Tagen sind ihre Rückenschmerzen so massiv, dass sie das Haus nicht verlassen kann. An anderen Tagen nutzt sie einen Rollstuhl, um vom Auto in den Supermarkt zu kommen. Heute fühlt sie sich gut genug, um ein paar Schritte zu gehen. Das heißt aber nicht, dass sie nicht jeden dieser Schritte spürt. Doch von außen sieht man ihr die Schmerzen nicht an.

Was wir damit sagen möchten: Chronische Krankheit und/oder Behinderung ist oft nicht so offensichtlich, wie man sich das gemeinhin vorstellen mag, und daher kann man nie allein durch das Ansehen wissen, ob jemand gesund oder krank und behindert ist.

Die Klischeevorstellung des querschnittsgelähmten Rollstuhlfahrers mit sichtbarer Behinderung trifft nur selten zu. Tatsächlich gibt es sehr viel mehr «Teilzeitrollstuhlfahrer*innen», also Menschen, die nur an bestimmten Tagen oder in bestimmten Situationen einen Rollstuhl nutzen. Denk mal an ältere Menschen, die aufgrund von Balanceproblemen oder Schwäche einen Rollstuhl nutzen. Und auch junge Menschen sind aus verschiedenen Gründen zuweilen auf einen Rollstuhl angewiesen, etwa Menschen mit multipler Sklerose, Long-COVID, ME/CFS oder chronischen Schmerzkrankheiten.

Statische Behinderung, dynamische Behinderung und progressive Behinderung

Zu guter Letzt wollen wir dir noch das Konzept von dynamischen Behinderungen nahebringen. Manche Behinderungen sind mehr oder weniger statisch. Angeborene fehlende Gliedmaßen verändern sich im Laufe des Lebens nicht und sind damit eine statische Behinderung.

Dynamische Behinderungen hingegen verändern sich ständig. Sie können sich verschlechtern, aber auch verbessern. Das Marfan-Syndrom kann so eine dynamische Behinderung sein. Das heißt, dass die Betroffenen je nach Bedarf verschiedene Hilfsmittel nutzen. Haben sie schwere Schmerzen in den Beinen oder im Rücken, nutzen sie einen Rollstuhl; ist die Hüfte auf einer Seite betroffen, kommt eine Krücke oder ein Rollator zum Einsatz, und vielleicht gibt es sogar Tage, da geht es den Betroffenen gut genug, dass sie nur mit einer Rückenbandage gehen können. Dynamische Behinderungen sind demnach häufig chronische Erkrankungen, die mit «Schüben» einhergehen, wie zum Beispiel Rheuma.

Und dann gibt es natürlich auch progressive Behinderungen, die sich fortschreitend verschlechtern. Manche Formen der Multiplen Sklerose sind progressiv, andere treten in Schüben auf. Grundsätzlich gilt, dass du eine Kategorie wie Behinderung nie auf eine Person anwenden solltest, solange sie sich nicht selbst als Person mit Behinderung bezeichnet. Frag eine Person deshalb am besten, wie sie bezeichnet werden möchte.

Wir verstehen, dass es einfacher wäre, wenn «Behinderung» eine einzig gültige Definition hätte. Auch für uns Aktivist*innen würde es vieles erleichtern. Aber Behinderung hat verschiedene Facetten, und die meisten chronischen Krankheiten und/oder Behinderungen fallen in mehrere der oben aufgeführten Kategorien. Keines der genannten Beispiele steht repräsentativ für ein ganzes chronisches Krankheitsbild/Behinderung.

Wenn du etwas aus diesem Kapitel mitnimmst, dann hoffentlich dies: Behinderung umfasst ein viel breiteres Spektrum, als die meisten Menschen annehmen. Es gibt außerdem keine zwei Menschen mit Behinderung, die gleich sind, selbst wenn sie von der gleichen chronischen Krankheit/Behinderung betroffen sind. Jede chronische Krankheit/Behinderung geht mit eigenen Herausforderungen einher. Keine ist «besser» als die andere oder weniger herausfordernd. Tatsächlich kann und sollte man verschiedene Behinderungen ohnehin nicht vergleichen, und es ist auch kein Wettbewerb, wer mehr diskriminiert wird.

Das kannst du tun:

Informiere dich über verschiedene chronische Erkrankungen/Behinderungen. Dazu kannst du Blogs oder die sozialen Netzwerke nutzen. Beliebte Hashtags sind zum Beispiel: #Behinderung #ChronischeKrankheit oder im Englischen: #Disability #Disabled #ChronicIllness #ChronicallyIll

Schaue dich in deinem Umfeld um. Kennst du Menschen mit chronischen Krankheiten oder Behinderungen? Frage sie, ob sie dir einen Einblick in ihre Definition von Behinderung und Krankheit geben würden, und höre aufmerksam zu.

Wie Ableismus entsteht

Marlene: *Ich bin 20 Jahre alt, recht groß, und weil ich früher mal viel Sport gemacht habe, bin ich athletisch gebaut und erfülle generell all das, was sich die Dominanzgesellschaft unter einer «gesunden jungen Frau» vorstellt. Was kaum jemand weiß, ist, dass ich schon seit fünf Jahren mit einer chronischen Schmerzerkrankung, der Fibromyalgie, lebe. An manchen Tagen bin ich nur leicht beeinträchtigt, während ich an anderen vor Schmerzen nicht aus dem Bett komme. Je nach Tagesform nutze ich verschiedene Hilfsmittel, manchmal aber auch gar keine. Dass sich meine Behinderung jeden Tag verändert, ist für mein Umfeld und für andere Menschen schwer zu verstehen und führt nahezu täglich dazu, dass ich Diskriminierung erlebe. Wenn ich beispielsweise mit dem Rollstuhl unterwegs bin und dann mal kurz aufstehe, weil ich im Supermarkt in ein höheres Regal greife, höre ich manchmal einen Satz wie: «Die spielt das alles nur vor! Die ist gar nicht behindert.» Manchmal wenden die Menschen sich auch direkt an mich und sagen etwas wie: «Sie sollten sich schämen.» Deshalb quäle ich mich inzwischen oft ohne Hilfsmittel durch die schlechten Tage, damit ich nicht mit den verurteilenden Kommentaren umgehen muss. Zwar geht es mir dann am nächsten Tag körperlich schlechter, aber zumindest muss ich die seelischen Verletzungen so nicht ertragen.*

Vermutlich hat jede*r von uns schon mal einen ableistischen Gedanken gehabt oder ableistische Sprache verwendet, hat sich ableistisch geäußert, wie das in diesem kurzen Beispiel geschehen ist. Doch was ist Ableismus eigentlich, und wie wird er in ableistischen Äußerungen und Handlungen manifest? Vor allem, was können wir tun, um uns weniger ableistisch zu verhalten? Diese Fragen beantworten wir im folgenden Kapitel, denn wir glauben, viele Menschen wollen nicht ableistisch sein. Oftmals fehlt es an Wissen und Alternativen.

Was also ist Ableismus?

Ableismus ist die Diskriminierung von behinderten Menschen, basierend auf negativen Vorurteilen zugunsten nicht behinderter Menschen. Er fußt auf der Annahme, dass die Fähigkeiten der Dominanzgesellschaft jenen behinderter Menschen überlegen seien, ja, dass nicht behinderte Menschen mehr wert seien und mehr zur Gesellschaft beitrügen.[1] Der englische Begriff «*ableism*» (*able* bedeutet so viel wie «fähig») wurde in den 1980er Jahren von amerikanischen Feminist*innen geprägt[2]; das Konzept entstand aber bereits in den 1960er/70er Jahren durch die amerikanische Behindertenbewegung.[3] Zum ersten Mal verwendet wurde *ableism* in einer PR-Nachricht vom *Council of the London Borough of Haringey* im Jahr 1986.[4] In Deutschland wird Ableismus häufig so definiert: «Ableismus bezeichnet eine Form der Beurteilung Einzelner hinsichtlich ihrer körperlichen, geistigen und psychischen Fähigkeiten und Funktionen [...].»[5]

Ableismus begegnet Menschen mit Behinderung überall und ist tief verankert in der gesamtgesellschaftlichen Vorstellung eines vollständig gesunden, weder körperlich noch psychisch oder kognitiv jemals beeinträchtigten Menschen. Dieser bildet die Norm, an der sich alle Menschen messen lassen müssen. Dadurch, dass die Dominanzgesellschaft Menschen in Schubladen steckt und sie als «gesund» und «krank» kategorisiert, wird Ableismus aufrechterhalten, werden Ungleichheiten sowie Barrieren in allen Bereichen des Lebens verstärkt.[6] In Deutschland wird Ableismus oft auch einfach übersetzt mit «Behindertenfeindlichkeit». Laut Rebecca Maskos, Wissenschaftlerin und Journalistin, «ist Ableismus breiter als Behindertenfeindlichkeit. Wie Rassismus und Sexismus bildet der Begriff nicht nur die Praxis im Umgang mit einer Gruppe ab, sondern auch die gesellschaftlichen Verhältnisse und Strukturen, die diese Praxis hervorbringen.»[7] Ableismus ist also sehr viel mehr als Behindertenfeindlichkeit, denn man kann ihn nicht allein durch eine Veränderung der eigenen Haltung bekämpfen. Er wirkt auf individueller, struktureller und institutioneller Ebene.

Ableismus kann sich deshalb in ganz unterschiedlichen Formen ausdrücken – zum Beispiel als Vorurteile und Stereotype, durch physische Barrieren im Alltag oder durch eine erschwerte Teilhabe an der Gesellschaft. Im direkten Vergleich zu anderen Arten der Diskriminierung ist Ableismus wenig bekannt. Er wird oftmals auch gar nicht als solcher verstanden oder als Diskriminierung ernst genommen, obwohl Ableismus ähnliche Auswirkungen hat wie andere Formen der Diskriminierung.

Ableismus spricht Personen einer marginalisierten Gruppe ihre Würde ab, untergräbt ihre Rechte und nimmt ihnen diverse Möglichkeiten, ein Teil der Gesellschaft zu sein. Dabei tragen verschiedene Mechanismen zur Entstehung von Ableismus bei, wie etwa mangelndes Verständnis, Stigmatisierung und Pathologisierung. Im Folgenden geben wir dir einen kurzen Überblick über diese Mechanismen, denn nur, wer versteht, wie Ableismus entsteht, kann ihn auch wirksam bekämpfen.

Wie entsteht Ableismus?

1. Stereotypisierung, Vorurteile und mangelndes Verständnis

Astrid *ist 25 Jahre alt. Sie liebt Eislaufen, Theaterbesuche und schaut gerne tränenreiche Romcoms mit ihren Freund*innen. Astrid ist in allen Bereichen ihres Lebens eine «durchschnittliche» Frau, außer, wenn es um die Größe geht. Denn Astrid entspricht mit 1,20 Meter nicht dem Durchschnitt. Deshalb ist sie in ihrem Alltag häufig diskriminierenden Erlebnissen ausgesetzt. Vor Kurzem war Astrid shoppen. Einkaufen gehen stresst sie immer sehr, denn sie muss Kindergrößen tragen und hat so nie die Auswahl, mit der andere Personen rechnen können. Als Astrid zwischen einem Shirt mit Eiskönigin-Elsa-Aufdruck und Schneemannfreund-Olaf steht und sich nach einem Mitarbeiter umsieht, der ihr die Kleidung vom Ständer nehmen könnte, weil dieser nicht auf kleinere Personen zugeschnitten ist, tritt eine andere Person an sie heran, tätschelt ihr den Kopf und sagt: «Na, Mäuschen, was suchst du denn?»*

Was Astrid in diesem Beispiel erlebt, basiert auf einer Stereotypisierung – ein kognitiver Prozess, bei dem Menschen andere anhand von wahrgenommenen Merkmalen oder Attributen in Gruppen einteilen. Weil Astrid eine kleinwüchsige Person ist, nimmt ihr Umfeld sie oft nicht als erwachsene Frau wahr. Fremde Menschen tätscheln ihr ungefragt mitten im Gespräch den Kopf oder verniedlichen sie mittels Sprache. Ähnlich geht es auch Menschen mit Lernschwierigkeiten, die von anderen zuweilen als infantil und unfähig wahrgenommen und deshalb wie kleine Kinder behandelt werden, die über nichts selbstbestimmt entscheiden können. Von körperlich behinderten Menschen hingegen denken viele, sie seien hilflos. Das Stereotyp, das wohl allen behinderten Menschen schon begegnet ist, lautet: «Behinderte Menschen sind eine Last für ihr Umfeld.»

2. Stigmatisierung

John *ist 40 Jahre alt und Pilot. Schon seit vielen Jahren lebt er mit einer wiederkehrenden Depression, die er mit Medikamenten und vielen Stunden Therapie meist gut im Griff hat. Auf der Arbeit ist seine Krankheit bekannt. Er wurde als flugfähig eingestuft und erhält Unterstützung.*[8] *Trotzdem hat John Tage, an denen die ständig wechselnden Arbeitszeiten und die Mischung aus körperlicher Belastung und großer Verantwortung für ihn schwer zu händeln sind. Die letzten Monate waren besonders hart: Zwischen Erkältungswelle, Streiks und Kündigungen musste John mehrere Doppelschichten übernehmen, die für seine mentale Gesundheit nicht förderlich waren. Er weiß um das Stigma rund um psychische Erkrankungen, fürchtet um die Reaktionen und behält seine Sorgen deshalb lieber für sich. Dennoch hat eine Kollegin mitbekommen, dass er niedergeschlagen wirkt, und ihn gefragt, was los sei und ob sie irgendetwas tun könne, um John zu unterstützen. Johns Kollegin fühlt sich während des Gesprächs sichtlich unwohl und sagt: «Es tut mir sehr leid, dass es dir schlechtgeht. Aber John, so kannst du nicht zur Arbeit erscheinen. Nicht dass du auch noch ein Flugzeug gegen einen Berg fliegst.*[9]»

Wie du an diesem Beispiel erkennen kannst, ist Stigmatisierung ein Prozess, bei dem Menschen aufgrund von bestimmten Merkmalen – Geschlecht, Religion, Behinderung/chronische Erkrankung usw. – negativ bewertet oder diskreditiert werden.[10] Insbesondere psychische Erkrankungen sind nach wie vor hoch stigmatisiert in der Dominanzgesellschaft. Das wissen auch die Betroffenen, weshalb sie wie John nur selten um

Unterstützung bitten. Sie schämen sich für ihre Erkrankung und verstecken sie. In unserer Leistungsgesellschaft werden gerade psychische Beeinträchtigungen oft als Schwäche angesehen: «Stell dich nicht so an», «Augen zu und durch», «Was dich nicht umbringt, macht dich stärker» und «Da musst du dich halt durchbeißen!» Von der Art Sprüche gibt es noch viele mehr. Gleichzeitig lehnen viele Menschen psychisch Kranke ab, weil deren Verhalten (manchmal) nicht der «Norm» entspricht. Die Person, die in der U-Bahn mit sich selbst redet und dabei mit den Armen auf und ab fuchtelt, oder die Person, die heute himmelhochjauchzend und morgen zu Tode betrübt ist, entspricht nicht der Vorstellung der Dominanzgesellschaft. Zu einer solchen Stigmatisierung kommt es aber oft nicht nur im Zusammenhang mit psychischen Beeinträchtigungen, sondern auch mit anderen Behinderungen. Zum Beispiel glauben viele Menschen, körperlich behinderte Menschen seien generell weniger talentiert als andere, oder dass etwa taube Menschen ungebildet seien. Stigmatisierung führt in den meisten Fällen zu einer Diskriminierung.

3. Pathologisierung oder Abweichung von der «Norm»

Andre *ist 10 Jahre alt. Schon nach der Eingewöhnung im Kindergarten ist aufgefallen, dass er sich schwertut mit sozialen Interaktionen und Kommunikation. Außerdem scheint für ihn alles zu laut, zu hell und zu überladen mit sensorischen Reizen zu sein. Auch Andres Eltern merken, dass ihr Sohn nicht dem entspricht, was die Dominanzgesellschaft als Norm definiert, und gehen auf Anraten der Erzieher*innen mit ihm zu einer Medizinerin, die Autismus diagnostiziert. Im Befund stehen nur die Dinge, die Andre anstrengen; der Fokus liegt darauf, was alles «falsch» an ihm sei, und natürlich gibt es für alles einen passenden Fachbegriff.*

Wie in diesem Beispiel nehmen Menschen aus verschiedenen Kontexten die Behinderung einer Person häufig als einen krankhaften oder fehlerhaften Gesundheitszustand wahr, der behoben werden muss. Die Defizite und Schwierigkeiten stehen im Vordergrund.[11] Du hast diese Pathologisierung von Behinderung schon als das «medizinische Modell» von Behinderung kennengelernt. Vielleicht erinnerst du dich auch noch an das kulturelle Modell von Krankheit oder Behinderung: Manche Autist*innen identifizieren sich zum Beispiel nicht als behindert, weil sie Neurodivergenz als Teil menschlicher Vielfalt ansehen und nicht als krankhaft oder fehlerhaft.

Denk mal drüber nach
Warum ist es dir wichtig zu wissen, welche Behinderung eine Person hat?

4. Unsichtbarmachen, Ausgrenzen oder Othering

Maya *ist 25 Jahre alt und hat gerade ihren Master of Arts im Bereich Kommunikation abgeschlossen. Maya hat außerdem eine körperliche Behinderung. Seit ihrem vierten Lebensjahr nutzt sie deshalb einen Rollstuhl. Schon während des Studiums bewirbt sich Maya bei zwanzig PR-Agenturen. Sie wird nur zu zwei Vorstellungsgesprächen eingeladen. Bei beiden ist sie die qualifizierteste Bewerberin. Trotzdem bekommt sie zwei Absagen. Eine*r der beiden Arbeitgeber*innen sagt ihr ganz direkt: «Wir glauben, dass der Job mit ihren speziellen Bedürfnissen einfach zu viel für Sie wäre.»*

Wie Maya ergeht es vielen Menschen mit Behinderung. Obwohl sie mehr als die nötigen Qualifikationen und Fähigkeiten mitbringen, werden sie nicht eingestellt. Manchmal, weil die Arbeitgeber*innen denken, sie seien den Aufgaben nicht gewachsen, nur weil sie eine Behinderung haben oder aber weil die Barrierefreiheit am Arbeitsplatz fehlt und Arbeitgeber*innen es für zu teuer oder kompliziert halten, diese zu schaffen. Im Ergebnis wird Maya durch den Ausschluss von der Arbeitswelt unsichtbar gemacht. Außerdem wird sie von wirtschaftlichen und finanziellen Ressourcen ferngehalten. Ihr Potenzial wird dabei nicht berücksichtigt.

Menschen mit Behinderung sind häufig von fast allen Bereichen der Gesellschaft ausgeschlossen. Das führt dazu, dass weniger Menschen mit Behinderung gesehen werden, und vermittelt der Dominanzgesellschaft fälschlicherweise das Gefühl, dass es in ihrem Umfeld keine behinderten Menschen gibt. So erklären beispielsweise Kinobetreiber*innen auf die Nachfrage, warum sie keine Filme mit Untertiteln oder Audiodeskription anbieten, dass sie noch nie Taube oder blinde Kund*innen hatten. Klar haben Kinos, die keine barrierefreien Filme anbieten, dementsprechend auch keine Besucher*innen mit Seh- oder Hörbehinderung. Wo kein Angebot, da auch keine Nachfrage und andersherum: ein Teufelskreis. Gleichermaßen werden Menschen mit Behinderung unsichtbar gemacht, indem sie vom allgemeinen Wohnungsmarkt ausgeschlossen und in stationäre Behinderteneinrichtungen abgeschoben werden. Diese liegen häufig auch nicht zentral in den Städten, sondern irgendwo außerhalb, sodass auch dort die behinderten Menschen unter sich bleiben und vom Radar der Dominanzgesellschaft verschwinden. Wie immer wirkt sich eine solche Ausgrenzung auch auf fast alle Bereiche des Lebens aus, wie beispielsweise auf die Bildung, auf Freizeitaktivitäten und soziales Leben.

5. Mangel an Barrierefreiheit

Mario *ist 20 Jahre alt, studiert Politik und hat ADHS. Er besucht eine Vorlesung der Universität. Die Dozentin hat eine sehr monotone Stimme und nutzt keinerlei visuelle Hilfsmittel, um den Stoff zu vermitteln. Mario kann sich kaum auf den Vortrag konzentrieren, weil er durch alle möglichen Dinge abgelenkt wird: das Ticken der Uhr, die flüsternden Student*innen. Nach der Vorlesung fragt Mario die Dozentin, ob er vielleicht eine Kopie von deren Notizen haben könne, weil er aufgrund seines ADHS kaum verstanden hat, worum es in der Vorlesung ging. Er möchte vermeiden, deshalb eine schlechtere Note zu bekommen. Die Dozentin reagiert schockiert und lehnt die Bitte mit dem Kommentar ab: «Die anderen Student*innen müssen auch während der Vorlesung mitschreiben. Warum solltest du eine Extrawurst bekommen?»*

Wie in diesem Beispiel offensichtlich wird, ist der Unterrichtsstil der Dozentin nicht auf Marios Bedürfnisse und Fähigkeiten zugeschnitten und damit schon die erste Barriere. Doch selbst als Mario einen Kompromiss vorschlägt, lehnt die Dozentin diesen auf ableistische Art ab. Sie schafft dadurch für Mario eine Hürde, die dieser kaum überwinden kann. Zwar haben behinderte Student*innen die Möglichkeit, Nachteilsausgleiche zu beantragen, doch stellen viele Betroffene aus Angst vor Stigmatisierung oder fehlender offizieller Diagnose keinen Antrag. Deshalb sind sie auf das Wohlwollen der Dozent*innen angewiesen. Und natürlich existieren solche Barrieren für behinderte Menschen in nahezu allen Lebensbereichen. So sind viele öffentliche Gebäude oder Veranstaltungsorte für sie nicht zugänglich, oder es stehen keine Untertitelung oder Gebärdensprachdolmetscher*innen für Taube Menschen zur Verfügung. Die vielen Hürden, die Menschen mit Behinderung in der Umwelt überwinden müssen, führen dazu, dass die behinderte Person nicht so am Leben teilhaben kann wie eine nicht behinderte Person – wieder werden behinderte Menschen dadurch unsichtbar für die Dominanzgesellschaft.

Denk mal drüber nach
Was sind Barrieren für behinderte Menschen? Und inwiefern hast du unbewusst Barrieren oder Hindernisse für Menschen mit Behinderung in deiner Umgebung geschaffen oder hingenommen?

Wie du anhand dieser Beispiele gesehen hast, kann Ableismus schwerwiegende Folgen haben. Welche das sind, hängt von der jeweiligen Person und deren Erfahrungen mit unterschiedlichen Dimensionen von Diskriminierung sowie der Dauer und Art der Diskriminierung ab. Viele Menschen mit Behinderung nehmen diese Diskriminierung aber nicht einfach hin. Schon seit vielen Jahrzehnten setzen sich Menschen mit Behinderung auf ganz verschiedene Weise ein, um auf die erfahrene Diskriminierung aufmerksam zu machen und ein gesellschaftliches Umdenken zu bewirken. Im Folgenden zeigen wir auf, was passiert, wenn eine Person zu mehreren marginalisierten Gruppen gehört; wenn sie also neben der Behinderung noch andere Diskriminierungsmarker in sich vereint.

Mehrfache Diskriminierung

Denk mal drüber nach
Wie oft wurdest du (oder wirst du) wegen einer oder mehrerer Teile deiner Identität diskriminiert?

Weißt du, was der Begriff «benachteiligte Gruppe» bedeutet? Bist du ein Teil davon? Wenn nicht, dann ist das ein großes Privileg. Gerade dann ist es besonders wichtig, deine Vorteile zu verstehen und dich damit auseinanderzusetzen, dass andere Menschen die Frage, wie oft sie wegen einer oder mehrerer Teile ihrer Identität diskriminiert werden, mit «jedem einzelnen Tag meines Lebens» beantworten können. Um diese alltäglichen Erfahrungen mit Diskriminierung zu erläutern, haben wir drei ausführliche Beispiele für dich bereitgestellt, die auf Interviews basieren.

Selbst wenn du zu einer marginalisierten Gruppe gehörst, sagen wir mal, du zählst dich selbst zur Gruppe der Menschen mit Behinderung, und du daher auch schon Erfahrungen mit Diskriminierung gemacht hast, heißt das nicht, dass du deshalb genau weißt, wie sich jemand fühlt, der vielleicht zu mehreren marginalisierten Gruppen gehört. Nicht jede Form der Diskriminierung hat dieselben Konsequenzen, und natürlich haben auch die Menschen innerhalb derselben marginalisierten Gruppe unterschiedliche Privilegien. Zum Beispiel wird der *weiße* Mann mit Behinderung weniger diskriminiert als die behinderte *weiße* Frau. Aber gleichermaßen sind *weiße* Frauen mit Behinderungen privilegierter als behinderte Frauen of Color. Und Letztere sind vielleicht noch ein bisschen besser dran als

Frauen of Color mit Behinderungen, die gleichzeitig trans sind. Es geht uns hier nicht darum, dass sich Menschen, die zu marginalisierten Gruppen gehören, miteinander vergleichen und einander diskriminieren, nach dem Motto: «Ich bin viel schlimmer diskriminiert als du!» Dennoch wollen wir betonen, dass jeder zusätzliche Diskriminierungsmarker in der Regel auch zu größeren Herausforderungen führt. Es ist essenziell, dass wir als Autorinnen und weiße behinderte Frauen in heteronormativen Beziehungen unsere eigenen Privilegien wahrnehmen, weshalb wir für dieses Kapitel nicht nur drei Menschen interviewt haben, die zu mehreren marginalisierten Gruppen gehören, sondern diese Menschen das Kapitel auch überarbeitet haben. Bevor wir dir wie üblich ein anschauliches Beispiel an die Hand geben, erläutern wir in diesem Kapitel, was es mit Intersektionalität, also dem Zusammenwirken mehrerer Unterdrückungsmechanismen, auf sich hat.

Intersektionalität und mehrfache Diskriminierung

Der Begriff *Intersectionality* wurde von der amerikanischen Menschenrechtsaktivistin und Juristin Kimberlé Williams Crenshaw in den späten 1980er Jahren eingeführt.[1] Crenshaw kritisierte in ihren Essays, dass feministische Theorie nur einen Teil der Identität und die daraus entstehende Unterdrückung betrachte – wie die Diskriminierung von Frauen aufgrund des Geschlechts.[2] [3] Die Juristin nutzte zur Argumentation mehrere Fälle, in denen *Women of Color* ihre Arbeitgeber wegen Diskriminierung verklagten und verloren, mit dem Argument, man habe weiße Frauen eingestellt, und deshalb sei keine Diskriminierung aufgrund des Geschlechts erfolgt.[4] Was dabei untergeht, sind weitere Diskriminierungsmarker, die in einer Person zusammen auftreten können – wie in Crenshaws Fall die Zugehörigkeit zu *People of Color* und gleichzeitig zur marginalisierten Gruppe der Frauen. Zudem spielt laut Crenshaw auch die Klasse eine wichtige Rolle bei Diskriminierung (von *Women of Color*). Und es gibt noch viele weiterer solcher *Intersections*, zum Beispiel Religion, Sexualität, Behinderung usw. Betrachtet man alle marginalisierten Gruppen separat und als ob es keine Überschneidung oder gegenseitige Verstärkung gäbe, entsteht kein repräsentatives Bild, denn alle Identitäten in der Zusammenschau führen zu verschiedenen Leveln von Diskriminierung oder Privileg. Wie sollte es auch? Denn natürlich sind die Erfahrungen von *Women of Color* nicht die gleichen wie die von *weißen* Frauen.[5] *Weiße* Frauen werden aufgrund ihres Geschlechts diskriminiert, während *Women of Color* zusätzlich Rassismus ausgesetzt sind. An der Stelle, an der sich die Zugehörigkeit zu einer marginalisierten Gruppe mit der Zugehörigkeit mit einer weiteren marginalisierten Gruppe kreuzt, entstehen zusätzliche Herausforderungen. Wir benutzen hier den Begriff der «Kreuzung», da der englische Begriff «*Intersectionality*» abgeleitet ist von «*Intersection*», dem englischen Begriff für Kreuzung. Das Konzept der Intersektionalität beschreibt, dass verschiedene Aspekte der Identität einer Person (zum Beispiel Geschlecht, Rassifizierung, soziale Klasse, sexuelle Orientierung/Identität, Religion, Alter und vieles mehr) miteinander verknüpft sind und sich zudem beeinflussen.[6] Die verschiedenen Zugehörigkeiten zu marginalisierten Gruppen in einer Person können nicht voneinander separiert werden, weil sie nicht individuell wirken. Zu kompliziert? Dann stell dir drei Straßen vor, die nebeneinander verlaufen. Auf jeder dieser Straßen fahren Autos. Jede dieser Straßen stellt einen Teil deiner Identität dar. Sagen wir mal, du bist eine Person mit Behinderung – die erste Straße. Du gehörst auch zur LGBTQIA+ Community – das ist die zweite Straße. Außerdem bist du jüdisch, die dritte Straße. Für sich alleine genommen, ist auf allen Fahrbahnen schon ganz schön viel los: Es kommt zu Staus, Unfällen ... So würde Diskriminierung aussehen, wenn wir jedes Diskriminierungsmerkmal einer Person isoliert betrachten würden. Jetzt stell dir vor, diese Straßen, die für sich alleine genommen schon ziemlich schwer zu befahren sind, laufen an einem Punkt zusammen und kreuzen sich: Das Risiko für eine Massenkarambolage ist an dieser Stelle besonders hoch. An dieser Kreuzung kommen alle Identitäten zusammen, und die Probleme, die es schon vorher auf den einzeln verlaufenden Spuren gab, verstärken einander: Menschen, die zu mehreren marginalisierten Gruppen gehören, erleben dadurch exponentiell mehr Diskriminierung, was schwerwiegende Auswirkungen auf die jeweilige Person haben kann. Viele Menschen haben mehr als nur einen Diskriminierungsmarker. Und jeder einzelne davon beeinflusst, wie sie von der Gesellschaft wahrgenommen und behandelt werden, welche Privilegien sie haben oder wie viel Diskriminierung sie erfahren. Meist sind mehrfach diskriminierte Menschen in mehreren Bereichen ihres Lebens massiv benachteiligt. Und deshalb, liebe*r Leser*in, halten wir es für so wichtig, dass wir uns all unserer Privilegien bewusst sind und aktiv zum Abbau von Diskriminierung beitragen.

Ein so komplexes Thema wie Intersektionalität in wenigen Worten zu erklären ist schwierig. Greifbarer sind die Auswirkungen, die Diskriminierung, insbesondere mehrfache, intersektionale Diskriminierung, auf die Betroffenen hat.

Auswirkungen von (mehrfacher, intersektionaler) Diskriminierung

Diskriminierende Erfahrungen sind tiefe Einschnitte, durch die sich die persönliche Weltanschauung verändert und die schwere Konsequenzen für alle Bereiche des Lebens haben können. Kommt es zu intersektionaler Diskriminierung, lässt sich häufig nur schlecht unterscheiden, welcher Diskriminierungsmarker ausschlaggebend war, häufig ist es eine Kombination mehrerer oder aller in einer Person vereinten marginalisierten Gruppen.

Stelle dir folgende Situation vor: Eine behinderte Frau mit Hidschab in einem Rollstuhl will sich bei der Pizzabude um die Ecke eine Pizza Quattro Formaggi holen. Als sie dort ankommt, schaut der Restaurantbesitzer auf sie runter und spricht jedes Wort im Schneckentempo aus. Viele Menschen mit Behinderung kennen es, wie ein Kind behandelt zu werden. Gleichermaßen werden muslimische Frauen oft von oben herab behandelt. Welcher der beiden Diskriminierungsmarker der Frau der Grund für die Diskriminierung war oder ob sie beide zusammengewirkt haben, das lässt sich nicht genau bestimmen und ist auch nicht relevant, weil eben nicht voneinander zu trennen. Die möglichen Auswirkungen von intersektionaler Diskriminierung gleichen den Konsequenzen von isolierter Diskriminierung, nur dass sie eben durch das Zusammenspiel mehrerer Diskriminierungsmarker deutlich verstärkt sind. Die möglichen Auswirkungen von (intersektionaler) Diskriminierung sind so vielfältig wie schwerwiegend. Hier haben wir einige für dich zusammengetragen:

- **Körperliche Verletzung:** Menschen, die zu mehreren marginalisierten Gruppen gehören, haben ein erhöhtes

Risiko, von Gewalt betroffen zu sein und dadurch körperliche Gewalt zu erfahren.[7]

- **Depression und Angst:** Erfährt man im Alltag regelmäßig Diskriminierung, kann das zu Gefühlen von Angst und Frust führen. Betroffene fühlen sich vielleicht alleine, unverstanden, ungeschützt und erkranken möglicherweise an Depressionen. Gleichzeitig fehlt ihnen womöglich der Zugang zu Ressourcen für mentale Gesundheit, wie Therapeut*innen, was in einen Teufelskreis münden kann.[8]
- **Isolation und Einsamkeit:** Für mehrfach marginalisierte Menschen kann es besonders schwierig sein, Vertrauen zu anderen Menschen zu fassen und eine enge Beziehung aufzubauen. Die Angst, Diskriminierung zu erfahren, kann zu Isolation und Einsamkeit führen und so die Teilhabe am sozialen Leben verhindern.
- **Fehlender Zugang zu Bildung und Beschäftigung:** Für Betroffene von intersektionaler Diskriminierung kann es viel schwieriger sein, die richtigen Ressourcen und Hilfsangebote zu finden und Zugang zu erhalten. Gleichermaßen ist es für Menschen, die zu mehreren marginalisierten Gruppen gehören, möglicherweise deutlich schwieriger, einen guten Beruf zu erlernen, einen passenden Job zu finden und Zugang zu höherer Bildung zu erlangen.[9] Dadurch haben marginalisierte Gruppen weniger finanzielle Mittel, schlechteren Zugang zu Wohnraum und sind von Armut bedroht. So kann es sein, dass die behinderte Frau mit Hidschab aus unserem Beispiel doppelt diskriminiert wird, wenn sie sich auf eine Stelle bewirbt. Auch ist es für sie schwieriger, überhaupt barrierefreien Wohnraum zu finden und diesen zu finanzieren. Du siehst: Für mehrfach diskriminierte Menschen ist es extrem schwierig, in der Dominanzgesellschaft zu (über)leben.

- **Kein Zugang zum Gesundheitssystem:** Für mehrfach marginalisierte Menschen ist der Zugang zu allen Bereichen des Gesundheitswesens erschwert.[10] Denke beispielsweise an eine behinderte Person, die mit einer seltenen Krankheit lebt und trans ist. Mediziner*innen zu finden, die alle Identitäten dieser Person individuell medizinisch begleiten können oder wollen – auch Mediziner*innen diskriminieren –, ist schon schwierig genug. Jetzt stell dir vor, die Identitäten beeinflussen einander, etwa weil die Medikamente für die chronische Erkrankung sich nicht mit den Medikamenten vertragen, die die Person zur Transition verwendet. Was meinst du: Wie viele Mediziner*innen kennen sich damit aus? Das ist eine Situation, für die das Bild der Nadel im Heuhaufen nicht passender sein könnte. Durch Rassismus diskriminierte Menschen haben übrigens ein höheres Risiko, chronische Erkrankungen wie zum Beispiel Diabetes und Bluthochdruck zu entwickeln.[11]

Die meisten Systeme sind für eine «Norm» gemacht, also für Menschen, die alle in ein und dieselbe Schublade passen. Wenn man so viele Identitäten vereint, dass man nicht in diese vorgefertigten Schubladen passt, fangen die Schwierigkeiten an. Diese komplexen Diskriminierungserfahrungen kann das nicht diskriminierte Umfeld nie vollumfassend nachvollziehen. Das darf uns alle aber nicht davon abhalten, aufmerksam zu werden für diese Prozesse und ihnen entgegenzuwirken.

In den folgenden Abschnitten gehen wir deshalb genauer darauf ein, welche besonderen Herausforderungen und Auswirkungen sich für bestimmte Gruppen ergeben, und werden dir Zahlen präsentieren, die unsere Ausführungen untermauern.

Behinderte Frauen

Wir fangen bei uns an, da beide Autorinnen behinderte Frauen sind und weil es für viele nicht behinderte Menschen einfach(er) zu verstehen ist, dass Frauen allein aufgrund ihres Geschlechts benachteiligt werden. Zum Beispiel werden Frauen schlechter bezahlt als Männer, obwohl sie dieselben Qualifikationen haben, und wir sehen weniger Frauen in Führungsrollen als Männer. Obwohl dieser Kampf für Gleichberechtigung seit Jahrzehnten andauert und sich viel getan hat, ist das Ziel noch längst nicht erreicht. Da ist es nicht verwunderlich, dass behinderte Frauen vor noch viel größeren Herausforderungen stehen. So hat die Forschung an Menschen mit Behinderung das (weibliche) Geschlecht einer Person und damit vor allem auch das Konzept von Sexismus größtenteils ignoriert.[12] Obwohl mehr und mehr über die Vorurteile gegenüber Menschen mit Behinderung gesprochen wurde und wird, geschah dies lange hauptsächlich aus einer männlichen Perspektive, obwohl es eigentlich fast gleich viele behinderte Männer und Frauen gibt. Zahlen zeigen sogar, dass Frauen dezent häufiger mit einer Behinderung leben als Männer.[13]

Weltweit leben rund 300 Millionen Frauen mit einer Behinderung[14], aktuell also rund 7,5 Prozent aller Frauen. Andere Quellen sprechen davon, dass eine von fünf Frauen eine Form von Behinderung hat.[15] Insgesamt leben rund 5 Millionen dieser behinderten Frauen in Deutschland. Das ist mehr als ein Zehntel der gesamten weiblichen Bevölkerung im Land![16] Eine ziemlich große Gruppe. 80 000 Frauen mit Behinderung leben in stationären Wohneinrichtungen. 44 Prozent aller Frauen mit Behinderung in Europa sind arbeitslos. In Deutschland sind es sogar mehr als die Hälfte.[17] Im Vergleich dazu sind nur 25 Prozent der ebenfalls behinderten Männer ohne Job. Und wie auch

Frauen ohne Behinderung werden behinderte Frauen im Beruf und der Bezahlung massiv benachteiligt. Sie verdienen im Schnitt 55 Prozent weniger als Männer mit Behinderung.[18] Ein Viertel der deutschen Frauen mit Behinderung haben keinen Abschluss, der ihnen Zugang zu einer Ausbildung auf dem allgemeinen Arbeitsmarkt ermöglichen würde.[19]

Frauen ohne Behinderung haben es im Arbeitsalltag schon nicht leicht und erfahren Diskriminierung aufgrund ihres Geschlechts, doch für Frauen mit Behinderung kommt Ableismus noch hinzu. Zu den allgemeinen Konsequenzen von Diskriminierung im Beruf, Gesundheitsbereich und vielen mehr möchten wir kurz auf ein paar spezielle eingehen, die vor allem Frauen mit Behinderung treffen:

- **Hohes Risiko von Gewalt:** Frauen mit Behinderung sind bis zu zehnmal häufiger von Gewalt betroffen als andere Frauen, vor allem von sexualisierter Gewalt.[20] Die Dunkelziffer liegt wahrscheinlich um ein Vielfaches höher, denn viele Frauen mit Behinderung können nicht über das Erlebte sprechen. Sie haben keinen Zugang zu Hilfsangeboten oder trauen sich aus Angst oder Scham nicht, ihre Gewalterfahrungen mit anderen zu teilen. Zudem leben viele behinderte Frauen in Wohneinrichtungen, in denen Gewalt nicht nur an der Tagesordnung ist, sondern die Täter*innen oft auch nicht verfolgt oder bestraft werden. All diese Frauen gehen in keine Gewaltstatistik ein und sind Teil der Dunkelziffer.
- **Verzerrte Schönheitsstandards:** Es gibt verschiedene Schönheitsideale, die nebeneinander existieren, diese variieren kulturell, allen gemein ist, dass sie Frauen unter enormen Druck setzen, diese meist unerreichbaren Standards zu erfüllen. Diese typischen Schönheitsstandards

treffen oft nicht auf Frauen mit Behinderung zu. Das Bild, etwa einer schlanken Frau mit ewig langen Beinen und langen welligen Haaren, makelloser Haut und gepflegten Fingernägeln, ganz ehrlich, wer kann das schon erfüllen? Die meisten Frauen tun das nicht. Frauen mit sichtbaren Behinderungen haben es noch schwerer, denn je weiter man von einer Norm abweicht, desto häufiger gilt man als nicht «schön». Das kann ein reduziertes Selbstwertgefühl und ein negatives Körperbild zur Folge haben und zu Essstörungen führen.[21] Solche Schönheitsstandards unterstreichen das Stereotyp, behinderte Frauen seien «fehlerhaft». Übrigens: Schon in den 1980er Jahren setzten sich die «Krüppelfrauengruppen» intensiv mit dem Thema auseinander.[22] Heute, 30 Jahre später, scheint es zwar ein Umdenken, beispielsweise in der Modewelt, zu geben, und auf dem Laufsteg finden sich mehr Menschen mit allen Körperformen und Fähigkeiten, aber das Konzept von Diversität ist längst nicht in allen Bereichen angekommen.

- **Fehlende Unterstützung bei der Familiengründung:** Behinderte Personen mit Uterus haben nicht die gleichen Rechte wie nicht behinderte Personen mit Uterus. Das ist wenig überraschend, aber im Bereich Schwangerschaft und Familiengründung besonders desaströs. Behinderte Personen haben schlechteren Zugang zu sexueller Bildung und werden wenig in ihrer Sexualität unterstützt.[23] Auch wenn es in Deutschland (im Gegensatz zu anderen Ländern[24]) offiziell illegal ist, behinderte Menschen mit Uterus und Eierstöcken ohne ihre Einwilligung zu sterilisieren, so sind dennoch 10 – 18 Prozent sterilisiert. Das sind doppelt so viele im Vergleich zu den nicht behinderten Menschen.[25] Besonders oft trifft das auf Personen mit Lernschwierigkeiten und Uterus und Eierstöcken in stationären Einrichtungen zu. Sollte eine behinderte Person doch schwanger werden, bekommt sie häufig nicht genug Unterstützung, auch wenn es in Deutschland mittlerweile Angebote wie zum Beispiel die Elternassistenz gibt.[26]

Wie du siehst, ist das Leben als Frau mit Behinderung mit zusätzlichen Herausforderungen verbunden. Was passiert, wenn eine Person behindert ist und gleichzeitig zur Gruppe der *BIPOC* gehört, darauf gehen wir im Folgenden näher ein.

Behinderung und BIPOC

Djamal (er/sein): *Ich bin 25 Jahre alt, geboren in Berlin und aufgewachsen in Potsdam. Ich studiere Produktdesign im elften Semester und bezeichne mich als behindert und als Schwarz. Ich habe eine Muskelerkrankung, die dazu führt, dass mir die Kraft in meinem Körper fehlt. Daher nutze ich einen Aktivrollstuhl mit elektrischem Antrieb und lebe mit einer 24-Stunden-Assistenz, die mich in den Bereichen meines Lebens unterstützt, die mir schwerfallen, zum Beispiel beim Teekochen, Fenster-Aufmachen, der Körperpflege, der Mobilität außer Haus, dem Einkaufen und vielem mehr.*

Intersektionalität bedeutet für mich, dass einzelne Formen der Diskriminierung nie alleine betrachtet werden, denn sie existieren nicht separat, sondern nur im Kontext von anderen Arten der Diskriminierung. Damit meine ich, dass wir immer dann, wenn wir über Behinderung sprechen, nicht nur für weiße behinderte Menschen mit hohem akademischem Grad sprechen, sondern auch alle anderen Personen dieser marginalisierten Gruppe mitdenken. Ich bin der Meinung, dass wir Diskriminierung nur dann bekämpfen können, wenn wir auch die anderen Kategorien und Marginalisierungen mit in unsere Arbeit einschließen.

*Und das ist eigentlich gar nicht so schwierig. Beispielsweise wurde bei mir an der Fachhochschule kürzlich über Toiletten diskutiert. Im Designgebäude, in dem ich studiere, gibt es nur eine Toilette für Menschen mit Behinderung, und die ist im untersten Stockwerk. Nun weiß ich aber, weil ich eine Gruppe für behinderte Student*innen gegründet habe, dass wir Menschen mit ganz vielen verschiedenen chronischen Erkrankungen und Behinderungen haben, die gleichzeitig auch noch andere intersektionale Identitäten vereinen, wie zum Beispiel trans Personen mit Behinderung. Diese Behindertentoiletten müssen also nicht nur für behinderte Menschen funktionieren, sondern auch für Personen, die Teil der LGBTQIA+ Community sind. Also ergibt es Sinn, alle von vornherein mitzudenken. Klar, manche fokussieren sich auf Anti-Rassismus, andere auf Anti-Ableismus, aber trotzdem sollte man immer die Kämpfe kennen, die eine andere Community auszutragen hat.*

Weil ich Schwarz und behindert bin, habe ich auch persönlich beide Diskriminierungen erlebt, aber für mich waren die Erfahrungen mit Ableismus immer präsenter als mit Rassismus. Zum einen habe ich eine weiße Mutter und einen helleren Hautton (nicht zu verwechseln mit dem rassistischen Konzept «Hautfarbe»), weshalb ich anders von Rassismus betroffen bin als Personen mit dunklerem Hautton. Dieses Phänomen wird unter dem Begriff «Colorism» behandelt. Zum anderen könnte es daran liegen, dass meine Eltern beide einen hohen Bildungsabschluss haben und ich nicht in einem finanziell prekären Haushalt aufgewachsen bin. Dennoch habe ich schon häufiger mitbekommen, dass mein Vater rassistisch diskriminiert wurde. Es gab eine Situation, bei der mein Bruder und ich zusammen mit meinem Vater in einem Autohaus nach einem neuen Auto geschaut haben und der Verkäufer bestimmt fünfmal gesagt hat: «Aber wir haben da auch was Günstigeres.» Das haben wir alle drei mit einer rassistischen Konnotation wahrgenommen, weil von uns nie geäußert wurde, was unser finanzieller Rahmen ist.

Dennoch habe ich die Barrieren in Bezug auf meine Behinderung immer als schwerwiegender empfunden. Häufig sprechen die Menschen beispielsweise nicht mit mir, sondern mit meiner Assistenz. Das passiert oft, wenn wir in die U-Bahn einsteigen und eine Person mit Kinderwagen meine Assistenz fragt, ob der Kinderwagen da wegmuss. Für mich ist es eine zentrale Erfahrung intersektionaler Diskriminierung, dass ich mich immer behaupten muss. Ich muss ständig darum kämpfen, ernst genommen zu werden. Dadurch fühle ich Distanz zu Menschen, die ich noch nicht so gut kenne. Ich kann mich nicht einfach wie andere zurücklehnen und mir denken «Ist mir egal, was die von mir halten», weil ich immer erkämpfen musste, ernst genommen zu werden. Das ist ein Kraftaufwand, bei dem man viel von sich selbst verliert.

Ich wünsche mir von nicht behinderten Menschen die Anerkennung, dass es verschiedene Lebensrealitäten gibt und dass ein und dieselbe Person gute und schlechte Tage haben kann. Die haben aber nichts damit zu tun, ob eine Person in einem Rollstuhl sitzt oder eine Assistenz hat. Ich brauche kein Mitleid, schon gar nicht, wenn ich gut drauf bin. Der Rollstuhl ist keine Barriere. Dass es Monate dauert, bis mir meine Assistenz bewilligt wird, ohne die mir die Teilhabe am täglichen Leben verwehrt bleibt, das ist eine Barriere. Die strukturellen Barrieren sind das Problem, nicht mein Rollstuhl.

Im «Ranking», welche (einzelnen) Diskriminierungsmarker in Deutschland am meisten zu Diskriminierung führen, war 2022 mit 43 Prozent rassistische Diskriminierung auf Platz 1, gefolgt von Behinderung mit 27 Prozent auf Platz 2. Danach folgten Geschlecht, Alter, Religion, sexuelle Identität, und das Schlusslicht bildete die Weltanschauung.[27] Ist eine Person von Rassismus betroffen und hat eine Behinderung, ist sie deutlich häufiger oder stärker von Diskriminierung betroffen. In

Deutschland gibt es offiziell nur vier ethnische Minderheiten, die als nationale Minderheiten anerkannt sind: die dänische Minderheit, Friesen, die deutschen Sinti*zze und Rom*nja und die Sorben.[28] Nationale Minderheiten sind besonders geschützte ethnische Minderheiten, die spezielle Rechte genießen. Aber es gibt noch viele andere ethnische Minderheiten, die sich durch eine eigene Kultur, Sprache oder Religion von der Mehrheit im Land unterscheiden. Es wird davon ausgegangen, dass es rund 822 ethnische Minderheiten in 160 Ländern gibt.[29] Da es im Kapitel um die Intersektion zwischen Rassismus und Ableismus geht, schließen wir in diesem Kapitel alle Menschen ein, die rassistische Diskriminierung erfahren, unabhängig von ihrem Status als ethnische Minderheit, der Staatsangehörigkeit oder dem Migrationshintergrund. 2020 wurden 21,9 Millionen Menschen mit Migrationshintergrund verzeichnet – mehr als ein Viertel der Gesamtbevölkerung. Ungefähr die Hälfte dieser Menschen sind Deutsche.[30] 2016 hatte fast jeder zehnte Mensch mit Migrationshintergrund eine Beeinträchtigung. Bei Geflüchteten ist geschätzt sogar jede*r Fünfte behindert.[31]

Menschen mit Migrationshintergrund begegnen in verschiedenen Ländern unterschiedlichen Herausforderungen. In den USA sind *People of Color* besonders häufig von Diskriminierung betroffen, wobei Rassismus in den USA ganz unabhängig vom deutschen Begriff des Migrationshintergrundes stattfindet, denn die meisten *BIPOC* haben keinen Migrationshintergrund. *People of Color*, die zusätzlich eine Behinderung haben, haben außerdem deutlich schlechtere Ergebnisse nach medizinischen Behandlungen und erschwerten Zugang zum Gesundheitssystem, sie haben eine schlechtere Ausbildung und sind bei der Jobsuche benachteiligt.[32] Zahlen aus Großbritannien haben außerdem gezeigt, dass Menschen mit Lernschwierigkeiten, die von Rassismus betroffen sind, deutlich früher sterben als die der Dominanzgesellschaft. Die niedrigste durchschnittliche Lebenserwartung von nur 33 Jahren hatten Männer mit (schweren) Lernschwierigkeiten, die gleichzeitig Rassismus erlebten. Im Vergleich dazu sterben weiße Briten mit schweren Lernschwierigkeiten erst im Alter von 59 Jahren.[33]

Erfolgsgeschichten von einer studierenden *Person of Color* mit Behinderung, wie die von Djamal, sind daher eher die Ausnahme. Um an diesen Punkt zu kommen, musste Djamal deutlich mehr Hürden überwinden als nicht behinderte *weiße* Personen. Rassifizierte Menschen sind häufiger von Armut betroffen, zunehmend kränker als Menschen, die nicht zu mehreren marginalisierten Gruppen gehören, und haben es auf dem Arbeitsmarkt schwerer, weil sie neben ihrer Behinderung auch aufgrund von Rassismus diskriminiert werden. Sie sind also prinzipiell eher von gesellschaftlicher Teilhabe ausgeschlossen.[34] Laut einer Studie aus dem Jahr 2017 zeigt sich das daran, dass viele behinderte Menschen mit Migrationshintergrund, insbesondere die Frauen, keine offiziell festgestellte bzw. staatlich anerkannte Behinderung haben.[35] Wer aus den engen Schubladen des deutschen Unterstützungssystems fällt (aufgrund von Rassismus, Sprachbarrieren, Transgeschlechtlichkeit, Armut, Überforderung durch Bürokratie), taucht in den Statistiken nicht auf.

Behinderung und LGBTQIA+

Beccs (Es/Nims): *Ich bin Beccs, bin Mitte zwanzig und lebe in Ostdeutschland. Als Teil des Bildungskollektivs Minzgespinst beschäftige ich mich mit den Themen Geschlechtergerechtigkeit und Inklusion, vor allem im Bereich Autismus und Transgeschlechtlich-*

keit. Ich bin nichtbinär, trans und queer. Dabei ist Queer für mich der Oberbegriff für meine romantische und sexuelle Identität. Ich bin autistisch und rezidivierend, also immer wieder auftretend, depressiv und lebe mit unterschiedlichen chronischen körperlichen Erkrankungen und einer Essstörung. Unterstützt werde ich durch eine persönliche Assistenz, die vom Pflegegeld des Pflegegrad 3 bezahlt wird.

Intersektionalität ist für mich wie eine Kreuzung. Je mehr Fahrspuren sich kreuzen, desto wahrscheinlicher ist es, dass ein Unfall passiert. Je mehr Diskriminierungsmarker eine einzelne Person hat, desto mehr muss sie aufpassen, auf dieser Kreuzung nicht verletzt zu werden. Das Beispiel der Kreuzung zeigt aber auch, dass es sehr vieler Anstrengung bedarf, als mehrfach marginalisierte Person in dieser Gesellschaft zu überleben. Die Augen müssen immer auf die ganze Kreuzung gerichtet sein, damit bei Gefahr schnell ausgewichen werden kann.

Doch leider kann ich als behinderte trans Person oftmals gar nicht ausweichen. Vor allem aufgrund meiner Transgeschlechtlichkeit erfahre ich tägliche Diskriminierung. Das beginnt bei Dokumenten, die meine Anrede nicht berücksichtigen, bis hin zu medizinischem Personal, das mir meine Identität abspricht. Egal in welchen Raum ich komme, ich bin immer erst mal «die trans Person» und muss erklären, warum «du bist eine Frau!» falsch ist. Ich kann nie einfach nur sein. Einmal hat mir beispielsweise eine Psychologin gesagt, ich dürfe keine Hormontherapie machen, das würde meine «Vielfältigkeit» zerstören (weil ich dann ja keine Röcke mehr tragen würde). Sie hat unrecht behalten, ich liebe Röcke und High Heels auch mit Testosteron – seit mittlerweile zwei Jahren!

Neben dem Absprechen meiner Identität habe ich aber auch Erfahrungen mit aktiver Gewalt machen müssen, zum Beispiel mit Menschen, die «mal anfassen» wollen, ob meine Brüste echt sind, oder testen, welche Genitalien ich habe. Wenn es um meine

Behinderung geht, erwarten Menschen oft, dass ich aufhöre, mich autistisch zu verhalten, sobald es für sie anstrengend wird. Das betrifft vor allem die Kommunikation. Da heißt es dann, ich solle mir einfach mehr Mühe geben, andere Personen würden das ja auch schaffen. Alternativ wird einfach mit der Assistenz gesprochen, als wäre ich nur ein störendes Möbelstück im Raum. Diese Art von Diskriminierungen und Gewalt sind für Menschen wie mich leider alltäglich. Es ist eine ständige Herausforderung, in dieser Gesellschaft zu überleben und als die Person gesehen zu werden, die ich bin.

Dabei will ich eigentlich nur existieren dürfen und ein gleichberechtigtes Leben führen wie alle anderen – als trans Person, als autistische Person, als Person überhaupt. Denn ich habe auch noch andere Charaktereigenschaften und Merkmale.

Umso wichtiger ist es, dass wir uns alle bemühen, unsere Wahrnehmung für Intersektionalität zu schärfen und uns für die Rechte und die Sicherheit von Menschen einzusetzen, die mehrere Diskriminierungsmarker tragen. Statt Nischenthema zu sein, möchte ich selbstverständliche Sichtbarkeit – alle können daran mitarbeiten, das umzusetzen!

Menschen, die zur LGBTQIA+ Community zählen, sind besonders häufig auch behindert. In den USA gehen Wissenschaftler*innen davon aus, dass eine von vier Personen, die LGBTQIA+ sind, eine Behinderung haben. Das wären alleine dort drei bis fünf Millionen Menschen![36] In Deutschland sind 7,5 Prozent aller Menschen ein Teil der LGBTQIA+ Community.[37] Wie viele davon behindert sind, dazu gibt es in Deutschland keine Studien. Zahlen aus den USA sind da schon aufschlussreicher. Demnach leben besonders viele trans Personen mit einer Behinderung. In einer Studie gaben fast 40 Prozent der trans Personen an, eine oder mehrere Behinderungen zu haben.[38] Zwanzigjährige trans Personen haben bereits eine

27-prozentige Chance, in diesem jungen Alter mindestens mit einer Behinderung zu leben. Die Zahl steigt auf 39 Prozent[39] im Alter von 55 Jahren. Das ist doppelt so hoch im Vergleich zu cis Personen im selben Alter. Andere Quellen sprechen sogar von fast 60 Prozent bei über 50-jährigen trans Personen.[40] Besonders häufig sind psychische Beeinträchtigungen. In den USA identifizieren sich zwischen 30 und 36 Prozent der queeren Erwachsenen als behindert.[41] Geht man davon aus, dass ein ähnliches Verhältnis auch in Deutschland zutrifft, wären das 1872000 bis 2246400 behinderte Menschen, die auch zur LGBTQIA+ Community gehören. Das ist eine ganz schön hohe Zahl, oder?

In einer kürzlich durchgeführten Umfrage berichteten fast alle behinderten LGBTQIA+ Personen von diversen Formen der Diskriminierung in allen Bereichen ihres Lebens: im Privaten, der Bildung und Arbeit, im Gesundheitssystem und auf Ämtern. Über 60 Prozent mussten beispielsweise Beleidigungen und Beschimpfungen ertragen und gleichermaßen unangenehme Fragen zu ihrem Privatleben über sich ergehen lassen.[42] Besonders schwer betroffen sind behinderte trans Personen wie Beccs. Im Gesundheitsbereich kommt es für trans Menschen zu diversen diskriminierenden Erfahrungen. So berichten trans Personen von großen Hürden und unerfüllten Bedürfnissen, wenn sie Ärzt*innen aufsuchen.[43] Sie müssen durch ein Gesundheitssystem navigieren, das auf binäre Geschlechtsverhältnisse und nicht für chronisch kranke und behinderte Menschen ausgelegt ist. Da werden Menschen wie Beccs als sie oder er bezeichnet, obwohl beides nicht zutrifft, oder es wird ihnen erklärt, dass die trans Identität doch eigentlich eine psychische Erkrankung sei. Solche negativen Erfahrungen mit Mediziner*innen können traumatisch sein und dafür sorgen, dass trans Personen seltener den Rat von Ärzt*innen einholen, aus Angst, erneut diskriminiert zu werden.[44] Das ist ein Teufelskreis, der zu schlechterer Gesundheit und zusätzlichen Behinderungen führt. Und dann gibt es natürlich die ganz herkömmlichen Barrieren, wie den fehlenden Zugang zu Veranstaltungen[45], weil behinderte, queere Menschen nur selten mitgedacht werden[46].

Behinderung und Armut

Menschen mit Behinderung sind im Vergleich zur Dominanzgesellschaft sehr viel häufiger von Armut betroffen. Menschen mit chronischen Krankheiten und Behinderung sind häufiger arbeitslos und haben allgemein einen schlechteren Gesundheitszustand. Hinzu kommt, dass chronisch krank/behindert sein außerdem deutlich teurer ist, weil viele Hilfsmittel nicht vom sozialen System übernommen werden. Gleichzeitig kosten Dinge des alltäglichen Lebens für Menschen mit Behinderung mehr, und wenn es nur die Fahrt im Großraumtaxi im Vergleich zu einem regulären Taxi ist.

Menschen mit Behinderung sind deshalb häufig auf die Unterstützung des Staates angewiesen. Doch selbst wenn man eine Erwerbsminderungsrente bekommt – viele haben das Privileg nicht, denn 40 Prozent der Erstanträge werden abgelehnt, und Klageverfahren ziehen sich über viele Jahre[47] –, reicht diese Unterstützung nicht zum Leben, vor allem nicht mit den höheren Kosten für Menschen mit Behinderung, sodass sie letztlich überdurchschnittlich häufig am absoluten Existenzminimum leben, während sie gleichzeitig häufig behandelt werden, als wären sie eine Last für die Gesellschaft. Ein Teufelskreis. Behinderte Menschen sind weltweit ärmer als nicht behinderte Menschen – natürlich gibt es große Unterschiede zwischen den einzelnen Ländern. In Deutschland sind 20 Prozent der Menschen mit Behinderung von Armut betroffen, je jünger, desto mehr. [48]

Gründe für die Armut von Menschen mit Behinderung gibt es viele, einige von diesen haben wir schon in den vorausgegangenen Kapiteln erläutert, jedoch sind alle auf die fehlende Barrierefreiheit und Inklusion von Menschen mit Behinderung zurückzuführen.

Denk mal drüber nach
Welche Rahmenbedingungen und Gesetze würdest du dir wünschen, um Mehrfachdiskriminierung zu reduzieren?

Behinderung und multiple marginalisierte Gruppen

Emir (Er/Sein): *Mein Name ist Emir*[49]*, ich bin 43 Jahre alt und lebe mit der System-Erkrankung Morbus Behcet, die meine Organe und Motorik angreift. Das geht mit einer Seh- und Hörbehinderung einher. Im Alltag bedeutet das für mich, dass ich auf eine 24-h-Assistenz angewiesen bin und teilweise auch Behandlungspflege benötige, zum Beispiel für die Wundheilung. Einfach gesagt kann ich mich in der Regel nur auf meinen Verstand verlassen. Alles, was meinen Körper angeht, ist tagesformabhängig und ändert sich ständig. Ich habe außerdem auch einen Pflegesohn mit Behinderung, der momentan eine 16-h-Assistenz hat. Als Arbeitgeber organisiere ich sowohl meine als auch die Assistenz meines siebenjährigen Sohnes so lange, bis er das selbst tun kann. Zusätzlich zu meiner Behinderung bin ich außerdem queer und habe einen Migrationshintergrund.*

Intersektionalität bedeutet für mich, dass mehrere Diskriminierungspunkte in einer Person zusammenkommen, also zum Beispiel wie in meinem Fall als pansexuelle, mehrfachbehinderte Person mit Migrationshintergrund und behindertem Pflegesohn. Klar wird man da oft diskriminiert, und in letzter Zeit sogar ziemlich direkt. Ich habe mich nie wirklich gefragt, auf welchen Teil meiner Identität die Diskriminierung zurückgeht. Wenn mich jemand beleidigt, dann ist mir egal, ob das wegen der Behinderung, meines Migrationshintergrunds oder der sexuellen Vielfalt passiert. Die Person meint so oder so mich.

Vor Kurzem habe ich erlebt, dass eine Sachbearbeiterin in einem Amt einer deutschen Großstadt zu einer Frau mit Migrationshintergrund sagte: «Ja, aber in Ihrem Land hätten Sie diese Leistung doch auch nicht, oder?» Es war ihre Begründung dafür, warum sie ihr eine benötigte Hilfe verweigern wollte. Das hätte sich vor zehn Jahren niemand getraut, so offen zu sagen. Wenn ich solche Situationen miterlebe – sei es bei Fremden oder mir selbst –, dann fällt mir immer wieder auf: Menschenrechte sind auch in Deutschland nicht unbedingt universell. Ich weiß auch, dass es nirgends auf der Welt wirklich besser ist, aber nichtsdestotrotz ist es frustrierend. Obwohl ich in Deutschland mehr etabliert bin als in meinem Heimatland, hier arbeite und vieles zur Gesellschaft beitrage, fühle ich mich oft, als wäre ich «fehl am Platz». Aber muss das wirklich so sein?

*Ich würde mir wünschen, dass alle Menschen einfach mal mehr vor ihrer eigenen Tür kehren, also selbstkritisch den Fehler bei sich suchen, dann müssten sie das nicht immer bei anderen tun. Jede Person sollte anderen so begegnen, wie sie selbst behandelt werden will. Das ist mein Standard, auch wenn es manchmal schwer ist. Denn was lebenslange Diskriminierung mit einem macht, das kann sich keine*r vorstellen, die*der das nicht selbst erlebt hat.*

Um das zu ändern, müssen wir mehr Aufklärungsarbeit betreiben. Das muss schon im Kindergartenalter beginnen. Das Kind, das in die Vorschule kommt, hat keine Bücher über Inklusion oder sexuelle Vielfalt. Aber genau in dem Alter muss das schon anfangen. Wir müssen Diversität und Inklusion wirklich leben – von Anfang an.

Menschen wie Emir, die zu vielen verschiedenen marginalisierten Gruppen gehören, sind davon betroffen: Diskriminierung, die an verschiedenen Punkten ansetzt. In diesem Abschnitt wollen wir im Speziellen auf die Kombination mehrerer Diskriminierungsmarker eingehen, die in Emir vereint sind – vor allem auf die Tatsache, dass er ein behinderter pansexueller Mann mit Migrationshintergrund ist. Denn queere Männer, die in einem hauptsächlich weißen, heteronormativen Land leben, werden oft nicht nur von der Dominanzgesellschaft im Migrationsland diskriminiert, sondern zuweilen auch von Menschen aus dem Herkunftsland[50] – eine große Herausforderung.

Homofeindlichkeit ist ein weltweites Problem. Queere Männer mit Migrationshintergrund erleben rassistische Diskriminierung aufgrund ihrer (von dem Umfeld angenommenen) Herkunft oder Religion.[51] In Emirs Fall treten noch mehrere Behinderungen hinzu, außerdem die Tatsache, dass er einen behinderten Pflegesohn hat. All diese Straßen und Kreuzungen in einer Welt zu navigieren, die für keine dieser Straßen ausgelegt ist, scheint unmöglich.

Intersektional betroffene Menschen erfahren exponentiell mehr Diskriminierung und sehen sich vielen Herausforderungen gegenüber. Ein Grundverständnis von Intersektionalität und diesen besonderen Barrieren ist unabdingbar, um ein besseres, diverseres und verständnisvolleres Zusammenleben zu gewährleisten. Und dabei kannst auch du helfen!

Das kannst du tun:

Hinterfrage dein eigenes Privileg. Verstehe, dass niemand beeinflussen kann, wie sie*er geboren wird. Wir können nicht bestimmen, mit welchen Fähigkeiten wir geboren werden, mit welchem Hautton oder mit welchem Geschlecht, aber wir können alle verstehen, dass manche Menschen mehr Diskriminierung erfahren als andere und das zu großen Herausforderungen und Benachteiligung führt. Um Unterstützer*in (im Englischen Ally, Verbündete*r) zu sein, solltest du die eigenen Privilegien nicht nur kennen und hinterfragen, sondern auch verstehen und konstruktiv nutzen lernen. Beispielsweise werden *weiße* behinderte cis Männer mehr gehört als behinderte *Women of Color.* Wenn cis Männer sich ihrer Privilegien im alltäglichen Leben bewusst sind, können sie diese nutzen, um Frauen eine größere Plattform zu geben.

Erkenne deine eigenen Vorurteile. Jede Person hat Vorurteile über andere Menschen, und niemand muss sich deshalb schlecht fühlen, gewisse Klischeevorstellungen von anderen zu haben. ABER: Jede*r muss sich mit diesen Verzerrungen beschäftigen, sie verstehen lernen und erkennen, woher sie stammen. Erst dann kann man Vorurteile überwinden.

Informiere dich. Das mag simpel klingen, aber Wissen beugt Vorurteilen vor. Warum? Je mehr wir über andere Menschen erfahren, desto näher kommen wir der Realität, desto weniger Raum ist für Vorurteile. Dabei hilft Literatur von Autor*innen, die selbst verschiedenen marginalisierten Gruppen angehören, unterschiedliche Standpunkte vertreten und Perspektiven aufzeigen können. Du kannst auch die Menschen selbst fragen, wenn sie das denn wollen – nicht jede Person möchte sich rund um die Uhr mit Diskriminierung beschäftigen oder für andere als Lexikon dienen. Sei dir dessen bewusst und frage nach, ob die Person überhaupt bereit wäre, dir einen Einblick in ihre Erfahrungswelt zu geben.

Höre zu und nimm das Gesagte an. Glaube, dass sich die Situation genauso abgespielt hat, wie dein Gegenüber sagt, und nimm die geschilderten Gefühle ernst, auch wenn du sie vielleicht nicht vollumfänglich nachvollziehen kannst. Reagiere niemals mit: «Hm, aber so schlimm klingt das für mich gar nicht.» Damit wertest du nicht nur die Erfahrung der anderen Person ab, sondern diskriminierst sie gleich noch mal.

Sei ein*e Multiplikator*in. In Zeiten von Social Media ist es ganz einfach, ein*e Multiplikator*in für andere zu sein. Teile regelmäßig die Stimmen anderer, auch wenn du selbst keine große Plattform hast. Wenn du eine große Reichweite hast, überlege, ob du das Mikrofon nicht mal an eine andere Person übergeben kannst und sie selbst zu Wort kommen lässt.

Steh auf und sag was. Das gilt eigentlich für jeden Bereich im Leben: Wenn du etwas siehst, was nicht okay ist, dann sag was!

Verbreite Awareness. Je nachdem, in welcher Position du bist, kannst du zum Beispiel in deinem Arbeits- oder auch im privaten Umfeld für mehr Verständnis sorgen, indem du Projekte organisierst, in denen betroffene Expert*innen zu Wort kommen.

Achte auf deine Worte. Lerne, wie die Namen von Menschen ausgesprochen werden. Verändere die Namen nicht, nur weil das einfacher für dich ist. Frage, welche Pronomen Menschen nutzen, und übe dich in deren selbstverständlicher Verwendung. Mach es dir zur Gewohnheit, dich selbst mit Namen und Pronomen vorzustellen.

Stehe zu deinen Fehlern. Wir machen alle Fehler. Sprichst du über eine Person und nutzt das falsche Pronomen, entschuldige dich dafür und rechtfertige dich nicht. Es geht nicht darum, wie schlecht du dich fühlst, sondern um die andere Person. Lerne daraus. Verzeihe auch anderen Fehler.

Und zu guter Letzt: Allyship ist fortwährende Arbeit und keine Sache, die man nebenbei erledigt. Ein Ally zu sein ist die bewusste Entscheidung, täglich bereit zu sein, Neues zu lernen und das eigene Verhalten zu reflektieren.

Ableismus im historischen Kontext

*1947 wird Judith Heumann, meist kurz Judy Heumann genannt, in Philadelphia im US-Staat Pennsylvania geboren. Sie wächst in Brooklyn, New York, auf. Ihre Eltern sind jüdische Immigrant*innen aus Deutschland, die Mitte der 1930er Jahre in die Vereinigten Staaten ausgewandert sind. Viele ihrer Familienmitglieder wurden in Deutschland während des Holocaust ermordet.*[1]

Im Alter von 18 Monaten erkrankt Judith Heumann an Polio (Kinderlähmung).[2] *Nach der Infektion ist sie auf einen Rollstuhl angewiesen, und man rät ihren Eltern, sie in ein Heim zu geben – der Beginn einer langen Reihe ableistischer Kommentare und Handlungen: Judith Heumann wird der Zugang zum Kindergarten verwehrt,*[3] *mit der Begründung, sie stelle ein Brandrisiko dar.*[4] *In einem Interview mit der New York Times beschreibt Judith Heumann die Erfahrung als «entmenschlichend» und erklärt, dass sie sich damals wie eine «Außenseiterin» fühlte.*[5]

Allem Ableismus zum Trotz studiert Judith Heumann später Soziologie und Public Health. Schon damals beginnt sie, sich für soziale Gerechtigkeit einzusetzen. Mit dem Master in der Tasche entscheidet sie, Lehrerin zu werden. Man verweigert ihr jedoch die Lehrerlaubnis aufgrund ihrer körperlichen Behinderung. Judith Heumann klagt, gewinnt und wird die erste rollstuhlfahrende Lehrerin im Staat New York.[6] *Kurz darauf verschreibt sie sich vollständig dem Aktivismus und kämpft Vollzeit für die Rechte von Menschen mit Behinderung. In den 1960er Jahren ist Judith Heumann Teil des Crip Camp, eines Sommercamps für behinderte Menschen in den Catskills.*[7] *In einem gleichnamigen Dokumentarfilm ist sie eine der Protagonist*innen. Viele der wichtigsten Akteur*innen der Behindertenbewegung dieser Zeit sind Teilnehmer*innen des*

*Camps, in dem sie sich gegenseitig unterstützen und empowern. Doch nicht nur mit dem Film Crip Camp macht Judy Heumann Schlagzeilen. Immer wieder zeigt sie sich auf Demonstrationen. 1972 stoppt sie mit einer Gruppe von Aktivist*innen den Verkehr in Manhattan, um gegen Präsident Nixons Veto gegen das Rehabilitationsgesetz zu protestieren, um im nächsten Schritt den Abschluss des Rehabilitation Act von 1973 durchzuboxen, der die Diskriminierung aufgrund von Behinderungen am Arbeitsplatz verbot. 1977 ist sie eine der Hauptorganisator*innen des 504-Sit-ins, bei dem mehrere hundert Menschen mit Behinderung das Büro des US-amerikanischen Bildungsministeriums besetzen, um gegen die Diskriminierung von Menschen mit Behinderung zu protestieren. Dieser Protest führt schließlich zum ersten umfassenden Gesetz zur Förderung der Gleichstellung von Menschen mit Behinderung in den USA, der Section 504 des Rehabilitation Act. Judith Heumann trägt mit ihrem Engagement einschlägig zur Behindertenbewegung bei.*

Nach ihrem Umzug nach Washington, D. C., ist Judith Heumann von 1993 bis 2001 stellvertretende Sekretärin des Office of Special Education and Rehabilitation Services in der Regierung von Bill Clinton und prägt viele wichtige Gesetze, darunter zum Beispiel den Americans with Disabilities Act (ADA). Später arbeitete sie für die Weltbank als deren erste Beraterin für Behinderung und Entwicklung und wird erste Sonderberaterin für die Rechte behinderter Menschen im US-Außenministerium. Von Präsident Barack Obama ernannt, setzt sie sich dafür ein, dass die Rechte von Menschen mit Behinderung Teil der Agenda des Außenministeriums werden, und drängt auf eine internationale Version des Americans with Disabilities Act (ADA).

Judith Heumann ist die «Mutter» der Behindertenrechtsbewegung.[8] Bis zu ihrem Tod am 24. März 2023 ist sie eine unermüdliche Aktivistin für alle behinderten Menschen auf der ganzen Welt, und wir profitieren noch heute von ihren frühen Erfolgen. Mit dem Tod von Judy Heumann verlor die internationale Community von Menschen mit Behinderung ein wichtiges Vorbild, an dem sich viele deutsche Aktivist*innen orientierten. Auch in Deutschland gibt es eine aktive Behindertenbewegung. Wie diese Bewegung entstand, was die Menschen dieser Bewegung tun und wie sie sich organisieren, um gegen Ableismus vorzugehen, das erfährst du jetzt.

Denk mal drüber nach
*Wie werden Menschen mit Behinderung in der Geschichte dargestellt? Sind sie eher Opfer oder Held*innen?*

Die Ursprünge der deutschen Behindertenbewegung

Den Ursprung der deutschen Behindertenbewegung führen viele Wissenschaftler*innen auf die US-amerikanische *Disability Rights*-Bewegung der 1960er Jahre zurück, in der auch Judy Heumann aktiv war. Andere verorten die Anfänge noch früher: Bereits im Ersten Weltkrieg schlossen sich taube und blinde Menschen mit kriegsverletzten Personen in Selbsthilfegruppen zusammen.[9] Der Grund: Mit der fortschreitenden Industrialisierung nahm die Armut in der Bevölkerung zu, was zu einer verschlechterten Gesundheitsversorgung führte. Es kam zu immer mehr Arbeitsverletzungen und Arbeitsunfällen, und während Behinderung vorher vor allem individualisiert und selten war, erkannten viele, dass sie nicht alleine und die Nachteile, mit denen sie sich konfrontiert sahen, struktureller Natur waren.[10] So ging etwa der heutige Sozialverband Deutschland e.V. (SoVD) 1917 aus dem Bund der Kriegsteilnehmer und Kriegsbeschädigten hervor. Er ist mit circa 600 000 Mitgliedern einer der größten und gleichzeitig einer der ältesten sozialpolitischen Verbände in Deutschland[11], der maßgeblich die Politik beeinflusst. Der Verband trat nach eigenen Angaben «nicht nur für eine umfassende Versorgung der Opfer des 1. Weltkrieges, sondern insgesamt für den Aufbau einer sozialen und solidarischen Gesetzgebung» ein, und forderte zudem «eine Politik für den Frieden».[12]

Zur gleichen Zeit beginnt in Deutschland ein Kapitel der Geschichte, in dem verschiedene Kräfte Ableismus ideologisch in der Gesellschaft verankern. Durch populistische Propaganda, welche die Konsequenzen des Ersten Weltkriegs sowie der Weltwirtschaftskrise ausnutzte, erstarkte der Faschismus. In diesem Klima wird die Verteilung knapper öffentlicher Ressourcen an kranke und behinderte Menschen zugunsten der Gesunden und Leistungsfähigen in Frage gestellt, was zu katastrophalen Situationen in den öffentlichen Versorgungs- und Heilanstalten führte. Die Öffentlichkeit vertrat in der Folge die Idee einer «Kosten-Nutzen-Rechnung», also von jenen, die mehr oder besonders viel wert seien, und jenen, die weniger oder gar nichts wert seien und deshalb vernichtet gehörten. Diese Idee steht auch im Zentrum der Eugenik. Man verstand darunter Ideen und Praktiken, die dazu dienen sollten, die genetischen Eigenschaften der Gesellschaft zu verbessern. So wurde die Armut der kranken und behinderten Menschen nicht auf die wirtschaftlichen und sozialen Zustände zurückgeführt, sondern auf deren vermeintlich «minderwertige» Gene. Ärzt*innen und Wissenschaftler*innen, Politiker*innen und die breite Bevölkerung akzeptierten dieses Gedankengut nicht nur, sondern vertraten es aktiv. Zu Anhänger*innen der Eugenik gehörten Konservative und radikale Rechte, Liberale, Sozialdemokrat*innen und Vertreter*innen der Frauenbewegung.[13] [14] Eugenisch motivierte Gesetze gab es neben Deutschland auch in den USA, in Kanada, in der Schweiz oder in Skandinavien. Diverse Personengruppen wurden darin als «asozial» eingestuft und zum Beispiel Schwule und behinderte Menschen, die nicht dem faschistischen Ideal entsprachen, als minderwertig klassifiziert, sterilisiert und/oder ermordet. Eugenisches Gedankengut und Handeln war in Deutschland unter dem Label der «Euthanasie» bekannt. Ein Begriff, der so viel bedeutet wie «guter Tod»[15]: Mediziner*innen sollten angeblich unheilbar kranke Menschen von ihren Leiden «erlösen» bzw. gar «beseitigen». Der Philosophiestudent Adolf Jost forderte im Jahr 1895 erstmals die gesetzliche Erlaubnis der Tötung auf Verlangen.[16] Er begründete diese Forderung mit dem Mitleid für Schwerkranke und dem fehlenden Nutzen ihres Lebens. Zur Zeit der Weimarer Republik veröffentlichten dann der Psychiater Alfred Hoche und der Strafrechtler Karl Binding die Broschüre «Die Freigabe der Vernichtung lebensunwerten Lebens», mit der sie die Tötung psychisch kranker und geistig behinderter Menschen, sogenannter «Ballastexistenzen», forderten.[17] Nur wer in ihren Augen «nützlich» war, sollte leben dürfen.

Behinderte Menschen im Nationalsozialismus

Ab dem 14. Juli 1933 wurde die strukturelle Überzeugung durch das «Gesetz zur Verhütung erbkranken Nachwuchses» zu einer gesetzlich-gesellschaftlichen Norm. Das Gesetz benannte ganz konkret unterschiedliche Menschen mit Behinderung, um sie auszusondern. Es führte dazu, dass nahezu alle Menschen mit Behinderung zu Opfern der rassenhygienisch begründeten Zwangssterilisierungen wurden.[18] Das Gesetz und spätere Ergänzungen führten bis 1944 zur zwangsweisen Unfruchtbarmachung von mindestens 360 000 Menschen.[19] Etwa 5000 Menschen starben infolge der Zwangssterilisationen oder Zwangsabtreibungen.[20] Es entstand ein flächendeckendes Netz von Einrichtungen, das die gesamte Bevölkerung nach erbbiologischen Kriterien erfasste. In jedem Landgerichtsbezirk gab es ein Erbgesundheitsgericht, das über die Anträge von Anstaltsleiter*innen oder Amtsärzt*innen entschied und oft durch Hinweise von Hebammen oder Lehrer*innen auf «rassisch unerwünschte» Personen aufmerksam gemacht wurde.[21] Nicht nur sollte durch Sterilisation oder Selektion von Neugeborenen eine «Degeneration» des Volkes verhindert und gleichzeitig die menschliche Rasse verbessert werden, es sollten auch unerwünschte Bevölkerungsgruppen «ausgemerzt» werden.[22] So waren behinderte Menschen der «Testballon» für den industrialisierten Massenmord an Jüd*innen, Sinti*zzen und Rom*nja. Eine offizielle Anerkennung als Opfer der NS-Diktatur wird den damals zwangssterilisierten Menschen dennoch bis heute verweigert.[23]

Ein eher unbekanntes Kapitel des Holocausts ist die sogenannte «Aktion T4». Ab 1939 gab es überall im Deutschen Reich in sogenannten Heil- und Nervenanstalten Vorbereitungen für Morde an «lebensunwerten» Patient*innen.[24] Die Organisation oblag der «Kanzlei des Führers», dem Reichsinnenministerium und den Landesbehörden. Aus der Tiergartenstraße 4 in Berlin organisierten Mediziner*innen und Verwaltungspersonal die Erfassung der Anstaltspatient*innen und koordinierten ihren Transport in die unterschiedlichen Tötungsanstalten.[25] Dahinter steckte ein gigantischer und höchst effizienter Verwaltungsapparat, der den reibungslosen Ablauf und die Geheimhaltung der Massenmorde sicherstellen sollte. Die Euthanasieaktion wurde 1941 aufgrund öffentlichen Widerstands und zunehmender Kritik der Kirchen und anderer Organisationen offiziell gestoppt.[26] Jedoch wurden behinderte Menschen weiterhin unter dem Deckmantel medizinischer Behandlungen getötet. Außerdem wurden an vielen Menschen mit Behinderung medizinische Experimente durchgeführt.[27] Die Täter*innen bedienten sich bei ihrer «Arbeit» einer bürokratischen und entmenschlichenden Sprache. Für die Tötung behinderter und anderer nicht erwünschter Personen verwendeten sie Begriffe wie «desinfiziert» und «erledigt».[28] Behinderte Menschen wurden auf diese Weise zu Gegenständen degradiert, und ihre Ermordung galt als ein reiner Verwaltungsakt. Diese Entmenschlichung war wichtiger Teil der NS-Ideologie, um die Ermordung von Millionen Menschen zu rechtfertigen.

Die Euthanasieaktion im Nationalsozialismus war ein Verbrechen gegen die Menschlichkeit und ist ein Beispiel dafür, dass die Ideologie der nationalsozialistischen Regierung zu systematischen Morden an diskriminierten Menschen führte. «Vernichtung», «lebensunwert», «Ballastexistenzen»: Wir als Autorinnen mussten in unserer Recherche mehrfach pausieren, weil allein die Wortwahl hochgradig ableistische Strukturen aufzeigt und weil wir viele Menschen aus der Community durch diese Praxis verloren haben. Hätten wir damals gelebt, wären wir sehr wahrscheinlich ebenfalls Opfer der Eugenik geworden. Zwar werden Menschen mit Behinderung nicht mehr systematisch getötet, doch diese Strukturen und Denkweisen sind noch immer gesellschaftlich verankert. Uns allen obliegt es, behinderte Geschichte aufzuarbeiten und Bestrebungen, zu einer solchen Praxis zurückzukehren, entschieden entgegenzutreten. Auch wenn es vereinzelt Widerstand gab, konnte sich zur Zeit des Nationalsozialismus keine Behindertenbewegung organisieren, da die Unterteilung in «wertes» und «unwertes» Leben bereits ihr Existenzrecht negierte.

Denk mal drüber nach
Was meinst du? Welchen Einfluss haben historische Ereignisse wie die Eugenik- oder Zwangssterilisationsprogramme auch heute noch auf die Haltung der Dominanzgesellschaft gegenüber Menschen mit Behinderung?

Behinderte Menschen in der Nachkriegszeit

Nach den beiden Weltkriegen gab es in Deutschland circa vier Millionen Menschen mit Behinderungen[29], von denen vor allem sogenannte «Kriegsbeschädigte», hauptsächlich die mit körperlichen Behinderungen, in den Fokus rückten. Es kam zur Gründung zahlreicher Organisationen, die sich zum Ziel setzten, diesen speziellen Personenkreis wieder in die Arbeitswelt zu integrieren. Entsprechend der damals vorherrschenden Rollenverteilung hatten die kriegsversehrten Männer für sich und die Familie aufzukommen.[30] 1950 wurde mit dem «Verband der Kriegsbeschädigten, Kriegshinterbliebenen und Sozialrentner Deutschlands (VdK)» der deutschlandweit größte Sozialverband gegründet.[31] Du wirst den Verband vielleicht unter dem heutigen Namen «Sozialverband VdK Deutschland e.V.» kennen. Der VdK hat sich nach eigener Aussage «zum großen, modernen Sozialverband entwickelt, der für soziale Gerechtigkeit und Gleichstellung kämpft und sich gegen Sozialabbau stark macht».[32] Vereinigungen für behinderte Menschen, die nicht in

Reaktion auf die Folgen des Krieges entstanden, waren hauptsächlich von Eltern von Menschen mit Behinderung getragen[33], wie die mittlerweile bekannte, von behinderten Aktivist*innen kritisierte «Vereinigung für Menschen mit Behinderung»: die «Lebenshilfe für das geistig behinderte Kind», heute «Lebenshilfe für Menschen mit geistiger Behinderung e.V.».[34] Die Lebenshilfe ist über die Jahrzehnte enorm gewachsen und mit anderen Trägern zu einem großen deutschen Wirtschaftszweig geworden, mit zahlreichen Mitarbeiter*innen, die sich um behinderte Menschen «kümmern», eigenen Fahrdiensten, Wohnheimen und Werkstätten für behinderte Menschen. Zwar hat sich die Lebenshilfe weiterentwickelt, doch nach Meinung von behinderten Aktivist*innen trägt sie auch heute noch dazu bei, dass Sonderstrukturen aufrechterhalten werden, anstatt diese abzubauen und Inklusion voranzutreiben.[35] Zusammenschlüsse wie die Lebenshilfe trugen in der Vergangenheit dazu bei, dass bundesweit spezielle Einrichtungen für behinderte Kinder entstanden. Da diese nach dem Ende des Nationalsozialismus nicht mehr umgebracht wurden[36], brauchte es Strukturen für behinderte Kinder. An die Integration oder gar Inklusion in Regelkindergärten und -schulen war damals noch nicht zu denken.

Menschen mit Behinderung organisieren sich

Das vermehrte Auftreten von Kinderlähmung und der Contergan-Skandal zu Beginn der 1960er Jahre – Contergan wurde Schwangeren als Beruhigungsmittel verschrieben, hatte aber Fehlbildungen beim Fötus zur Folge – führten dazu, dass Behinderung nicht mehr nur als persönliches Schicksal, sondern auch als gesellschaftliche Verantwortung wahrgenommen wurde. Diese neue Haltung veränderte auch die Darstellung von Behinderung in der Öffentlichkeit. Die allgemeine gesellschaftliche Aufbruchstimmung durch die 1968er-Bewegung und weitere, wie etwa die Friedensbewegung, Frauenbewegung und Ökobewegung, prägten die erwachsene Nachkriegsgeneration behinderter Menschen.[37] Sie schlossen sich außerhalb der Elternvereine zusammen und gründeten 1968 den «Club 68» – später «Club Behinderter und ihrer Freunde (CeBeeF)». Dort trafen sich junge, behinderte und nicht behinderte Menschen zur gemeinsamen Freizeitgestaltung. Diese Clubs brachten sich auch kommunalpolitisch ein, um Barrieren im Alltag abzubauen.[38]

Rund um den Publizisten Franz Christoph und den späteren Politiker und Juristen Horst Frehe fanden sich ab 1978 die sogenannten «Krüppelgruppen» zusammen, reine Betroffenen-Gruppen, zunächst in Bremen, bald auch in vielen anderen Städten Deutschlands.[39] Sie setzten bereits mit der Namensgebung auf Konfrontation. Gleichzeitig war und ist der Name der Gruppe Ausdruck eines neuen Selbstbewusstseins.[40] Die offensive Verwendung des negativ konnotierten Begriffs «Krüppel» sollte als provokanter Hinweis auf die anhaltende Stigmatisierung von Menschen mit Behinderung als Mitleidsobjekte verstanden werden.[41] Von 1979 bis 1985 gaben die Krüppelgruppen die «Krüppelzeitung» heraus, die in regelmäßigen Abständen über verschiedene behindertenpolitische Themen berichtete.[42]

Anfang der 1980er Jahre bildeten sich sogenannte «Frauenkrüppelgruppen», deren Aktivist*innen sich sowohl mit der Frauenbewegung als auch mit den Krüppelgruppen solidarisch zeigten. Zu den Treffen der Krüppelfrauen waren ausschließlich behinderte Frauen zugelassen. Die Aktivist*innen stellten fest, dass in Gruppen mit nicht behinderten Frauen die Herausforderungen, denen behinderte Frauen aufgrund ihrer Behinderung gegenüberstehen, oft in den Hintergrund gedrängt und übersehen wurden. Hingegen wurde in den Krüppelgruppen nur wenig über das Geschlechterverhältnis reflektiert.[43] Diese Jahre stellten einen bedeutenden Wandel dar, weil behinderte Menschen ihre eigenen Interessen vertraten!

Der Höhepunkt der Behindertenbewegung

In den Folgejahren stand die Verbesserung der Lebensbedingungen von Menschen mit Behinderung im Zentrum der Bemühungen. Nachdem sich das amerikanische Konzept des *Independent Livings* – zu Deutsch «Selbstbestimmt Leben» – weitläufig etabliert hatte, bildeten sich nach dem Vorbild des World Institute on Disability (WID) in den 1980er Jahren bundesweit «Zentren für Selbstbestimmtes Leben» (ZSL). Dort finden auch heute noch peer-to-peer-Beratungen rund um die Themen Gleichstellung, Selbstbestimmung und gesellschaftliche Teilhabe behinderter Menschen statt. Das ist auch dringend notwendig, denn es gibt noch immer viele behinderte Menschen, die nicht wissen, welche Rechte und Ansprüche sie haben.[44] Ebenfalls wurde mit den Zentren ein struktureller Rahmen geschaffen, um die Situation für Menschen mit Behinderung auch politisch zu verbessern[45], so Ottmar Miles-Paul, langjähriges Mitglied der Behindertenbewegung und politischer Experte.

Im Jahr 1980 erreichte die Behindertenbewegung mit 5000 überwiegend behinderten Teilnehmer*innen bei Protesten und Demonstrationen einen ihrer Höhepunkte. Da die meisten behinderten Menschen in Einrichtungen lebten, wo man nicht mal eben auf Demonstrationen gehen konnte und es viele Barrieren zu überwinden galt, ist das eine beeindruckende Zahl.

Die Proteste erfolgten in Reaktion auf das «Frankfurter Urteil»: Eine Person, die sich durch Menschen mit Behinderung in ihrem Urlaubshotel gestört fühlte, hatte vor Gericht die Minderung ihrer Reisekosten eingeklagt.[46]

Ein weiterer Meilenstein in der deutschen Behindertenbewegung folgte am 24. Januar 1981. An diesem Tag besetzte ein Aktionsbündnis in Dortmund unter dem Motto «Jedem Krüppel seinen Knüppel» die Bühne der Auftaktveranstaltung des UNO-Jahres der Behinderten, um den Politiker*innen keine Gelegenheit für Eigenlob zu geben, denn es gab ihrer Ansicht nach zu viele Diskriminierungen in Form von fehlender Barrierefreiheit, keine inklusive Bildung und Arbeitswelt und kaum Möglichkeiten, selbstbestimmt zu leben. Der damalige Bundespräsident Karl Carstens (CDU) musste aufgrund der Besetzung seine Ansprache in einem Nebenraum halten. In seiner Rede sprach er trotzdem unter anderem vom Verantwortungsgefühl «für» Behinderte, weshalb ihm Aktivist Franz Christoph mit seiner Krücke vor das Schienbein schlug, was für breite mediale Aufmerksamkeit sorgte. Christoph erhielt dafür einen Platzverweis. Er kritisierte diese Reaktion scharf und sah sie als Beweis dafür, dass behinderte Menschen nicht ernst genommen werden. Eine nicht behinderte Person hätte härtere Konsequenzen erwarten müssen. Den Abschluss des Jahres bildete das «Krüppeltribunal», das Menschenrechtsverletzungen an behinderten Menschen zur Anklage brachte.[47]

1990 gründete sich um Wolfgang Uhl, Dinah Radke und andere Aktivist*innen der Dachverband der «Selbstbestimmt-Leben-Zentren» – die «Interessenvertretung Selbstbestimmt Leben Deutschland» (ISL). Neben der zunehmenden politischen Selbstvertretung bildeten sich in Deutschland vielerorts Dienste, durch die Menschen mit Behinderung die Möglichkeit erhielten, durch sogenannte «Helfer*innen» ihren Alltag selbstbestimmt zu gestalten.[48] Darauf aufbauend wurde Ende der 1980er Jahre das Konzept der Persönlichen Assistenz in Deutschland eingeführt.[49] Ebenfalls durch die USA inspiriert, wurde eine Diskussion um Antidiskriminierungsgesetze angestoßen. Mit dem «Düsseldorfer Appell» machten Aktivist*innen in Zusammenarbeit mit traditionellen Behindertenverbänden 1991 auf die Notwendigkeit gesetzlicher Regelungen zur rechtlichen Gleichstellung von Menschen mit Behinderung aufmerksam. Behinderte Menschen und ein breites Bündnis forderten darin eine grundlegende Verbesserung der Lebenssituation behinderter Menschen in Deutschland und wirksame, einklagbare Rechte, die vor Diskriminierung schützen. Der Appell wurde in Form einer Massenpetition der damaligen Bundestagsvizepräsidentin Renate Schmidt (SPD) in Bonn übergeben, woraufhin der Artikel 3 des Grundgesetzes 1994 um die Formulierung «Niemand darf wegen seiner Behinderung benachteiligt werden» ergänzt wurde.[50] Wie so oft bedeutete die Aufnahme eines neuen Gesetzestextes aber noch lange nicht, dass er auch umgesetzt wurde. Für Menschen mit Behinderung veränderte sich im Alltag nur wenig.[51] Mit der «Aktion Mensch» fanden 1997 im Rahmen der «Aktion Grundgesetz» Proteste für die Umsetzung von Artikel 3 statt.

In den 1990er Jahren professionalisierte sich die Bewegung dann in diversen Organisationen.[52] Ziel war es, Menschen mit Behinderung zu empowern und die Forschung im Bereich Behinderung voranzutreiben. Zu größeren medienwirksamen Aktionen kam es 1998. Ziel dieser war es, die rot-grüne Koalition dazu zu bewegen, die Verabschiedung des Behindertengleichstellungsgesetzes (BGG) in Angriff zu nehmen.[53] Das BGG trat am 1. Mai 2002 in Kraft. Es sollte die Benachteiligung von Menschen mit Behinderung beseitigen bzw. verhindern sowie die gleichberechtigte Teilhabe von Menschen mit Behinderung am Leben in der Gesellschaft gewährleisten und ihnen eine selbstbestimmte Lebensführung ermöglichen.[54] Das Gesetz gilt allerdings nur für öffentliche Träger auf Bundesebene.[55] Nahezu alle Behindertenverbände, Selbstvertretungsorganisationen und der Beauftragte der Bundesregierung für die Belange behinderter Menschen kritisierten, dass das Gesetz die Privatwirtschaft nicht einschloss. Immerhin erkennt das Gesetz die Deutsche Gebärdensprache offiziell an.[56] Zur weiteren rechtlichen Gleichstellung bedurfte es eines Antidiskriminierungsgesetzes. Das Allgemeine Gleichbehandlungsgesetz (AGG) trat am 18. August 2006 in Kraft. Das wiederum regelt nur den Arbeitskontext, weshalb Stand 2023 eine Reform diskutiert wird.[57]

Am 3. Dezember 1999 gründete sich der «Deutsche Behindertenrat» (DBR), ein formaler Zusammenschluss der verschiedenen Behindertenvereinigungen.[58] Er ist eine gemeinsame Interessenvertretung der traditionellen Sozialverbände, der verschiedenen kleinen Selbsthilfe-Gruppen und der unabhängigen Vereinigungen der Behindertenbewegung.

Um die Jahrtausendwende machte sich der unermüdliche Einsatz der Behindertenbewegung endlich in gesellschaftlichen Veränderungen für Menschen mit Behinderung bemerkbar. Die Haltung der Dominanzgesellschaft veränderte sich. Behinderte Menschen hatten endlich mehr Rechte. Das 2002 in Kraft getretene Bundesgleichstellungsgesetz regelt, dass Menschen mit Behinderung als gleichberechtigte Bürger*innen behandelt werden (sollen).[59] All diesen Veränderungen und Gesetzgebungen liegen die Kämpfe behinderter Menschen zugrunde.

Die zweite Welle der Behindertenbewegung

Seit 2008 können Menschen mit Behinderung ihr Leben theoretisch selbstbestimmt und eigenverantwortlich gestalten, indem sie ihre Unterstützung mittels eines «Persönlichen Budgets» selbst organisieren.[60] Das persönliche Budget ist eine Leistungsform, durch die behinderte Menschen von Klient*innen zu Kund*innen werden. Das heißt, sie erhalten selbst die Geldsumme, die sonst an Institutionen ging, und können dadurch selbstbestimmt darüber entscheiden, welche Teilhabeleistung sie nutzen wollen. 2009 trat die UN-BRK in Kraft. Sie legt die Basis für eine inklusive Gesellschaft und wurde maßgeblich von behinderten Menschen erarbeitet. Teresia Degener, Aktivistin der Behindertenbewegung, Juristin und Professorin für Recht und Disability Studies, war als Vertreterin Deutschlands an der Ausarbeitung der UN-Konvention über die Rechte von Menschen mit Behinderung beteiligt. Mit der Unterzeichnung der UN-Behindertenrechtskonvention war Inklusion nicht mehr nur eine «nette Sache», die man für behinderte Menschen machen könnte, sondern ein Menschenrecht. Damit erhielten Menschen mit Behinderung ein Schriftstück, das Inklusion als universelles Menschenrecht definiert und auf das sie sich beziehen können, um ihre Rechte einzufordern und gegen Ableismus vorzugehen.

Auch in Deutschland wurde der Ruf nach einem bundesweiten Gesetz im Sinne der UN-BRK in der Folge immer lauter. Menschen mit Behinderung forderten unter anderem:

- die Reform des Behindertenbegriffs entsprechend der UN-BRK durchzuführen,
- soziale Teilhabe und selbstbestimmtes Leben gesetzlich zu verankern,

- ein Recht auf Leichte Sprache und barrierefreie Kommunikation,
- lebenslange inklusive Bildung,
- eine sozialversicherungspflichtige Tätigkeit auf dem allgemeinen Arbeitsmarkt,
- Leistungen zur sozialen Teilhabe aus der Sozialhilfe herauszulösen und unabhängig von Einkommen und Vermögen zu gewähren,
- barrierefreien Wohnraum und Unterstützung in den eigenen vier Wänden
- und das Recht auf Elternunterstützung und begleitete Elternschaft.[61]

Die Ratifizierung[62] der UN-Behindertenrechtskonvention zog etliche Gesetzesänderungen nach sich. Die UN prüft regelmäßig, ob die neuen Gesetze in Deutschland auch wirklich umgesetzt werden, und hat einiges zu kritisieren: Oftmals sind Unterstützungsleistungen für Menschen mit Behinderung einkommens- und vermögensabhängig.[63] [64] So standen zum Beispiel einem auf Persönliche Assistenz angewiesenen Informatiker, der ohne Behinderung sehr gut verdienen würde, nur der doppelte Hartz-IV-Satz und ein Vermögen von 2600 Euro plus eine kleine Altersvorsorge zu.

Im Jahr 2016 erreichten behinderte Aktivist*innen, vorrangig um die Gruppe *AbilityWatch*, die sich als moderne Behindertenbewegung verstehen, mit politischen Aktionen große mediale Aufmerksamkeit und waren immer wieder in der Tagesschau vertreten. Sie organisierten zum Beispiel eine Ankett-Aktion vor den Grundgesetz-Tafeln an der Spree für mehr Barrierefreiheit und echte Teilhabe. Aktivist*innen nutzten in ihren Aktionen vorrangig Mittel wie Petitionen, Erzielen medialer Aufmerksamkeit insbesondere auf Social Media, politische Gespräche, Teilnahme an politischen Veranstaltungen, Verfassen von Stellungnahmen, Maßnahmen des zivilen Ungehorsams wie Anketten/Festkleben innerhalb der Bannmeile, Besprühen der Grundgesetz-Tafeln und so weiter.

In den letzten Jahren drehen sich die Debatten vorwiegend um das Bundesteilhabegesetz (BTHG), das am 1. Januar 2017[65] schrittweise in Kraft getreten ist. Es hat zum Ziel, die Teilhabe von Menschen mit Behinderung am gesellschaftlichen Leben zu verbessern, wurde aber von verschiedenen Behindertenverbänden, Selbsthilfegruppen und Aktivist*innen als unzureichend kritisiert[66], obwohl Organisationen der sogenannten Behindertenhilfe und Menschen mit Behinderung selbst an dem Prozess beteiligt waren. Während sich politische Akteur*innen dafür feierten, einen Paradigmenwechsel eingeleitet zu haben, kritisierten Aktivist*innen, dass das BTHG der Praxis Vorschub leiste, behinderte Menschen hauptsächlich in stationäre Einrichtungen abzuschieben, und damit der Grundsatz «ambulant vor stationär» nicht mehr gegeben sei, das Gesetz also zu einer Einschränkung der Selbstbestimmung und der individuellen Wahlmöglichkeiten von Menschen mit Behinderung führe.[67]

Vielfältige Bewegungen

Wir möchten nicht versäumen, an dieser Stelle darauf aufmerksam zu machen, dass es viele andere Bewegungen von behinderten Menschen und deren Allys gibt. Darunter die *Independent Living Movement*/Selbstbestimmt-Leben-Bewegung, die *People-First*-Bewegung, die Anti-Psychiatrie-Bewegung und das *Neurodiversity Movement*. Wir heben hier nur einige der zahlreichen Behindertenbewegungen hervor, die existier(t)en, um zu verdeutlichen, dass Menschen mit Behinderung ganz unterschiedlich sind und auf verschiedene Weise für ihre Rechte kämpfen und Erfolge feiern. Es gibt nicht die eine Community behinderter Menschen, auch wenn gemeinsame Werte bestehen. Die Bewegungen agieren auch nicht immer einheitlich, sondern sind sich aufgrund der Dynamik der Macht- und Privilegienverhältnisse in unserer Gesellschaft manchmal in den verwendeten Mitteln, Zielen und Wegen uneinig. Dass die deutsche Geschichte auch heute noch maßgeblich zur Diskriminierung von behinderten Menschen beiträgt, darin sind sich jedoch alle einig, und alle Behindertenbewegungen arbeiten auf ihre eigene Art unermüdlich an dem Abbau dieser Diskriminierung, wenngleich ihre Arbeit selten die Aufmerksamkeit erhält, die dem Thema und ihrem Kampf angemessen wäre. Doch alle eint das gemeinsame Ziel: Ableismus stoppen!

Das kannst du tun:

Lerne! Lies Bücher und Artikel über die Geschichte von Menschen mit Behinderung, zum Beispiel *Being Heumann* von Judy Heumann. Oder schaue Filme wie zum Beispiel *Crip Camp*. Besuche Museen und Ausstellungen oder Veranstaltungen, die sich mit der Geschichte behinderter Menschen beschäftigen. Teile dein Wissen mit anderen.

Unterstütze Behindertenrechtsorganisationen! Viele Organisationen setzen sich für die Bekanntmachung der Geschichte behinderter Menschen ein, und den meisten fehlt es an Geld, sodass eine kleine Spende hilfreich sein kann. Oder du engagierst dich ehrenamtlich in einer Organisation.

Hinterfrage Geschichte! Wenn du dich mit Geschichte beschäftigst, frage dich: Wie sieht die Perspektive von Menschen mit Behinderung aus? Welche Rollen haben Menschen mit Behinderung zu dieser Zeit ausgefüllt?

Denk immer daran:

1. Viele Meinungen beziehungsweise Vorurteile und Stereotype, die zu Ableismus führen, sind von unserer exklusiven Geschichte geprägt. Geschichte wirkt immer auch in die Gegenwart hinein.
2. Menschen mit Behinderung haben eine lange Geschichte, die oft übersehen wird. Durch die Berücksichtigung der Geschichte aus Sicht behinderter Menschen können wir sicherstellen, dass wir ein Bewusstsein und Verständnis für die Erfahrungen und Herausforderungen behinderter Menschen entwickeln.
3. Die Geschichte von Menschen mit Behinderung ist eine Geschichte des Widerstands. Sie ist eine Geschichte des Kampfes um politische Teilhabe und Gleichberechtigung. Die Berücksichtigung dieser Geschichte kann dazu beitragen, das eigene Verständnis von der Bedeutung politischer Teilhabe und Inklusion zu erweitern.

KAPITEL 2

Ableismus in Deutschland heute

In Kapitel 2 wollen wir dir zeigen, wie sich Ableismus auf das Leben behinderter Menschen auswirkt. Durch Kapitel 1 weißt du schon: Ableismus betrifft jeden Bereich des Alltags – von Bildung, über den Arbeitsmarkt, bis hin zu Sex und Familienplanung. Doch wie genau werden behinderte Menschen im alltäglichen Leben diskriminiert, und vor allem, was kannst du tun, um das zu ändern?

(K)ein inklusiver Bildungsweg & Arbeitsmarkt

Annette *ist ein freundliches Kind, das gerne von anderen Kindern umgeben ist. Sie lacht viel und liebt eine volle Bude. Annette kam mit einer Lernbehinderung zur Welt, und ihre Beine haben Spastiken. Außerdem hat sie epileptische Anfälle, weshalb sie dauerhaft überwacht werden muss. Sie gilt daher als schwerst mehrfach behindert. Annettes Eltern wollen unbedingt, dass sie einen regulären Kindergarten besucht. Bereits kurz nach der Geburt beginnen die Eltern mit der Suche nach einem geeigneten Kitaplatz. Die Kita von Annettes Schwester muss zwar rein theoretisch auch Geschwisterkinder aufnehmen, aber die Räumlichkeiten befinden sich in einem Altbau und sind so klein, dass der Rollstuhl und das Equipment, das Annette immer dabeihaben muss, dort nicht ausreichend Platz* *haben. Annettes Eltern melden sich beim Jugendamt, in der Hoffnung, dass es ihnen bei der Vermittlung helfend zur Seite steht. Das Jugendamt kennt die Familie bereits, weil sie von dort eine Familienhilfe erhalten, damit die Eltern mal etwas alleine unternehmen können oder Zeit für die Schwester haben. Aber auch die Person im Jugendamt weiß nicht recht, welche Kita barrierefrei ist und einen Platz zur Verfügung hat. Die Eltern telefonieren rund fünfzig Kitas ab und finden dann endlich eine, die Annette aufnehmen würde. Doch diese Kita ist weit weg in einem anderen Bundesland. Aber es ist, wie es ist: Es ist die einzige Option. Das Kennenlernen in der Kita verläuft gut, und Annette fühlt sich sichtlich wohl. Einem Miteinander steht nichts mehr im Weg, oder doch? Die Kita besteht darauf, dass Annette eine Pflegeperson mit in die Kita bringt und zusätzlich ein*e sogenannte*r Integrationserzieher*in eingestellt werden muss. Integrationserzieher*innen sind Menschen, die zum Beispiel eine Ausbildung als Erzieher*innen abgeschlossen haben und dann eine Zusatzqualifikation im Bereich Integration erwerben, um mit behinderten Kindern arbeiten zu können. Ein Berg an Bürokratie, doch Annettes Eltern wissen: Ihrem Kind steht Inklusion zu. Sie rufen beim Jugendamt an. Das aber ist nicht für ein anderes Bundesland zuständig. Das Jugendamt im Bundesland der Kita schiebt die Verantwortung auf das andere zurück. Nach einigem Hin und Her kommunizieren beide und finden eine Einzelfallregelung, wie Annettes Kitaplatz finanziert werden kann. Allerdings nur unter Vorlage eines 21-seitigen Antrags, um die*den Integrationserzieher*in zu bewilligen. Außerdem sei ein*e Integrationserzieher*in für nur ein behindertes Kind nicht effizient. Für die Bewilligung brauche es mindestens noch ein weiteres Kind mit Behinderung. Glücklicherweise sind Annettes Eltern gut vernetzt und finden relativ schnell eine andere Familie, die froh ist über einen Platz. Währenddessen stellt die Familie noch weitere Anträge bei verschiedenen Behörden, denn so einfach wird auch keine Pflegekraft bewilligt. Dann müs-*

*sen ein geeigneter Pflegedienst und ein*e Integrationserzieher*in gefunden werden. Bis all das geschafft ist, sind locker zwei Jahre vergangen, und die Eltern haben viel Energie, Nerven und finanzielle Mittel eingesetzt. Denn während allein die Organisation des Kitaplatzes ein Vollzeitjob für mehr als eine Person wäre, muss gleichzeitig auch die Unterstützung von Annette sichergestellt werden, weshalb ggf. ein Elternteil nicht arbeiten kann.*

So oder so ähnlich ergeht es vielen behinderten Kindern und ihren Familien. Ihnen wird permanent das Recht auf Inklusion verwehrt oder durch unzählige Hürden die Teilhabe erschwert. Der fehlende Kitaplatz ist nur der Anfang.

Frühförderung (Kindergarten/Vorschule)

Durch die Ratifizierung der Behindertenrechtskonvention sollte sichergestellt werden, dass behinderte Kinder ein Recht darauf haben, inklusiv beschult zu werden, und zwar in Kindergärten und Schulen, die genauso von nicht behinderten Kindern genutzt werden. Doch es hapert an der Umsetzung, denn viele Kindergärten und Schulen fürchten bürokratische, rechtliche und versicherungstechnische Repressalien, wenn sie Kinder mit Behinderungen betreuen.

Eltern von behinderten Kindern suchen oft Monate oder Jahre nach einem passenden Platz. So kann es vorkommen, dass selbst Kinder mit Diabetes nicht eine Regel-Kita besuchen, weil sich keine Personen finden, die das Kind begleiten. Diabetes und der Umgang damit sind keine Raketenwissenschaft, sondern können einfach erlernt werden. Kinder mit Behinderungen und deren Eltern werden ja auch nicht als Expert*innen der eigenen chronischen Erkrankungen/Behinderung geboren.

Nicht alle Eltern von behinderten Kindern haben die Zeit, Energie und Ressourcen, um wie Annettes Eltern die unzähligen Hürden zu überwinden, die zwischen dem Antrag und der tatsächlichen Aufnahme in einer Kita stehen. **Während Inklusion in der Theorie also ein Recht ist, ist sie in der Realität noch immer ein Privileg, das nur den Menschen zukommt, die darum kämpfen können.** Nicht jede*r hat das Geld, die Zeit, das Wissen, die Energie, um diese Kämpfe zu führen.

Der erste Meilenstein in Richtung einer inklusiven Bildung war übrigens die Salamanca-Erklärung von 1994, die bei der UNESCO-Weltkonferenz im spanischen Salamanca den Begriff Inklusion prägte. Sie fordert dazu auf, in allen Schulsystemen eine inklusive Bildung umzusetzen.[1] Auch wird in der Erklärung anerkannt, dass alle Kinder unabhängig von ihren individuellen Lernschwierigkeiten, Beeinträchtigungen und Behinderungen innerhalb des Regelschulwesens unterrichtet werden sollen. Wie das Beispiel zeigt, sind wir davon auch dreißig Jahre später noch weit entfernt.

Dabei kam mit der UN-BRK eine weitere Stärkung des Rechts auf eine Inklusive Bildung hinzu. Die UN-BRK soll ein inklusives Bildungssystem auf allen Ebenen und lebenslanges Lernen für Menschen mit Behinderung gewährleisten. Das beinhaltet den Zugang zu allen Schulen und Hochschulen sowie angemessene Vorkehrungen und Unterstützung, um eine erfolgreiche Bildung zu ermöglichen. In der UN-BRK steht:

«Die Vertragsstaaten anerkennen das Recht von Menschen mit Behinderung auf Bildung. Um dieses Recht ohne Diskriminierung und auf der Grundlage der Chancengleichheit zu verwirklichen, gewährleisten die Vertragsstaaten ein integratives Bildungssystem auf allen Ebenen und lebenslanges Lernen.»[2]

Artikel 24 – Bildung

Bei der Übersetzung der UN-BRK ins Deutsche ist nun ein großer Fehler passiert. Man hat das englische Wort «inclusive» anstatt mit «inklusiv» mit «integrativ» übersetzt.[3] Dabei unterscheiden sich beide Begriffe kolossal. Inklusive Bildung meint, dass alle Kinder miteinander lernen, egal welche physischen, intellektuellen, emotionalen, sprachlichen oder anderen Fähigkeiten sie haben. Der Begriff «Integration» deutet darauf hin, dass ein Kind in ein bestehendes System aufgenommen wird, allerdings ohne das System wesentlich zu verändern. Im Gegensatz dazu geht «Inklusion» davon aus, dass das Recht aller Kinder auf gemeinsame Bildung nur durch einen umfassenden Reformprozess geschehen kann.

In deutschen Kitas läuft die Inklusion dennoch ganz gut, zumindest im Vergleich zu Schulbildung, Ausbildung und Arbeit. Laut einem Bericht der UNESCO von 2019 hat nur ein Zehntel aller Länder der Welt politische Maßnahmen zur Förderung der inklusiven Bildung umgesetzt. Der Gute-KiTa-Bericht verzeichnete 2020, dass im Jahr 2019 61151 Kinder mit (drohender) Behinderung ein Angebot der Kindertagesbetreuung nutzten.[4] Der Großteil der Kinder unter sechs Jahren mit Behinderungen wurde in einer regulären Tageseinrichtung betreut, in der nicht mehr als 20 Prozent der Kinder eine Behinderung haben. Die Zahl der Kinder, die in einen inklusiven Kindergarten gehen, ist in den letzten Jahren kontinuierlich gestiegen. Das zeigt, dass die Inklusion weiter voranschreitet. Gleichzeitig sind getrennte Formen der Betreuung nicht abgebaut worden, sondern existieren als parallele Angebote weiter.[5]

Gerade der Fachkräftemangel und das hohe Maß an Bürokratie erschweren die Inklusion. Viele Kitas straucheln bereits bei der alltäglichen Besetzung durch Personal, um alle Kinder ausreichend betreuen zu können. Kinder, die zusätzliche Arbeit und Zeitaufwand bedeuten, sind daher nicht gern gesehen. Viele Kitas sind auch mit den medizinischen Notwendigkeiten überfordert und haben Angst, etwas falsch zu machen. Eltern wiederum fühlen sich als Bittsteller*innen, weil ihr Kind als eine Belastung für die Kita angesehen wird. Je nach Schwere der Behinderung nehmen die Herausforderungen, einen Kitaplatz zu finden, weiter zu, und noch schwieriger wird es, wenn es um die Schulbildung geht.

Schule

Denk mal drüber nach
Wenn du an behinderte Menschen in der Schule oder im Beruf denkst, wo siehst du sie?

Ob Annette auf eine Regelschule oder eine Förderschule geht, entscheidet darüber, wie gut ihre Chancen sind, später berufliche Optionen zu haben und auf dem allgemeinen Arbeitsmarkt angestellt oder zumindest beschäftigt zu werden.[6] Wie auch schon bei den Kindergärten steht es deutschen Schüler*innen mit Behinderungen gesetzlich zu, in einer Regelschule beschult zu werden, doch mehr als die Hälfte aller behinderten Kinder geht weiterhin auf Förderschulen.[7] Das liegt meist daran, dass es nur wenige Schulen gibt, die auch Schüler*innen mit Behinderungen aufnehmen, obwohl inklusive Regelschulen für alle ein Gewinn sind – und nicht nur, wie Kritiker*innen behaupten, für die behinderten Kinder. Behinderte Kinder an inklusiven Regelschulen haben im Vergleich zu behinderten Kindern in Förderschulen einen großen Leistungsvorsprung.[8]

2009 gaben die Bundesländer 2,6 Milliarden Euro pro Jahr für Lehrkräfte an Förderschulen aus.[9] Geld, das wir in inklusive Bildung stecken könnten und das dort weit besser eingesetzt wäre. Trotz dieser Summe verfehlten 2021 etwa 47500 junge Menschen – 6,2 Prozent der entsprechenden Altersgruppe – den untersten Schulabschluss. Mit etwa 49 Prozent stammen die Schüler*innen aus den Förderschulen.[10] Nur 84 Jugendliche, es sind 0,3 % der Schüler*innen einer Förderschule, machen Abitur oder Fachabitur. Je länger ein*e Schüler*in eine Förderschule mit dem Schwerpunkt Lernen besucht, desto ungünstiger entwickeln sich die Leistungen.[11] Würde Annette nach der Kita eine Förderschule besuchen, wäre die Wahrscheinlichkeit sehr gering, dass sie jemals auf eine inklusive Schule gehen könnte.[12]

Seit Deutschland 2009 die UN-Behindertenrechtskonvention unterzeichnet hat, steigt in allen Bundesländern der Anteil der Schüler*innen mit sonderpädagogischem Förderstatus. Es gibt also mehr Schüler*innen mit Behinderungen in der sogenannten Regelschule. Die Inklusionsquote unterscheidet sich stark von Bundesland zu Bundesland. Am wenigsten verbreitet sind Inklusionsschüler*innen in Rheinland-Pfalz (2,0 Prozent), Hessen (2,1 Prozent) und Bayern (2,2 Prozent). Bremen weist von allen Bundesländern den höchsten Anteil von inklusiv geförderten Schüler*innen auf: Im Schuljahr 2020/21 hatten 7,5 Prozent der Schüler*innen einen sogenannten I-Status. Mit etwas Abstand folgen Berlin und Hamburg mit 6,2 bzw. 5,3 Prozent.[13] Viele Kinder mit Migrationsgeschichte bekommen übrigens einen I-Status[14], aber nicht, weil sie behindert sind, sondern weil sie zweisprachig sind. Es ist unabdingbar, Inklusion auch immer mit den Dimensionen Klassismus und Rassismus zusammenzudenken.[15]

Zugleich steigt der Anteil der Schüler*innen an Förderschulen. Die Exklusionsquote, also der Anteil der Schüler*innen mit

Förderbedarf, die separat an Förderschulen unterrichtet werden, bleibt in etwa auf dem gleichen Niveau. Stattdessen bekommen mehr Schüler*innen den entsprechenden Stempel «Förderbedarf». Die Gründe dafür sind vielfältig, zum einen wird mehr diagnostiziert, zum anderen erhalten Schulen mehr personelle und finanzielle Ressourcen. Und so steigt in manchen Bundesländern gar der Anteil der Schüler*innen an Förderschulen.

Eines der Hauptprobleme von vielen Schulen in Deutschland ist, dass sie nach wie vor nicht barrierefrei und für Schüler*innen mit Behinderung nicht zugänglich sind. In Baden-Württemberg sind beispielsweise nur 15 Prozent der Schulen barrierefrei.[16] Und das bezieht sich nur auf die physische Barrierefreiheit, also die Rampen und Aufzüge usw. Ein Grund dafür ist, dass die zur Verfügung stehenden Mittel nicht abgerufen werden.[17] Das fängt bei so kleinen selbstverständlichen Dingen wie einer Rampe an und hört bei Barrierefreiheit für sehbehinderte, hörbehinderte oder neurodivergente Menschen auf. Dabei denken die Verantwortlichen häufig in erster Linie daran, die räumlichen Gegebenheiten zu verbessern, die zumindest in DIN-Normen ganz klar geregelt sind.[18] Was aber meist noch auf der Strecke bleibt, ist das eigentliche Lernen – also alles, was passieren müsste, wenn Schüler*innen es (körperlich) bis in das Klassenzimmer geschafft haben.

Außerdem werden behinderte Kinder meist von Aktivitäten nach der Schule ausgeschlossen, wie zum Beispiel von Kindergeburtstagen, die so wichtig sind, um Freund*innen und Anschluss zu finden und tatsächlich teilzuhaben. Auch im regulären Unterricht wird ihren Bedürfnissen wenig Beachtung geschenkt. So gibt es an inklusiven Schulen nach wie vor keine standardmäßige Gebärdensprachdolmetschung, oder Prüfungen müssen immer noch in Person und schriftlich abgelegt werden, um nur zwei Beispiele zu nennen. Das System ist extrem starr, und die meisten Regelungen sind auf nicht behinderte Schüler*innen ausgerichtet.

Eine Schulassistenz ist die beste Möglichkeit, Förderschulen abzuschaffen und Inklusion umzusetzen. Schulassistent*innen, Schulhelfer*innen oder Schulbegleiter*innen – die Bezeichnungen weichen je nach Bundesland voneinander ab – sind Menschen, die behinderte Kinder zum Unterricht begleiten und dort für alle Aufgaben zuständig sind, die dazu beitragen, dass dem Kind das individuelle Lernen und die Teilhabe ermöglicht werden. Dazu gehören pflegerische Tätigkeiten, wie Toilettengänge, aber genauso die Unterstützung bei den im Unterricht gestellten Aufgaben.[19] Der gesellschaftliche Umgang mit Schulassistenz ist jedoch wie noch viele andere Bereiche von Ableismus geprägt. So ist es durchaus üblich, dass Schulhelfer*innen oder eine Assistenz jedes Schuljahr neu beantragt werden müssen. Das bedeutet in der Praxis, dass behinderte Kinder, deren Eltern und Lehrer*innen und die Schulassistenz selbst zum Ende des Schuljahres oft nicht wissen, ob sie im nächsten Schuljahr noch zusammenarbeiten können. Zumal die deutsche Bürokratie ja auch nicht für ihre Schnelligkeit bekannt ist und es passieren kann, dass einige Monate ins Land gehen, ehe die weitere Finanzierung geklärt ist.[20] Noch dazu arbeiten die Schulassistenzen oft unter prekären Bedingungen: niedrige Bezahlung, Verträge nur außerhalb der Sommerferien[21] ... die Liste ließe sich noch fortführen. Eine Schulassistenz wird zudem oft nur für die reine Unterrichtszeit bewilligt. Pausen und die Nachbereitung des Unterrichts, Klassenfahrten und andere Freizeitaktivitäten sind nicht in ausreichendem Maße finanziert. Mittlerweile wird Schulassistenz auch gepoolt, das heißt, mehrere Schüler*innen teilen sich Assistent*innen. Das funktioniert nicht immer gut[22], wenn z.B. eine Person aus der Klasse muss, dann bleibt die andere Person ohne Assistenz zurück.

Neben einer Schulassistenz gibt es noch weitere Möglichkeiten, die Schüler*innen mit verschiedenen Behinderungen helfen können, im Unterricht besser inkludiert zu sein. Der Unterricht wird beispielsweise barrierefreier durch:

- **die Option der Nutzung von verschiedenen Medien zu jeder Zeit** (auf die Bedürfnisse der jeweiligen Schüler*innen abgestimmt), zum Beispiel Präsentation mit Text, Audio und aktiven Elementen, denn alle Schüler*innen sind unterschiedliche Lerntypen. Für Menschen, die zum Beispiel ADHS haben oder Autismus, ist es wichtig, dass ihnen viele verschiedene Medien und Methoden angeboten werden.
- **die Anpassung von Regeln,** zum Beispiel die Möglichkeit, dass blinde Menschen oder Menschen mit Legasthenie schriftliche Prüfungen mündlich ablegen können, oder dass chronisch kranke Kinder, die viel im Krankenhaus oder krank zu Hause sind, auch online am Unterricht und an Prüfungen teilnehmen können.
- **Gebärdensprache auch an Regelschulen.** Gebärdensprache als Sprachunterricht, Dolmetscher*innen oder auch Untertitel, Transkriptionen usw. sollten zum Standard an allen Schulen gehören.
- **Schulassistenz auch außerhalb des Unterrichts**, denn Kinder mit Behinderung müssen auch bei außerschulischen Aktivitäten weiter Schulassistenz haben können.
- **niedrigschwelligen Zugang zu Assistenz.** Eltern muss die Beantragung einer Schulassistenz erleichtert werden, statt erst Dutzende Anträge stellen zu müssen, um am Ende für ihre Kinder das zu bekommen, wovon Eltern von nicht behinderten Kindern ausgehen können: Schulbildung an einer Regelschule.

An dieser Stelle wollen wir betonen: Diese Beispiele für Ableismus und aktuelle Herausforderungen sind nur einige wenige, denen Eltern behinderter Kinder und die Kinder selbst begegnen. Noch dazu können Menschen mit derselben Behinderung völlig unterschiedliche Bedürfnisse haben. Bei einer inklusiven Bildung geht es vor allem darum, dass wirklich jede*r Schüler*in individuell gefördert wird! Es sollte die Regel sein, dass behinderte Kinder inklusiv beschult werden. Die Hürden für den Eintritt in eine Förderschule sollten hingegen viel höher liegen.

Berufsorientierung und Ausbildung

Denk mal drüber nach
Was ist «leistungsfähig sein» und «produktiv sein» für dich?

Annette *aus unserem vorherigen Beispiel hat sich aufgrund ihrer unterstützenden Lernumgebung toll entwickelt. Mittlerweile hat sie nur noch ab und zu leichte Anfälle und einige Bewegungseinschränkungen. Sie ist eine junge Erwachsene mit Lernschwierigkeiten und leichter körperlicher Behinderung und weiß genau, was sie werden will: Tierpflegerin! Sie ist voll berufsorientiert und kann ihre Stärken und Schwächen einschätzen. Zudem werden motivierte Auszubildende, gerade im sozialen Bereich, dringend gesucht. Damit hat sie Gleichaltrigen eigentlich vieles voraus. Doch egal, wie viele Vorteile Annette bieten kann, sie nützen ihr allesamt nichts. Zwar wird sie zu Vorstellungsgesprächen eingeladen, bekommt aber im Anschluss Absagen mit fadenscheinigen Ausreden. Langsam verzweifelt Annette.*

Für viele junge Menschen mit Behinderung ist gerade der Übergang von der Schule in das Berufsleben sehr schwierig – denn dann fällt ein bekanntes, über Jahre etabliertes Unterstützungssystem auf einmal weg. Wie bei vielen anderen jungen behinderten Menschen – vor allem mit Lernschwierigkeiten – geht auch Annettes Aussicht auf eine inklusive Ausbildung gegen null. Die Weichen wurden bereits gestellt. Tierpflegerin wird sie nur mit viel Durchsetzungsvermögen werden. Die Agentur für Arbeit schlägt Menschen mit Lernschwierigkeiten, wie Annette, aber mit weniger Pflegebedarf, womöglich noch vor, dass sie eine Fachpraktikerausbildung macht. Das sind «theoriereduzierte Ausbildungen», die speziell für Menschen mit Lernschwierigkeiten konzipiert wurden, da sie die Anforderungen einer regulären Ausbildung oft nicht erfüllen können. Das mag erst einmal nett klingen. In der Praxis stehen behinderten Personen jedoch nur bestimmte und sehr wenige Ausbildungen zur Verfügung, die meist im Bereich Handwerk, Küche oder Haushalt angesiedelt sind. Die Auswahl der möglichen Berufe ist für Menschen mit Behinderung von Anfang an auf ein Minimum reduziert und bietet oft nicht das, was die jungen Menschen eigentlich machen wollen. Viele der angebotenen Ausbildungen finden zudem in einem überbetrieblichen Kontext statt. Überbetrieblich bedeutet, dass die behinderten Azubis zum Lernen und Arbeiten separiert von den nicht behinderten Gleichaltrigen in speziellen Einrichtungen für behinderte Menschen lernen. In den eigentlichen Unternehmen sind sie nur für befristete Praktika.

Das größte Problem an diesen «Sonderwelten» ist, dass die Ausbildungsstruktur und -ausstattung sich nicht mit denen des allgemeinen Arbeitsmarkts decken. So kann die behinderte Person nach der Ausbildung kaum einen passenden Arbeitsplatz auf dem allgemeinen Arbeitsmarkt finden. Warum also eine Ausbildung machen, die man eigentlich gar nicht machen wollte, nur um dann herauszufinden, dass man nicht inkludiert wird? Und das ist längst nicht alles. Menschen, die einen erhöhten Pflegebedarf haben, werden noch stärker benachteiligt. Denn um in Berufsbildungswerken überhaupt eine Ausbildung machen zu können, muss man ein Mindestmaß an Selbstständigkeit mitbringen. In der Regel werden die jungen behinderten Auszubildenden in einem Internat untergebracht, in dem es zwar eine Betreuung gibt, die aber keine oder nur wenig pflegerische Tätigkeit übernehmen kann.

Gehen wir mal davon aus, dass es die behinderte Person trotz aller Widerstände geschafft hat, eine Wunschausbildung abzuschließen, und bereit ist für den allgemeinen Arbeitsmarkt. Was meinst du, wie es jetzt weitergeht?

Inklusion in Unternehmen

Du hast es vielleicht schon erahnt: Wenn die Grundvoraussetzungen für Menschen mit Behinderung im Ausbildungsbereich schon so schlecht sind, wird es im Bereich Arbeit natürlich nicht einfacher. Es ist statistisch belegt, dass hoch qualifizierte Menschen mit Behinderung häufiger arbeitslos sind als Menschen ohne Behinderung mit äquivalenter Qualifikation.[23] Von den schwerbehinderten Menschen, die in Privathaushalten leben und zwischen 15 und 64 Jahre alt sind, sind nur 57 Prozent berufstätig bzw. suchen nach einer Beschäftigung im Vergleich zu 82 Prozent bei den nicht behinderten Menschen. Einer der Gründe ist auch, dass behinderte Menschen generell – und unfreiwillig – eine schlechtere Schulbildung erhalten.[24] Frauen mit Behinderungen sind besonders benachteiligt, denn Sexismus und Ableismus verstärken einander. Weitere Intersektionen ergeben zusätzliche Diskriminierungserfahrungen.

Vonseiten der Unternehmen heißt es oft, sie würden ja gerne Menschen mit Behinderung einstellen, doch es bewerbe sich niemand. Woran das liegen kann, zeigen wir dir im Folgenden. Hürden für Menschen mit Behinderung in der Arbeitswelt sind:

- **das Stigma**: Menschen, die mit bestimmten chronischen Krankheiten/Behinderungen leben, erfahren immer noch viel Stigmatisierung im Zusammenhang mit ihrer Krankheit. Wenn es um psychische Erkrankungen geht, ist die Einstellung der Arbeitgeber*innen besonders negativ; sogar negativer als bei Lernschwierigkeiten oder Neurodiversität.[25]
- **die physischen Barrieren:** Natürlich gibt es weiterhin die physischen Barrieren, wie das Fehlen von barrierefreien Büroräumen, mangelnde Transportmöglichkeit zur Arbeitsstelle, Arbeitgeber*innen, die nicht für die nötigen Anpassungen am Arbeitsplatz zahlen oder keine Anträge ausfüllen wollen.[26] Beispiele von physischen Barrieren bei verschiedenen Behinderungen sind etwa:
  - bei Sinnesbeeinträchtigungen: fehlende Software, wie Screenreader oder Vergrößerungssoftware für Blinde[27] oder fehlende Kommunikationsmöglichkeiten, wie Gebärdensprachdolmetscher*innen oder Transkriptionssoftware für Taube,
  - bei körperlichen Behinderungen: keine Beförderungsmöglichkeit zum Arbeitsplatz, fehlender Zugang zum Gebäude, zu Toiletten, zum Büro, kein ergonomischer Arbeitsplatz,
  - bei Lernschwierigkeiten: keine Anpassung der Leistungsziele, keine zusätzliche Assistenzperson oder angepasste Kommunikation,

  - bei Neurodiversität: keine klare Arbeitsanweisung, keine Routine, keine Änderungen im Workflow,
  - bei Schmerzerkrankungen: keine flexiblen Arbeitszeiten, keine Anpassung des Arbeitsplatzes, um Schmerzen zu reduzieren, keine Option für Arbeit im Homeoffice,
  - oder bei psychischen Behinderungen: keine flexiblen Arbeitszeiten und Leistungsziele, keine Änderungen der Arbeitsroutine.
- **Vorurteile und Stereotype:** Die vermutlich schwerwiegendsten Hürden sind aber die Klischees und Vorurteile über Menschen mit Behinderung. Zum Beispiel werden behinderte Menschen oft als unberechenbar, faul, unfähig, emotional instabil oder unhöflich beschrieben.[28] Sie werden fälschlicherweise für weniger leistungsfähig oder für eine Belastung für die Kolleg*innen gehalten.

Neben den genannten Hürden sind es ebendiese Stereotype, Klischees und Mythen, die für behinderte Personen weitreichende Folgen haben. Eine Studie in den USA aus dem Jahr 2017, die untersuchte, wie sich die Offenlegung der Behinderung einer Person in der Bewerbung auf deren Chance auswirkt, zu einem Vorstellungsgespräch eingeladen zu werden, fand heraus, dass Bewerber*innen mit Behinderungen seltener eine positive Rückmeldung erhielten.[29] Die Wissenschaftler*innen schickten Bewerbungen auf mehr als 6000 Stellen ein. Ein Drittel der Bewerber*innen gab an, eine Rückenmarksverletzung, ein weiteres Drittel Autismus und das letzte Drittel keine Behinderung zu haben. Die Arbeitssuchenden mit Behinderung erhielten 26 Prozent weniger positive Rückmeldungen – und das ist kein US-spezifisches Problem. In einer Studie aus Belgien erhielten Bewerber*innen, die angaben, blind, taub oder autistisch zu sein, fast 50 Prozent[30] weniger Antworten. Tatsächlich sind diese Stereotype und Vorurteile gegenüber Menschen mit Behinderung die größte Hürde bei der Arbeitssuche[31], und es gibt einen direkten Zusammenhang zwischen diesen Vorurteilen und der Beschäftigungsquote von behinderten Menschen.[32]

Für viele Menschen mit Behinderung sind diese Hürden nicht überwindbar, und sie sind langfristig arbeitslos oder werden als erwerbsunfähig abgestempelt und landen in der Folge in Werkstätten für Menschen mit Behinderung.

Sondersystem Werkstatt für Menschen mit Behinderung

Werkstätten für behinderte Menschen (WfbM) sind fest in unserer Gesellschaft verankert. Die meisten Menschen in der Dominanzgesellschaft denken, sie seien etwas Gutes: Orte, an denen Menschen mit Behinderung optimal gefördert werden. Es besteht das Bild einer beschützenden Einrichtung. Man denkt: «Dort haben schwerbehinderte Menschen, die keiner regulären Arbeit nachgehen können, eine sinnvolle Beschäftigung.» Dieses harmonische Bild müssen wir stören. Denn was hinter diesem schönen Schein der Werkstätten steckt, ist alles andere als inklusiv.

In Werkstätten für behinderte Menschen arbeiten – per gesetzlicher Definition – Menschen, die nicht, noch nicht oder noch nicht wieder mehr als drei Stunden täglich unter den Bedingungen des allgemeinen Arbeitsmarktes arbeiten können; die also dauerhaft eine volle Erwerbsminderung haben.[33] Es ist dabei unklar und eher Auslegungssache von Mitarbeiter*innen der zuständigen Ämter, was genau die «Bedingungen des allgemeinen Arbeitsmarktes» sind. In einer modernen, flexiblen und agilen Arbeitswelt sind diese Arbeitsbedingungen für unterschiedliche Menschen an unterschiedlichen Arbeitsplätzen ganz individuell.

Derzeit sind mehr als 320 000 Erwachsene in WfbM beschäftigt.[34] Die Tendenz steigt, obwohl in Deutschland dringend Arbeitskräfte in allen Bereichen des allgemeinen Arbeitsmarktes benötigt werden und obwohl laut Artikel 27 der UN-Behindertenrechtskonvention ein Recht auf Arbeit für Menschen mit Behinderung besteht![35] Dieses Recht schließt die Möglichkeit ein, den Lebensunterhalt durch Arbeit zu verdienen, die frei gewählt oder frei angenommen wird. Behindertenwerkstätten stehen damit im Widerspruch zu dem durch die UN-BRK garantierten Recht auf Arbeit.[36] Für die meisten Beschäftigten der Werkstätten gibt es keine andere Option als die Arbeit in diesen Einrichtungen. Nicht, weil sie für den allgemeinen Arbeitsmarkt ungeeignet wären, sondern vielmehr, weil ihnen der Zugang erschwert oder verwehrt wird. Sie erhalten nicht die Informationen über Möglichkeiten, wie sie auf dem allgemeinen Arbeitsmarkt unterstützt werden könnten. Sie können ihre Arbeit also weder frei wählen noch von dem erhaltenen «Einkommen» – die offizielle Bezeichnung lautet «Entgelt» – ihren Lebensunterhalt bestreiten, und eigentlich müsste es bei der ausgezahlten Summe eher «Taschengeld» heißen. Deshalb sind die Beschäftigten in WfbM auf staatliche Unterstützung in Form von Grundsicherung angewiesen.

Übrigens: Beschäftigte jener Werkstätten gelten per Gesetz als nur Arbeitnehmer*innen-ähnlich. Laut Definition sind sie ihren nicht behinderten Kolleg*innen nicht gleichgestellt! Deshalb sind die Beschäftigten in WfbM neben Häftlingen die einzige andere Personengruppe, die keinen Mindestlohn erhält. Sie verdienen durchschnittlich 211,00 Euro im Monat.[37] Die Beschäftigten in Werkstätten haben keinen Arbeits- oder Tarifvertrag. Deswegen werden sie nicht durch Gewerkschaften und Arbeitnehmer*innen-Vertretungen repräsentiert. Zudem dürfen die Beschäftigten keinen Betriebsrat bilden. Stattdessen haben sie sogenannte Werkstatträte, um ihre Interessen vor der Geschäftsführung zu vertreten. Diese Räte haben ähnliche Funktionen und Aufgaben, aber bei Weitem nicht dieselben Befugnisse wie Betriebsräte. Auch hier sind Menschen mit Behinderung nicht gleichgestellt mit allen anderen Arbeitnehmer*innen. Zusätzlich gibt es einen ziemlich großen Interessenkonflikt, denn die Assistenz der Arbeiter*innen wird in der Regel von der Geschäftsführung der WfbM gestellt. Du kannst dir vorstellen, dass man sich eher selten traut, sich gegen die Geschäftsführung auszusprechen, wenn von dieser der Zugang zu Assistenz und Selbstbestimmung abhängt. Wie wäre es für dich, in einem Vollzeitjob zu arbeiten, von dessen Bezahlung du dir am Ende des Tages kaum ein Getränk in deinem Lieblingscafé leisten kannst, dir aber nichts anderes übrig bleibt, als eine Arbeit auszuführen, die dich unterfordert, weil dich sonst kein Unternehmen einstellt oder du keine Möglichkeit hast, dich über Alternativen zu informieren. Beschweren kannst du dich zwar, aber es hat wenig Wirkung. Ist das ein Zustand, den du auf dem allgemeinen Arbeitsmarkt hinnehmen würdest? Wir meinen: Ganz sicher nicht!

Im Jahr 2015 empfahl der Fachausschuss der Vereinten Nationen für die Rechte von Menschen mit Behinderung deshalb, die Werkstätten für behinderte Menschen in Deutschland schrittweise abzuschaffen.[38] Doch die Werkstätten bestehen weiter und werden, Stand Juni 2023, auch zukünftig nicht abgeschafft. Ganz im Gegenteil: Die Anzahl der Werkstätten steigt sogar. Im Jahr 2020 gab es 736 Behindertenwerkstätten in Deutschland.[39] 2002 waren es noch 668 Werkstätten. Pro Jahr steckt der Staat rund 17000 Euro in jeden einzelnen Arbeitsplatz der Werkstätten.[40] Wenn wir dieses Geld nutzen würden, beispielsweise für Arbeitsassistenz oder Jobcoaching, Personen, die insbesondere Menschen mit Lernschwierigkeiten oder psychischen Erkrankungen durch Anleitung oder in der Kommunikation unterstützen, kämen wir mit der Inklusion auf dem allgemeinen Arbeitsmarkt schon ein ganzes Stück weiter.

Doch Werkstätten für behinderte Menschen sind längst zu «ökonomischen Schwergewichten geworden», wie der Deutschlandfunk bereits 2011 berichtete.[41] Jährlich machen alle Behindertenwerkstätten in Deutschland zusammen rund acht Milliarden Euro Umsatz![42] Viele große und mittelständische Unternehmen lassen ihre Produkte in Werkstätten für behinderte Menschen produzieren oder lagern Dienstleistungen dorthin aus. Darunter sind zum Beispiel Volkswagen[43], BMW und Daimler[44]; Siemens[45] und Bosch[46]; Leitz[47] und Stabilo[48] oder die Berliner Landeszentrale für politische Bildung und bundestagsshop.de[49]. Sogar Fairtrade-Unternehmen und Start-ups mit sozialem Anspruch sind dabei, obwohl die Bezahlung der Arbeiter*innen alles andere als fair ist. Die Palette der angebotenen Leistungen ist groß, mannigfaltig und von hoher Qualität. Diese werden auch ordentlich von den Werkstätten beworben.[50] Mittlerweile konkurrieren diese auch mit Billiglohn-Anbietern aus dem Ausland. Dort sind die Löhne so niedrig, weil die Menschen unter finanziellem Druck stehen. Sie haben oft keine Wahl, Arbeitsangebote sind rar gesät, und sie müssen die schlechten Arbeitsbedingungen in Kauf nehmen, weil sie sonst ihren Job verlieren. Im Detail bedeutet das oft: lange Arbeitstage, Fließbandarbeit und Termindruck. Und das alles sollen auch Menschen leisten, die den Anforderungen des allgemeinen Arbeitsmarktes angeblich nicht gewachsen sind?

Doch damit nicht genug: Auch staatliche Institutionen sind eng mit Behindertenwerkstätten verwoben. Viele Bundesländer sind Gesellschafter von ansässigen Behindertenwerkstätten oder betreiben diese selbst. Von den an die Behindertenwerkstätten gezahlten öffentlichen Geldern fließen laut einer Studie knapp 50 Prozent durch Abgaben, Versicherungen et cetera zurück in die öffentliche Hand.[51] Das kann man als eine typische Win-win-Situation beschreiben – zumindest für den Staat. Werkstätten für behinderte Menschen generieren für die öffentliche Hand ein Plus von satten 400 Millionen Euro![52] Es wird deutlich: Behindertenwerkstätten sind politisch gewollt und entsprechend strukturell etabliert. Gleiches kann über Inklusion in der Arbeitswelt leider nicht behauptet werden.

Behindertenwerkstätten müssen dabei einen unmöglichen Spagat leisten, denn sie sollen zwei Aufträge erfüllen, die sich in vielerlei Hinsicht widersprechen: Einerseits sollen sie Menschen mit Behinderung fördern, für eine Anstellung auf dem allgemeinen Arbeitsmarkt qualifizieren und vermitteln.[53] Auf der anderen Seite stehen sie wirtschaftlich unter Druck, möglichst viel Gewinn zu generieren, um sich so weiter zu finanzieren.[54] Verständlicherweise ist das für viele Werkstätten ein Drahtseilakt. Sie sollen praktisch gleichzeitig ihre besten Arbeiter*innen auf dem allgemeinen Arbeitsmarkt platzieren, obwohl gerade das die eigenen wirtschaftlichen Interessen gefährdet. Das heißt im Gegenschluss auch, dass gerade die Mitarbeiter*innen mit eigentlich guten Chancen auf dem allgemeinen Arbeitsmarkt oft nicht dorthin vermittelt werden.[55] Da verwundert es auch nicht, dass die Vermittlungsquote von Werkstattbeschäftigten in den allgemeinen Arbeitsmarkt bundesweit seit Jahren bei weniger als einem Prozent liegt.[56] Und diese Zahl ist schon wohlwollend interpretiert. Die tatsächliche Vermittlungsquote liegt wahrscheinlich gar darunter.

Wir brauchen einen Einstieg in den Ausstieg aus dem System Behindertenwerkstätten. Und ganz bei null müssen wir gar nicht anfangen, denn ein paar Unterstützungs- bzw. Fördermöglichkeiten gibt es bereits, um Arbeitgeber*innen die Inklusion von Menschen mit Behinderung zu erleichtern, zum Beispiel in Form des «Budgets für Arbeit und Ausbildung», eines Lohnkostenzuschusses durch das Inklusionsamt, das bis zu 75 Prozent des Bruttogehalts für Menschen, die vorher in Werkstätten für behinderte Menschen gearbeitet haben oder dazu berechtigt sind, übernimmt. Weitere sind die Arbeitsassistenz in Form von Anleitung oder Unterstützung bei Tätigkeiten, die wegen der Behinderung nicht möglich sind, eine Finanzierung von Gebärdensprach- oder Schriftdolmetschung und andere Arbeitsplatzausstattung sowie weitere technische Hilfen, Weiterbildungen und Qualifizierungen. Doch der Weg zur Bewilligung ist durch die überbordende Bürokratie meist schwierig.

Solange man sich in Deutschland recht simpel davor drücken kann, Menschen mit Behinderung einzustellen, werden diese Hilfen nur selten zur Anwendung kommen. In Deutschland müssen Arbeitgeber*innen, die mehr als 20 Mitarbeiter*innen beschäftigen, mindestens fünf Prozent der Arbeitsplätze mit schwerbehinderten oder einer Schwerbehinderung gleichgestellten Bewerber*innen besetzen. Diese Regel gilt aber nur theoretisch, denn Unternehmen können sich relativ einfach und mithilfe der sogenannten Ausgleichsabgabe «freikaufen». Diese beträgt monatlich ab 2024 rund 720 Euro.[57] Unternehmen können darüber hinaus Aufträge, die sie an Behindertenwerkstätten vergeben, zu 50 Prozent auf die Ausgleichsabgabe anrechnen. Ein Anreiz für mehr Inklusion ist die Ausgleichsabgabe also nicht – ganz im Gegenteil. Laut REHADAT zahlten im Jahr 2020 rund 105000 von insgesamt rund 173000 verpflichteten Betrieben Ausgleichsabgaben.[58] Aus den Mitteln der Ausgleichsabgabe ziehen Ämter wiederum anteilig Gelder zur Finanzierung von Behindertenwerkstätten und auch zur Förderung von Menschen mit Behinderung. In der finanziellen Planung sind Ämter also darauf angewiesen, dass Unternehmen zu wenig Menschen mit Behinderung anstellen und die Ausgleichsabgabe zahlen. Wir haben es also mit einem systemischen Problem zu tun, einem gordischen Knoten, der bisher noch nicht zerschlagen wurde, weil viele Beteiligte vom Status quo profitieren – außer den Menschen mit Behinderung selbst. Um diese Abhängigkeiten zu lösen, braucht es mehr als Floskeln. Und auch du kannst dabei helfen.

Das kannst du tun:

Bildung:
Wenn du an einer Schule arbeitest oder ein Elternteil eines Kindes bist, dann ...

informiere dich über die Bedürfnisse von Schüler*innen mit Behinderungen und verallgemeinere diese nicht. Denke sie bei allen Aktivitäten mit. Erinnere die (anderen) Lehrer*innen und Eltern daran, dass es auch behinderte Kinder und Jugendliche an der Schule gibt, und hilf bei der Gestaltung inklusive Events.

stelle Informationen für Lehrer*innen und andere Fachkräfte bereit, wenn du Zugang zu diesen hast, um dafür zu sorgen, dass Kinder und Jugendliche mit unterschiedlichen Fähigkeiten in der Schule unterstützt werden.

engagiere dich ehrenamtlich in der Schule, um Kindern und Jugendlichen beim Lernen zu helfen. Über Möglichkeiten kannst du dich im Förderverein der Schule informieren.

stelle dich Inklusionsgegner*innen vehement entgegen und rede mit Eltern und Lehrer*innen über die Bedeutung der Inklusion und darüber, wie sie die Inklusion in der Schule unterstützen können. Diskutiere nicht über das Ob, sondern nur über das Wie.

stärke Kinder und Jugendliche mit Behinderungen und beteilige sie aktiv bei allen Entscheidungen. Ermutige und unterstütze Kinder darin, ihre Talente und Fähigkeiten zu entdecken und auszudrücken. Viel zu oft hören Kinder, was sie alles nicht können, und werden mit ihren Defiziten konfrontiert. Mache das Gegenteil. Sag ihnen immer wieder, was sie richtig gut können!

Arbeit:
Wenn du eine nicht behinderte Person oder die*der Arbeitgeber*in in einem Unternehmen bist, dann ...

gestalte Stellenanzeigen und Bewerbungsgespräche barrierefrei. Achte bei Ausschreibungen auf hohe Kontraste, damit der Text gut lesbar ist. Für Autist*innen kann es zum Beispiel wichtig sein, dass die Rahmenbedingungen und Abläufe des Gesprächs vorher klar sind. Blinde Personen brauchen gegebenenfalls Unterstützung bei der Orientierung, und Gespräche mit Personen mit Mobilitätsbehinderung müssen vorher so geplant werden, dass der Zugang zum Raum, in dem das Interview stattfindet, barrierefrei ist. Mache deshalb stets Angaben zur Barrierefreiheit.

schaffe eine offene Gesprächskultur im Unternehmen, sodass jede mitarbeitende Person – behindert oder nicht behindert – weiß, dass es nichts Schlechtes ist, offen nach Hilfe zu fragen.

werbe Menschen mit Behinderung aktiv an. Das kannst du zum Beispiel über diverse Vereine und Verbände von und für Menschen mit Behinderung tun. Es gibt außerdem spezielle Bildungseinrichtungen für Menschen mit Behinderung, zum Beispiel Berufsbildungswerke oder -förderungswerke, Werkstätten für Menschen mit Behinderung und Bildungsträger, an denen Menschen mit Behinderung ausgebildet oder umgeschult werden. Dort findest du Personen, die nach einem Job auf dem allgemeinen Arbeitsmarkt suchen. Zudem kannst du dich an Vermittler*innen wenden, die Menschen mit Behinderung auf dem allgemeinen Arbeitsmarkt vertreten. Du kannst dich auch mit der Agentur für Arbeit in Verbindung setzen. Auf dem heutigen Arbeitsmarkt werden Arbeitsstellen außerdem immer häufiger über persönliche Kontakte vermittelt. Falls du also arbeitssuchende Personen mit Behinderungen oder chronischen Erkrankungen in deinem Umfeld hast, biete ihnen Praktika an oder empfehle sie weiter.

baue Barrieren ab. Informiere dich darüber, welche Möglichkeiten du hast, um vorliegende Barrieren abzubauen. Kontaktiere dann sofort die zuständigen Ansprechpartner*innen. Wenn behinderte Menschen bereits bei dir arbeiten: Beziehe diese von Anfang an ein. Barrieren und Behinderungen sind individuell und benötigen individuelle Lösungen. Pauschale Barrierearmut ist gut, angepasste Barrierefreiheit ist besser.

schule Mitarbeiter*innen oder bitte um Fortbildungen zum Thema Ableismus, Stereotype und Barrierefreiheit.

fördere Mitarbeiter*innen mit Behinderungen. Achte darauf, dass auch behinderte Menschen die gleichen Möglichkeiten haben, sich fortzubilden, wie ihre nicht behinderten Kolleg*innen. Das gilt für Fortbildungen, Bühnen- und Netzwerkveranstaltungen. Auch hier kann gemeinsam mit der behinderten Person Unterstützung von Ämtern eingefordert werden. Arbeitgebende haben hier mehr Möglichkeiten, als sie häufig wissen.

richte eine Stelle für Angestellte mit Behinderungen ein, die als Schnittstelle dient und die den Prozess für Anpassungen im Arbeitsumfeld möglichst einfach und unkompliziert begleitet. Diese Person sollte unbedingt über zwei Wege erreichbar sein, zum Beispiel über Telefon und E-Mail. Manche Menschen mit Behinderung können nicht telefonieren, zum Beispiel, weil sie taub sind. Andere Menschen können nicht schreiben, weil das Kontaktformular nicht barrierefrei ist. Es gibt viele Gründe, das sogenannte Zwei-Sinne-Prinzip anzuwenden.

stelle die behinderte Person wegen ihrer Qualifikationen ein und nicht, um diverser zu wirken. Es ist auch eine Qualifikation, eine andere Perspektive einzubringen, wodurch beispielsweise bestimmte Zielgruppen besser erreicht werden können.

frage dich, warum du keine behinderte Person im Betrieb oder Unternehmen hast und wie du ein Klima schaffen kannst, das Menschen mit Behinderung zeigt: Ihr seid hier willkommen. Das kann schon mit einer bewussten Formulierung der Stellenausschreibung beginnen. Formulierungen wie «stressbeständig» oder «leistungsfähig» können Menschen mit Behinderung ausschließen. Menschen mit Behinderung haben oft einen erschwerten Zugang zu Bildung. Frage deshalb nur die wirklich benötigte Qualifikation für eine Stelle ab und schaffe die Möglichkeit, fehlende Bildung nachzuholen. Adressiere Menschen mit Behinderung in deiner Stellenausschreibung. Erwähne, wie barrierefrei das Unternehmen ist und dass die Bereitschaft existiert, Anpassungen vorzunehmen. Das kann Menschen mit Behinderung ermutigen, sich zu bewerben. Überdenke auch, ob es erforderlich ist, Bewerbungen ausschließlich in Schriftform einzureichen. Sind vielleicht auch Videobewerbungen, Sprachnachrichten oder persönliche Gespräche eine Möglichkeit?

Selbstbestimmt leben geht

Denk mal drüber nach
In deiner Vorstellung: Wie leben Menschen mit Behinderung? Wie organisieren sie ihren Alltag?

Dunja
4:30 Uhr: *Ich klingle nach meiner Assistenz, die mich auf die andere Seite drehen soll, weil ich mich selbst im Bett nicht drehen kann. Die Assistenz ist gut eingearbeitet, und nach drei Minuten und ein bisschen Kissen-Zurechtrücken liege ich bequem auf der anderen Seite und kann weiterschlafen.*

7:00 Uhr: *Die Assistenz klopft an meine Zimmertür und teilt mir mit, dass es Zeit zum Aufstehen ist. Ich war gerade im Tiefschlaf und schicke sie noch mal für zehn Minuten weg.*

7:10 Uhr: *Die zehn Minuten sind um. Zeit zum Aufstehen. Meine Assistenz dreht mich auf den Rücken und zieht die Vorhänge auf. Sie bereitet die Toilette und alles zum Waschen vor. Sie wäscht mein Gesicht und erzählt währenddessen, dass sich Nina, meine andere Assistenz, krankgemeldet hat. Sie schlägt vor, drei Stunden länger zu bleiben. Danach hat sie aber selbst einen wichtigen Termin. Ich gerate kurz in Panik, atme dreimal tief durch und gehe in meinem Kopf alle Optionen durch, die ich jetzt habe. Währenddessen bringt mich die Assistenz zur Toilette, und ich gebe weitere Anweisungen für die Körperhygiene.*

__8:00 Uhr:__ Ich sitze im Rollstuhl und checke die Nachrichten auf meinem Handy. Tatsächlich ist die Assistenz krank. Eine andere Assistenzperson hat bereits im Assistenz-Chat gesagt, dass sie leider nicht einspringen kann, weil sie heute im anderen Job arbeitet. Währenddessen kocht meine Assistenz mir Kaffee und bereitet ein Porridge vor. Sie ist gut eingearbeitet und weiß, was ich am liebsten mag.

*__8:10 Uhr:__ Ich esse mein Porridge – Essen heißt, es wird mir angereicht, das bedeutet, dass meine Assistenz den Löffel zu meinem Mund führt – und trinke meinen Kaffee. Nebenbei schreibe ich E-Mails und Nachrichten an mögliche Vertretungsassistent*innen, die ich in meinem Pool habe.*

__8:30 Uhr:__ Ich lasse mein Notebook, Handy und Headset einpacken, denn ich habe in einer Stunde einen wichtigen Termin auf der Arbeit. Weil meine Nachtassistenz länger bleibt, kann ich ihn wahrnehmen. Nebenbei habe ich bei meinen Eltern gefragt, was sie heute machen und ob ich vielleicht zum Abendessen vorbeikommen kann, falls ich keine Ersatzassistenz finde.

__8:45 Uhr:__ Ich verlasse das Haus. Der Aufzug funktioniert, und ich erreiche die Bushaltestelle pünktlich. Die Rampe funktioniert, und ich werde mitgenommen. Ich erwische einen netten Busfahrer.

*__8:55 Uhr:__ An der S-Bahn-Station angekommen, funktioniert auch der Aufzug. Das hätte mir heute noch gefehlt. Doch als ich auf dem Bahnsteig stehe, höre ich eine Durchsage, dass die nächste S-Bahn ausfällt. Als die S-Bahn dann endlich einfährt, sehe ich schon von Weitem, dass es ein altes Modell ist, in das ich nur schwer reinkomme. Die S-Bahn hält an, meine Assistenz klopft an die Fahrer*innen-Tür, und ich höre eine Diskussion. Widerwillig steigt die*

Fahrerin aus, holt die Rampe vom Bahnsteig und schmeißt sie mir quasi vor den Rollstuhl. Ich bedanke mich noch freundlich.

9:20 Uhr: *Ich komme im Büro an und wünsche allen Kolleg*innen einen guten Morgen. Ich leite die Assistenz an, Kaffee zu kochen und Wasser in den Meeting-Raum zu stellen. Schließlich habe ich gleich ein wichtiges Meeting. Ich treffe letzte Absprachen mit einer Kollegin, die mir übergangsweise heute etwas als Assistenz hilft. Damit habe ich ein Problem weniger. Arbeiten werde ich heute also irgendwie können, aber ob ich zwischendurch etwas zu essen bekomme oder wer mir bei der Toilette hilft, das ist fraglich. Das möchte ich auf gar keinen Fall mit meiner Kollegin erledigen.*

9:32 Uhr: *Mein Meeting beginnt. Ich hole zwei Besucher*innen an der Tür ab. Beide strecken mir die Hand zur Begrüßung entgegen. Ich sage, dass sie meine Hand einfach nehmen sollen. Beide reden überwiegend mit meiner Assistenz, die ich eigentlich als solche vorgestellt hatte.*

10:35 Uhr: *Ich beende das Meeting. Vor lauter Aufregung habe ich ganz vergessen zu trinken und lasse mir von der Assistenz einen Tee kochen. Ich checke meine Nachrichten, während meine Kollegin noch eine Führung durch das Büro macht. Eine Person aus dem Vertretungspool bietet an, von 14:00 bis 16:00 Uhr im Büro vorbeizukommen.*

10:45 Uhr: *Ich schicke meine Assistenz noch schnell Mittagessen und ein Mango Lassi kaufen. Das kann ich in der Abwesenheit der Assistenz selbstständig trinken. Hunger habe ich eigentlich noch keinen, aber vielleicht bin ich ja die nächsten Stunden ohne Assistenz? Auch zur Toilette gehe ich vorsichtshalber. Müssen tue ich eigentlich auch noch nicht.*

***12:00 Uhr:** Steht mein Laptop richtig? Hat er Strom? Sitzt das Headset? Hat mein Handy für die nächsten zwei Stunden noch genügend Akku? Und sitze ich eigentlich richtig? Im Kopf gehe ich meine kleine Checkliste durch, bevor ich mich von meiner Assistenz verabschiede.*

***14:10 Uhr:** Die Vertretungsassistenz ist jetzt da. Da sie noch nie bei mir auf der Arbeit war, zeige ich ihr die Toilette und Küche und einen Ort, wo sie sich aufhalten kann. Zwischendurch hat auch meine Nacht-Assistenz geschrieben, dass sie nur ein bisschen eher kommen könnte, weshalb ich entschieden habe, den Nachmittag bei meinen Eltern zu verbringen.*

***15:00 Uhr:** Auf dem Weg zu meinen Eltern lasse ich mir mein Headset geben und wähle mich von unterwegs in einen Zoom Call ein. Mit der S-Bahn klappt alles einwandfrei.*

***15:40 Uhr:** Ich komme bei meinen Eltern an. Meine Mutter hat schon Kaffee gekocht, und ich sehe den Kuchen auf dem Tisch stehen. Gemeinsam mit meinen Eltern esse ich Kuchen und trinke Kaffee. Die zweite Tasse Kaffee verneine ich allerdings, weil ich eigentlich nicht mit meinen Eltern auf die Toilette gehen möchte. Schließlich sind sie auch schon in Rente und nicht mehr die Jüngsten.*

***17:10 Uhr:** Während meine Eltern fernsehen, beantworte ich Arbeits-E-Mails und kommuniziere mit meiner Krankenkasse, die mir den neuen Rollstuhl nicht bewilligen will.*

***18:30 Uhr:** Meine Eltern machen Abendessen. Außerdem brennt der Kamin, weil sie wissen, dass mir immer so schnell kalt ist. Den gekochten Tee von meiner Mutter teile ich mir gut ein, damit ich es* *ohne auf die Toilette zu müssen schaffe. In einer Stunde ist meine Nachtassistenz da.*

***19:10 Uhr:** Es klingelt an der Tür meiner Eltern, und meine Assistenz steht dort freudestrahlend: «Ich habe es doch schon eher geschafft.» Nachdem sie angekommen ist, gehe ich mit ihr auf die Toilette. Dann machen wir uns auf den Weg nach Hause.*

***22:30 Uhr:** Mir fällt ein, dass ich eigentlich heute noch eine E-Mail an die Behörde hätte schreiben müssen, um wieder eine Assistenz bewilligt und finanziert zu bekommen. Da ich aber gerade unter der Dusche bin, geht das nicht. Mittels eines Sprachassistenten setze ich mir die E-Mail auf meine To-do-Liste für morgen.*

***23:15 Uhr:** Zwischen Dusche und Bett schreibe ich meiner Beziehungsperson, die gerade auf Dienstreise ist, eine Gute-Nacht-Nachricht. Sie fragt, wie mein Tag war. Ich schreibe, dass er anstrengend, aber auch nicht sonderlich außergewöhnlich war. Kommt halt viermal im Jahr vor so was.*

***23:30 Uhr:** Ich lasse mich bequem hinlegen und noch ein Körnerkissen in der Mikrowelle aufwärmen, bevor ich mit einem Podcast einschlafe.*

Eine Persönliche Assistenz ist kein Luxus, sondern ermöglicht Menschen mit Behinderung, wie alle anderen Menschen auch am Leben teilhaben zu können. Sie versetzt Menschen mit Behinderung in die Lage, nicht nur irgendwo dabei zu sein, sondern wirklich partizipieren zu können, sich um sich selbst, Kinder, Haustiere oder gesellschaftliche Angelegenheiten zu kümmern. Persönliche Assistenz ist außerdem Selbstbestimmung. Jede behinderte Person sollte die Möglichkeit haben, in ihren eigenen vier Wänden zu wohnen. Doch in der Realität sieht das leider anders aus. Barrierefreier Wohnraum ist in Deutschland Mangelware. Stell dir mal vor, du hättest die finanziellen Mittel, um in einer hübschen, kleinen Wohnung in Berlin zu leben, aber du findest nicht schnell genug eine barrierefreie Wohnung, und die einzige Option, die dir angeboten wird, ist eine Pflegeeinrichtung, sprich ein Senior*innenheim. Du bist erst Mitte 30. Mit der richtigen Wohnung (und Assistenz) könntest du alleine leben, aber weil es in Deutschland nur 560 000 barrierearme Wohnungen für drei Millionen behinderte Bewohner*innen gibt (Stand 2020)[1], hast du keine Optionen. Während nicht behinderte Menschen zumindest theoretisch leben können, wo sie wollen – Hausboot, Baumhaus oder sonst wo –, haben behinderte Menschen die Wahl nicht und sind bisweilen zu einem Leben in stationären Einrichtungen gezwungen. Diese Einrichtungen sind nicht mit der UN-Behindertenrechtskonvention vereinbar. Denn in der haben wir uns als Gesellschaft dazu verpflichtet, Menschen mit Behinderung ein selbstbestimmtes und unabhängiges Leben zu ermöglichen. Dazu gehören natürlich auch die Schaffung von barrierefreiem Wohnraum und die Bereitstellung geeigneter Unterstützung. Passiert ist in diesem Bereich allerdings nicht viel. Seit der Ratifizierung der UN-BRK hängt Deutschland eigentlich nur hinterher. Die gesetzten Ziele haben wir nicht erreicht. Das stellt auch die UN besorgt fest. Laut dem «Deutschen Institut für Menschenrechte» leben nach wie vor zu viele behinderte Menschen in stationären Einrichtungen, und gleichzeitig gibt es einen riesigen Mangel an alternativen Wohnformen. Es brauche mehr finanzielle Ressourcen, um den Wandel von den Institutionen hin zur ambulanten Unterstützung in der eigenen Wohnung zu ermöglichen und diese gleichzeitig weiter auszubauen. Außerdem muss der Zugang zu Alltagsprogrammen und damit die Teilhabe in der Gemeinschaft dringend verbessert werden (Ziffer 41, 42b, 42c).[2] Momentan scheint ein Leben außerhalb von stationären Einrichtungen für Menschen mit Behinderung allerdings in weiter Ferne. Stattdessen werden immer mehr Einrichtungen gebaut. Dabei wissen wir, wer in Heimen und Einrichtungen lebt, der wird in seiner Selbstbestimmung stark eingeschränkt, weil diese aus organisatorischen Gründen nicht gewährleistet werden kann. So gibt es zum Beispiel nachts weniger Pflegepersonal, sodass die Bewohner*innen vor der Nachtschicht ins Bett gehen müssen. Zu essen gibt es nur, was das Personal gerade gekocht und eingekauft hat und was der Haushaltsplan hergibt. Spontan ins Kino oder auf ein Konzert? Fehlanzeige. Denn wenn dich eine Betreuungs- oder Pflegekraft begleitet, fehlt diese bei den anderen Leuten in deiner Wohngruppe. Abends einen Wein trinken mit der besten Freundin oder gar jemanden spontan mit nach Hause nehmen: sicher nicht. Und da reden wir noch gar nicht von einem selbstbestimmten Liebes- oder Sexualleben. Beides ist in Wohneinrichtungen beinahe unmöglich. Wie sollte das auch gehen, wenn man einerseits nie auf Dates gehen kann und gleichzeitig auch keine Privatsphäre «in den eigenen vier Wänden hat». All das wird durch die Pflegekrise, die Ausbeutung von Pflegekräften und die schlechte Bezahlung und harte Arbeit in dem Bereich noch zusätzlich verschärft.

Für viele Menschen ohne Behinderung ist es unvorstellbar, nicht in den eigenen vier Wänden zu leben. Die Wohnung ist ein Rückzugsort, wir verbinden ihn mit Freiheit, und er ist sogar durch das Grundgesetz geschützt.[3]

Was ist Selbstbestimmung?

«Jeder hat das Recht auf die freie Entfaltung seiner Persönlichkeit, soweit er nicht die Rechte anderer verletzt ...»[4] – Art. 2 Abs. 1 GG.

Selbstbestimmung ist bereits im Grundgesetz geregelt: In Artikel 2 steht, dass jede*r das Recht auf die freie Entfaltung der Persönlichkeit hat (solange er*sie dadurch keine anderen Menschen oder deren Rechte einschränkt). Selbstbestimmung heißt also nicht, jederzeit wissen zu müssen, was man möchte (oder nicht), sondern es lernen zu können. Selbstbestimmung beinhaltet auch das Recht, Fehler machen zu dürfen und daraus zu lernen. Selbstbestimmung ist dabei aber auch kulturell geprägt und wird von den Normen und Regeln der Gesellschaft, in der wir leben, beeinflusst. Das Gegenteil von Selbstbestimmung ist Fremdbestimmung. Selbstbestimmung heißt nicht, dass man einfach alles machen kann, worauf man Lust hat, ohne dabei Rücksicht auf andere zu nehmen. Freiheit geht immer mit Verantwortung einher. Deshalb ist ein*e Erwachsene*r für die Folgen des eigenen Handelns verantwortlich. Doch was, wenn eine Person aufgrund ihrer Behinderung nicht verantwortlich handeln kann? Wo hört Selbstbestimmung dann auf, und wie finden wir die Grenze zur Fremdbestimmung?

Denk mal drüber nach

An welchem Punkt würdest du sagen, dass eine Person nicht mehr selbstbestimmt entscheiden kann?

Selbstbestimmung und körperliche Unversehrtheit

Selbstbestimmung ist für alle Menschen eines der wichtigsten Rechte, doch bei behinderten Menschen wird sie am schnellsten leichtfertig entzogen, und dafür gibt es keine Rechtfertigung! Dennoch gibt es manchmal Situationen, in denen andere Prioritäten kurzfristig einen höheren Stellenwert einnehmen können, zum Beispiel die körperliche Gesundheit oder die Unversehrtheit der Person –, und nicht immer sind diese miteinander vereinbar. Es ist sehr wichtig zu verstehen, dass Menschen mit bestimmten Krankheiten oder Beeinträchtigungen aufgrund dieser Krankheit/Behinderung nicht pauschal die Fähigkeit zur Selbstbestimmung fehlt.[5] Gleichermaßen können Menschen auch selbstbestimmungsfähig für eine Entscheidung sein, aber zur selben Zeit selbstbestimmungsunfähig für eine andere. Oder sie können zeitweise – zum Beispiel in Phasen akuter psychotischer Schübe – in allen Bereichen selbstbestimmungsunfähig sein und dann wenige Tage oder Wochen später komplett selbstbestimmungsfähig. Die Menschen, die darüber entscheiden, wie weit eine andere Person über ihr Leben bestimmen kann oder nicht, tragen große Verantwortung, und die Entscheidung, jemandem kurzfristig oder gar für immer die Selbstbestimmung zu entziehen, sollte nie leichtfertig getroffen werden.

Psychische Erkrankungen und Lernschwierigkeiten

Psychisch beeinträchtigten Menschen wird aufgrund des nach wie vor starken Stigmas um ihre Erkrankung häufig jede Form der Selbstbestimmung abgesprochen. Vor allem Menschen, die bislang nur wenig Bezug zu psychisch beeinträchtigten Personen hatten, haben meist eine negative Haltung gegenüber Betroffenen. Oft gehen Menschen davon aus, dass die betroffene Person nicht in der Lage ist, selbstbestimmt Entscheidungen zu treffen. Das erhöht das Risiko von Gewalt gegen diese Person drastisch. Eine dieser Gewaltformen ist zum Beispiel der Freiheitsentzug, der in Form von Fixierung in der Psychiatrie auch heute noch angewandt wird. Menschen mit psychischen Erkrankungen sind aber nicht die einzigen, denen häufig pauschal die Selbstbestimmung abgesprochen wird. Auch Personen mit Lernschwierigkeiten werden von ihrem Umfeld oft als nicht entscheidungsfähig wahrgenommen. Selbst dann, wenn sie eigentlich nur das tun (wollen), was gleichaltrige Menschen ebenfalls tun, zum Beispiel eine Beziehung führen, heiraten, Kinder bekommen.

Hat Selbstbestimmung Grenzen?

Selbstbestimmung ist nicht gleich Selbstbestimmung. Das Level der Selbstbestimmung hängt stark von der Art der Behinderung ab, und selbst Menschen mit der gleichen Behinderung können ganz unterschiedlich selbstbestimmungsfähig sein beziehungsweise unterschiedlich viel Selbstbestimmung im Alltag haben. Doch für Menschen mit Behinderung sieht Selbstbestimmung oft anders aus. Sie dürfen auch in ihrem Alltag oft nicht frei darüber entscheiden, wer sie pflegt, was es zu essen gibt und wann die Person was macht. Zudem können manche behinderten Menschen eine Form von Unabhängigkeit oder Selbstständigkeit, wie sie die Dominanzgesellschaft lebt, vielleicht nie erreichen. Beispielsweise weil ein Mensch mit körperlichen Behinderungen für jeden kleinen Handgriff auf Assistenz angewiesen ist. Ein weitgehend unabhängiges Leben von andern ist dann nicht möglich.

Selbstbestimmung durch Persönliche Assistenz

Um der Fremdbestimmung von Menschen mit Behinderung entgegenzuwirken und Menschen mit Behinderung ein selbstbestimmtes Leben zu ermöglichen, gibt es Persönliche Assistenz. Leider ist diese in Deutschland immer noch wenig bekannt, sodass viele Menschen mit Behinderung in Pflege- oder Behinderteneinrichtungen leben. Denn im Gegensatz zu Betreuung oder Pflege entscheiden Menschen mit Behinderung im Falle einer Persönlichen Assistenz selbst, wann, wo und von wem sie Unterstützung bekommen.

Persönliche Assistenz ist eine Unterstützung für Menschen mit Behinderung in allen Bereichen des Lebens. Persönliche Assistent*innen unterstützen bei der Pflege, im Haushalt, bei der Arbeit, in der Schule oder auch bei Freizeitaktivitäten. Die Aufgaben der Assistent*innen sind vielfältig und hängen dabei ganz von den Bedürfnissen des behinderten Menschen ab. Manche Menschen benötigen nur Unterstützung für kleine Botengänge oder Begleitung zu Therapien oder Behörden, andere Menschen mit Behinderung benötigen eine 24-Stunden-Assistenz. Von A wie Augenschminken bis hin zu Z wie Zähneputzen ist alles dabei. Der Unterschied zu anderen Wohnformen, wie zum Beispiel dem betreuten Wohnen oder dem Leben in einer Einrichtung, besteht darin, dass bei der Persönlichen Assistenz die Menschen mit Behinderung selbst eine bestimmende Position einnehmen und die Organisation ihrer Unterstützung weitgehend selbst übernehmen. Persönliche Assistenz ist also immer überall dort, wo der Mensch mit Behinderung sie braucht. Zu Hause, bei Unternehmungen oder im Urlaub, bei Besuchen von Freund*innen oder Familie, in der Schule oder auf der Arbeit, bei Arztbesuchen oder im Krankenhaus. Deshalb sind die Anforderungen an Assistent*innen ganz unterschiedlich. Manchmal sind Fähigkeiten im Bereich der Pflege wichtig. Ein andermal hauptsächlich die Unterstützung am Arbeitsplatz oder in der Schule.

Assistenz-Modelle

Assistent*innen zu suchen und selbst anzustellen ist das sogenannte Arbeitgeber*innen-Modell. Um Persönliche Assistenz zu finden, gibt es im Internet einige spezielle Stellenbörsen. Aber auch andere Plattformen, auf denen man Jobs inserieren kann, bieten eine Möglichkeit. Welche für eine behinderte Person am besten funktioniert, muss jede*r für sich selbst entscheiden. Die einen bevorzugen Studierende, die dann vielleicht nach ein paar Semestern wieder weg sind, andere suchen langfristig Assistent*innen und wollen lieber Personen aus der Nachbar*innenschaft. Wer dieses Modell bevorzugt, hat viele Freiheiten in der Auswahl der Menschen, die ihr*ihm assistieren können. Mit Persönlicher Assistenz gehen auch Verpflichtungen als Arbeitgeber*in einher. Der Mensch mit Behinderung hat also ein kleines Unternehmen, bei dem er Menschen beschäftigt, die seine*ihre Persönliche Assistenz sind.

Für die behinderten Menschen, denen dieser Aufwand zu viel ist, gibt es aber auch das Dienstleistungsmodell. Man nimmt in diesem Fall einen Assistenzdienst in Anspruch, der die Personalauswahl, die Einarbeitung, die Bezahlung und andere Aufgaben übernimmt. Das sind meistens Pflegedienste, die einen engeren Handlungsspielraum bei der Besetzung von Schichten haben. Außerdem bedarf es einer ausführlicheren Dokumentation. Beispielsweise müsste im Falle von Dunja festgehalten werden, welche Medikamente sie nimmt und wann sie ihr nächtliches Beatmungsgerät trägt. Das hat meist Versicherungsgründe, bei denen sich der Dienst absichert. Dadurch soll der behinderte Menschen geschützt werden, doch oftmals sichert sich der Dienst durch die Dokumentation eher selbst ab, und der Mensch mit Behinderung wird zum Objekt. Denn mit der Dokumentation kann jede Person beim Pflegedienst, sowie gegebenenfalls auch die Pflegeversicherung oder ein anderer Kostenträger, einsehen, ob Dunja am Samstag Party machen war und erst um fünf ins Bett gegangen ist und anschließend den halben Sonntag verpennt hat - oder ob Dunja wieder zu lange wach war und am nächsten Morgen fast den Wecker für die Arbeit verschlafen hat, weil sie eine kurze Nacht hatte. Eine solche Dokumentation kann für manche Menschen wichtig sein, weil sie sich vielleicht schwertun, ihren Alltag zu strukturieren. Doch viele behinderte Menschen können selbst Verantwortung übernehmen und Sorge tragen. Es ist allein Dunjas Entscheidung, ob sie regelmäßig ihre Medikamente nimmt und genug und mit ausreichend Luft schläft, denn wenn sie es nicht tut, muss sie auch mit den Konsequenzen leben - so wie jede andere Person auch.

Wie verhält man sich gegenüber einer Assistenzperson?

Für Außenstehende, die auf Menschen mit Assistenzbedarf treffen, ist es schwer, einen richtigen Umgang mit der Persönlichen Assistenz, aber auch mit der behinderten Person zu finden. Viele haben noch nie Berührungspunkte mit Persönlicher Assistenz gehabt und wissen nicht genau, wie sie sich ihr gegenüber verhalten sollen. Stell dir mal vor, du triffst dich mit Freund*innen in einem lokalen Café. Eine*r deiner Freund*innen hat eine Bekannte eingeladen, die du noch nicht kennst. Als die Bekannte sich eurem Tisch nähert, stellst du fest, dass sie in einem Rollstuhl sitzt. Sie bringt außerdem einen jungen Mann mit, den sie als ihre Persönliche Assistenz vorstellt. Was denkst du, wie sollte man sich in einem Gespräch gegenüber der Assistenz verhalten? Ignorieren? Einbinden? Oder gar nur mit der Assistenz reden anstatt mit der behinderten Person? Letzteres hast du sicher sofort als falsch enttarnt, denn in keinem Szenario ist es richtig, über die behinderte Person mit jemand anderem als der behinderten Person selbst zu sprechen. Ansonsten gibt es aber kein Richtig oder Falsch, denn es kommt immer darauf an, wie die Person mit Behinderung ihre Assistenz handhabt, und auch, was deren Beziehung zueinander ist. Assistenzpersonen sind für körperbehinderte Menschen so was wie die Hände und Füße, während die behinderte Person weiterhin der Kopf ist. Deshalb solltest du vor allem mit ihr sprechen. Wie du bereits weißt, passiert es ständig, dass über behinderte Menschen gesprochen wird, aber nicht mit ihnen. Ausnahmen gibt es natürlich auch, zum Beispiel bei behinderten Menschen, die aus verschiedenen Gründen in der Kommunikation unterstützt werden. Dann kann es auch sein, dass die Assistenz für die behinderte Person spricht, aber in deren Interesse. Die Persönliche Assistenz muss aber meistens nicht in Entscheidungen mit einbezogen werden, die die behinderte Person betreffen. Also zum Beispiel, was es zu essen gibt oder was ihr unternehmt. In der Regel wissen die Assistent*innen auch, dass es nicht ihr Job ist, diese Entscheidung zu treffen, und geben sie im Zweifelsfall an die Assistenznehmer*innen weiter. Dennoch solltest du die Assistent*innen natürlich auch nicht völlig ignorieren. Sofern der*die Assistenznehmer*in es nicht anders handhabt, ist es eine nette Geste, die Assistenz zu begrüßen oder ein Glas Wasser anzubieten. Anfangs kann es ungewohnt sein, dass mit der Assistenz eine zusätzliche Person anwesend ist. Es mag Überwindung kosten, die Assistenzperson mehr oder weniger links liegen zu lassen. Aber eine Assistenzperson ist in der Regel nicht wertend und hat zudem eine Schweigepflichtvereinbarung unterzeichnet. Das bedeutet, Gespräche im Vertrauen bleiben im Raum. Die Assistenz erwartet auch nicht, dass sie eingebunden wird. Und wie immer gilt: Wenn du dir trotzdem unsicher sein solltest, dann frage einfach die behinderte Person, wie sie die Situation am liebsten handhabt.

Die Kosten

Vielleicht hast du dich bis hierher schon gefragt: Wer bezahlt das eigentlich alles? In Deutschland gibt es verschiedene Stellen, die die Kosten der Assistenz übernehmen. Diese Stellen heißen «Leistungsträger» (früher Kostenträger). Welcher Leistungsträger jeweils zuständig ist, hängt von der persönlichen Situation ab, aber auch welche Assistenzleistungen speziell gebraucht werden. Für Arbeitsassistenz ist meistens die Bundesagentur für Arbeit oder das Inklusionsamt zuständig; für die Pflegeassistenz der Träger der Eingliederungshilfe, die Pflegeversicherung oder Krankenkasse. In Dunjas Fall betragen die monatlichen Kosten rund 20 000 Euro. Das klingt erst mal nach viel, oder? Dieses Geld bietet aber gleichzeitig acht Menschen einen sozialversicherungspflichtigen Job! Das kurbelt die Wirtschaft an. Die Assistent*innen zahlen Steuern und andere Sozialabgaben und sind somit nicht auf staatliche Sozialleistungen angewiesen.

Dunja bezahlt ihre Persönliche Assistenz mittels des Persönlichen Budgets. Mit dem Persönlichen Budget ist es Menschen mit Behinderung möglich, von den Leistungsträgern – also den Ämtern – anstelle von Dienst- oder Sachleistungen Geld zu bekommen. Die behinderte Person erhält das Geld, das sonst an einen Pflegedienst ginge, und bezahlt davon die Hilfe, die er*sie benötigt. Damit werden Menschen mit Behinderung Käufer*innen, Kund*innen oder Arbeitgeber*innen, die die Leistungen eigenverantwortlich, selbstständig und selbstbestimmt einkaufen.

Dunja erhält das Geld unter Berücksichtigung verschiedener Bedingungen. Hält sie diese nicht ein, muss sie das Geld wieder zurückzahlen. Eine Studie aus dem Jahr 2007 zeigte, dass die durchschnittliche monatliche Budgethöhe bei circa 1041 Euro liegt, also weit geringer als bei Dunja. Dabei können die Beträge zwischen 36 Euro bis hin zu 13275 Euro variieren, weil eben nicht nur Menschen mit umfassendem Assistenzbedarf das Persönliche Budget in Anspruch nehmen können, sondern auch viele Menschen mit psychischen Erkrankungen, die zum Beispiel Begleitung bei Unternehmungen oder Ähnlichem brauchen.[6] Übrigens: Wenn du Assistenz beziehst und dafür eine Eingliederungshilfe über den Staat benötigst, dann darfst du nur ein gewisses Einkommen haben, ansonsten zahlst du. Dabei wird nicht nur dein Einkommen einbezogen, sondern auch dein Vermögen. Im Jahr 2023 dürfen Menschen mit Assistenz ein Vermögen in Höhe von 59000 Euro besitzen. Du siehst: Persönliche Assistenz heißt nicht, ein Leben im Luxus zu führen, sondern eigentlich gleicht sie eine Ungleichheit aus: nämlich die, dass behinderte Menschen dadurch ähnlich viel Selbstbestimmung haben wie nicht behinderte Menschen.

Das kannst du tun:

Erzähle anderen, dass es Assistenz gibt. Viele Menschen haben noch nie etwas von Persönlicher Assistenz gehört und wissen nicht, dass sie dadurch vielleicht ein selbstbestimmteres Leben führen könnten.

Unterstütze bei der Antragstellung und der Organisation. Für viele Menschen sind Anträge bei Leistungsträgern eine große Hürde. Obwohl sie vielleicht gerne Assistenz hätten, scheitern sie daran, diese zu beantragen. Unterstütze sie dabei.

Motiviere! Mache aus einem «Oh, das ist aber kompliziert und aufwendig!» ein «Hey, gemeinsam schaffen wir das!». Motiviere die behinderte Person immer wieder und zeige, dass es sich lohnt, für Selbstbestimmung zu kämpfen.

Barrierefreiheit, nein danke!

Manu: *Ich bin seit meiner Geburt blind. Und ich kann dir sagen: Barrieren sind allgegenwärtig. Die Blindheit selbst ist für mich keine zu große Einschränkung im Alltag. Ich bin so aufgewachsen und komme gerade in meinen vier Wänden super zurecht. Aber sobald ich diesen Bereich meiner Wohnung verlasse, hört das auf. Meine Umwelt ist für blinde Menschen nicht gemacht. Gehe ich spazieren, stolpere ich ständig über E-Scooter oder über hervorstehende Pflastersteine. Und das ist ja auch nicht nur für Menschen mit Sehbehinderung ein Problem, sondern auch für Personen mit Kinderwagen oder Lieferant*innen. Ich verstehe nicht, warum es so schwierig ist, den öffentlichen Raum barrierefrei für blinde Menschen zu gestalten. Ständig muss ich, bevor ich ein Café mit meinen Freund*innen besuchen kann, meine Routen ganz genau planen, damit ich nicht die Orientierung verliere. Während andere Menschen spontan entscheiden können, was sie zehn Minuten später machen wollen, muss ich vorausplanen und den Ablauf organisieren. Vor Kurzem wollte ich seit Langem mal wieder ins Kino. Ich lebe in einer Kleinstadt, in dem es nur ein Kino gibt, das Indie-Filme zeigt. Um als blinde Person Filme genießen zu können, brauche ich Audiodeskription, eine Tonspur, die die Bilder und Handlungen des Films beschreibt. Ohne Audiodeskription ist Kino für mich ziemlich langweilig, weil ich die Hälfte der Action verpasse. Da meine Clique spontan ins Kino wollte, sind wir einfach losgefahren, um vor Ort einen Film zu sehen. Als wir beim Kino ankamen, hörte ich eine Freundin schon stöhnen. Ich fragte sie, was los sei, und sie sagte: «Manu, für keinen der Filme hier gibt es Audiodeskription.» Ich freute mich, dass sie das mitgedacht hatte. Gleichzeitig war ich enttäuscht und wendete mich an die Person hinter dem Schalter. Ich erzählte ihr, dass ich*

Stammkundin sei, dass ich hier in der Vergangenheit immer mindestens einen Film mit Audiodeskription gefunden hatte, indem ich diese über die Greta-App auf meinem Smartphone abgerufen hatte. Ich bat die Person, das zukünftig wieder in die Planung mit einzubeziehen. Mein Gegenüber reagierte leider pampig und sagte, ich solle doch einfach einen Film auf Netflix schauen, da gäbe es viele deskribierte Filme. Dass ich vielleicht aber auch den neuesten Indie-Film sehen will und nicht erst, wenn er zwei Jahre später auf Netflix landet, daran denkt kaum jemand …

Warum Barrierefreiheit kein Luxus, sondern ein Recht ist, und welche Barrieren Menschen mit verschiedenen Behinderungen ständig überwinden müssen, genau das aber oft nicht können, das erfährst du in diesem Kapitel.

Wie ist Barrierefreiheit in Deutschland geregelt?

Denk mal drüber nach

Was denkst du, ist der Grund, warum du so selten Menschen mit Behinderung in Bars, Restaurants oder anderen Orten des öffentlichen Lebens siehst? Welche Barrieren und Hindernisse existieren für behinderte Menschen?

Barrierefreiheit ist derzeit vor allem in der UN-BRK geregelt, aus der das Barrierefreiheitsstärkungsgesetz entwickelt wurde.[1] Darüber hinaus gibt es noch weitere Gesetze für Teilbereiche, darunter das Behindertengleichstellungsgesetz (Bauen, Verkehr, Informationstechnik), einzelne Gesetze der Länder und unterschiedliche DIN-Normen für barrierefreies Bauen. Verwirrend? Absolut! Doch in Deutschland wurde erst 2016 die Bundesfachstelle für Barrierefreiheit eingeführt, welche die Bundesländer bei der Umsetzung von Inklusion unterstützen soll. Und selbst wenn man alle Regelungen zur Barrierefreiheit durchblickt hat, fällt auf: Keines der vielen Gesetze, die einzelne Bereiche regeln, gilt für die Privatwirtschaft! Und so bleiben viele Geschäfte, Restaurants und andere Orte des öffentlichen Lebens für Menschen mit Behinderung auch weiterhin unzugänglich. Doch welche Barrieren gibt es nun im Einzelnen? Nur wer weiß, welchen Barrieren Menschen mit Behinderung tagtäglich begegnen, der*die kann auch aktiv daran mitwirken, sie abzubauen.

Barrieren bei der Beförderung

Bahn fahren

Eine alltägliche Situation an deutschen Bahnhöfen: Eine vermeintlich gesunde, nicht behinderte Person kommt an Gleis 1 am Bahnhof an. Ihr Zug hat Verspätung, weshalb sie sofort losrennt, um den Anschlusszug zu erreichen, der auf Gleis 20 abfährt. Als die Person am Gleis ankommt, sieht sie einen anderen Menschen mit Kinderwagen vor einem langen, steilen Treppenaufgang stehen. Die Person mit Kinderwagen seufzt lächelnd. «Aufzug kaputt», sagt sie. Gemeinsam tragen die beiden den Kinderwagen inklusive einjährigem Kind nach oben. Kurz darauf erfährt die helfende Person, dass deren Anschlusszug ausfällt. Auch ein typisches Ereignis am Bahnhof, oder? Für viele Menschen mit kleinen Kindern ist das eine alltägliche Herausforderung. Doch was passiert, wenn mal keine helfende

Person zur Verfügung steht oder wenn Tragen keine Option ist? Das wiederum ist die Realität für Menschen mit Mobilitätseinschränkung, die zum Beispiel einen Rollstuhl, Rollator, Krücken oder andere Hilfsmittel nutzen und auf eine Beförderung durch die Bahn angewiesen sind. 2020 waren hierzulande 78 Prozent der Bahnhöfe stufenfrei, von den fast 6000 Bahnhöfen sind 1000 leider weiterhin unzugänglich für Rollstuhlfahrer*innen.[2]

Die Barrieren im Bahnverkehr begegnen Rollstuhlfahrer*innen jedoch schon weit vor dem Bahnsteig. Sie können nicht einfach spontan verreisen, denn die meisten Züge haben nur eine begrenzte Anzahl an Plätzen für Menschen mit Rollstuhl zur Verfügung, und die müssen vorher über ein ewig langes Formular reserviert werden oder via ständig besetzte Telefonhotlines, sodass eingewiesene Bahnmitarbeiter*innen zur korrekten Zeit mit einem Hublift zur Stelle sind, um der Person mit Behinderung in den Zug hinein- oder aus diesem herauszuhelfen. Die Eingänge vieler Züge sind nämlich nicht barrierefrei. Diese Mobilitätshilfe ist übrigens auch nicht rund um die Uhr verfügbar, sondern nur zu bestimmten Zeiten. Nachts nach dem Bar-Hopping mit dem Zug heimfahren? Keine Option für Rollstuhlfahrer*innen. Und auch während der offiziellen Servicezeiten kann es passieren, dass mal kein*e Mitarbeiter*in verfügbar ist und man als Rollstuhlfahrer*in die Information erhält: «Du kommst hier nicht rein.» Die Bahn und deren Tochterunternehmen drücken das natürlich freundlicher aus, aber der Inhalt bleibt der Gleiche.

Und ist mal wieder einer der Aufzüge an dem Gleis kaputt, an dem die*der Rollstuhlfahrer*in ankommt, heißt es am eigentlichen Halt vorbeifahren, zum nächsten oder gar übernächsten Bahnhof, wieder in die Gegenrichtung umsteigen und zurück zum geplanten Ziel. Das kann Stunden Verzögerung bedeuten.

Personen mit Behinderungen pendeln wie viele andere Menschen auch mit der Bahn, müssen dabei aber viel mehr Hürden überwinden und mit der Frustration leben, dass sie eventuell irgendwo stranden und dadurch ihre Termine verpassen. Selbst bei den neu gekauften Zügen, die Milliarden gekostet haben, wurden Menschen mit Behinderung nicht mitgedacht. Zwar soll es in der Zukunft mehr Züge geben, die das technisch lösen, sodass Menschen im Rollstuhl selbstständig ein- und aussteigen können, doch sind diese häufig kaputt. Aktuell gibt es in den meisten Zügen insgesamt nur drei Sitzplätze für Rollstuhlfahrer*innen und nur eine barrierefreie Toilette.[3]

Fliegen

Auch Fliegen ist für Rollstuhlfahrer*innen, die auf ihren eigenen Rollstuhl angewiesen sind, ein Glücksspiel. Ständig müssen sie fürchten, dass sie nach der Landung immobil sind, weil die Fluggesellschaft oder das Bodenpersonal den Rollstuhl unvorsichtig behandelt und ihn beschädigt, vergessen oder in ein falsches Land geschickt hat. Das ist kein lokales, sondern ein globales Problem. Stell dir mal vor, du fliegst in den Urlaub nach Mallorca. Du freust dich auf weiße Sandstrände, mediterranes Essen und all die vielen Events, die du bereits vorgebucht und bezahlt hast. Du landest, wartest gespannt darauf, dass dein Rollstuhl ausgeladen wird und die Mitarbeiterin erzählt dir, dass dein Rollstuhl leider anstatt auf Mallorca in Barcelona gelandet ist. Sie versichert dir, dass der Rollstuhl mit dem nächsten Flug nach Mallorca kommt, aber das wird nicht vor morgen früh sein. Damit kommst du nur unter Schmerzen in dein Hotel und liegst für 24 Stunden in einem Hotelbett, während die anderen Tourist*innen den Sonnenuntergang mit einem Cocktail am Strand genießen. Du hörst sie durch das offene Fenster lachen, singen und den wunderschönen abendroten Himmel bewundern. Und selbst wenn dein Rollstuhl am nächsten Tag ankommen sollte, kannst du nicht wissen, ob er nach der langen Reise überhaupt noch intakt ist.

Auch wenn man nicht auf den eigenen Rollstuhl angewiesen ist, weil man zum Beispiel eine dynamische Behinderung hat und nur für lange Strecken einen Rollstuhl nutzt, kann man sich nicht auf die Fluggesellschaften verlassen. Diese bieten zwar einen Rollstuhlservice an, bei dem man von der Gepäckabgabe bis hin zum Gate oder auch bis ins Flugzeug von Mitarbeiter*innen entweder in kleinen Elektroautos oder mit hauseigenen Rollstühlen gefahren wird bzw. den eigenen Rollstuhl nutzen kann, aber auf einen reibungslosen Ablauf kann man sich deshalb nicht verlassen. Wie auch bei der Bahn muss sich vorher anmelden, wer Hilfe am Flughafen benötigt. Meist werden in diesem Prozess verschiedene Kategorien unterschieden, zum Beispiel Mobilitätseinschränkung, Seh- oder Hörbehinderung und mentale/kognitive Beeinträchtigung. Benötigt man einen Rollstuhl, kommen weitere Fragen auf die betreffende Person zu: Braucht man den Rollstuhl nur für lange Strecken, kann aber kurze Stücke oder Treppen gehen? Bei den meisten internationalen Airlines ist die Buchung einer Mobilitätsassistenz nur ein Mausklick, bei manchen Deutschen muss ein langes, zusätzliches Dokument ausgefüllt werden. Ob und wie gut die Mobilitätsunterstützung am Flughafen funktioniert, hängt vor allem vom Tag, Reiseaufkommen und den verfügbaren Mitarbeiter*innen ab – von problemlos bis «Ups, da haben wir Sie doch am Gepäckband vergessen» ist alles möglich. Und gerade wenn man von den Mitarbeiter*innen mal wieder an einem Sammelpunkt abgestellt wird, um dann von der nächsten verfügbaren Person abgeholt zu werden, kann es passieren, dass fremde Mitreisende ohne Rollstuhl einen mal eben zur Seite schieben wie ein Gepäckstück. Ohne etwas zu sagen, den Rollstuhl einer Person anzufassen und zu verschieben ist nicht nur schlechte Rollstuhletikette, sondern gleichzeitig auch gefährlich, denn die Person im Rollstuhl könnte durch die plötzliche Bewegung das Gleichgewicht verlieren und fallen.

Als Mensch mit Behinderung darf man als Erstes ins Flugzeug, und oft kann man lange Schlangen an der Sicherheitskontrolle oder bei der Gepäckabgabe umgehen. Ergibt ja auch Sinn, oder? Wenn ich als Person mit chronischen Schmerzen, die sich nicht lange auf den Beinen halten kann, für eine Stunde an der Sicherheitskontrolle in der Schlange stehen muss, dann ist es gut möglich, dass ich die eigentliche Reise aufgrund der gesteigerten Schmerzen gar nicht mehr antreten kann. Und wie du dir sicher vorstellen kannst: Wann auch immer «Behinderung» zu einem Vorteil führt, gibt es Menschen, die genau das ausnutzen. Dank eines TikTok-Videos, in dem ein junger (nicht behinderter) Mann seinen Follower*innen zeigte, wie man mit einer vorgetäuschten Verletzung einen Rollstuhl am Flughafen bekommt, um dadurch die langen Schlangen zu umgehen, kam es beispielsweise am Heathrow Airport in London zu einem Anstieg von Anfragen für Mobilitätsassistenz.[4] Das ist ganz offensichtlich ziemlich daneben und birgt weitere Herausforderungen für die Menschen, die mit unsichtbaren Erkrankungen und Behinderungen leben. Denn wird «Behinderung faken» zur Routine, ist die Konsequenz, dass die Mitarbeiter*innen am Flughafen bei jeder Person mit nicht sichtbarer Behinderung hinterfragen, ob sie auch wirklich einen Rollstuhl benötigt. Fliegen ist also auch nicht viel besser als Bahnfahren.

Taxis/Rideshare

Vielleicht klappt's ja mit dem Taxi oder einer der Rideshare-Apps, wie zum Beispiel Uber oder Lyft? Nicht in Deutschland: Die meisten Taxis sind hier nicht barrierefrei, sodass eine spontane Fahrt für viele Menschen mit Behinderung ausfällt. Wie auch bei der Bahn müssen barrierefreie Taxis vorbestellt werden. In anderen Ländern, wie Großbritannien, ist der Großteil der Taxis inzwischen rollstuhlgerecht. Auf der offiziellen Seite der Regierung steht, dass vor allem die Taxis in den großen Städten des Landes nur dann lizenziert werden, wenn sie barrierefrei sind![5] Verschiedene Initiativen setzen sich auch in Deutschland für ein solches Konzept ein, aber so richtig klappt das leider noch nicht. Ein barrierefreies Taxi bietet Raum für Rollstuhlfahrer*innen, indem Sitzplätze ohne großen Aufwand aus dem Weg geräumt werden können. Zusätzlich braucht es eine Rampe, damit die mobilitätseingeschränkte Person ins Taxi einsteigen kann, und entsprechende Befestigung. Für Menschen mit Sehbehinderung können zudem tastbare Kartenlesegeräte oder ein Blindenleitsystem eingerichtet werden.[6]

Deutlich schwieriger ist es mit den Rideshare-Apps, wie Uber oder Lyft, da die Fahrer*innen ihr Privatfahrzeug nutzen. Da ist es nicht weit her mit Barrierefreiheit. Bei Uber und Lyft ist jedoch nicht nur die physische Barrierefreiheit problematisch. Fahrer*innen beider Dienste werden immer wieder dafür kritisiert, dass sie Menschen mit Assistenz- bzw. Führhund an der Straßenkante stehen lassen, weil sie keine Tiere befördern wollen. Das Tier könnte das Auto dreckig machen! All das, obwohl die Fahrer*innen das eigentlich gar nicht dürften, denn wie in Deutschland darf auch in den USA die Mitnahme eines Assistenzhundes nicht verweigert werden. Auch Menschen mit Hilfsmitteln wie Rollstühlen oder Rollatoren wurden von der Beförderung ausgeschlossen. Dafür kassierte Uber mehrfach Strafen, zum Beispiel für die sogenannten *Wait Fees*, die von Mitfahrer*innen gezahlt werden müssen, wenn die Fahrer*innen auf sie warten mussten. Wegen dieser diskriminierenden Regelung wurde Uber zu einer 2,2-Millionen-Dollar-Strafe verurteilt.[7] Dennoch scheint sich bei Uber nicht viel zu ändern, zumal ein Gericht offiziell entschied, dass Uber nicht in jeder Stadt genügend barrierefreie Autos zur Verfügung stellen muss.[8] Wieder verlieren Menschen mit Behinderung. Du bemerkst, öffentlicher Personenverkehr ist nach wie vor eine große Herausforderung für Menschen mit verschiedenen Behinderungen. Und das, liebe*r Leser*in, ist nur einer der Gründe, warum du so wenig Menschen mit Behinderung in Bars, Restaurants, auf Reisen oder im Urlaub siehst.

Doch was braucht es, damit Menschen mit Behinderung ohne Barrieren reisen können? Dafür sind verschiedene Maßnahmen erforderlich. Beispielsweise muss die Infrastruktur von Bahnhöfen und Flughäfen so gestaltet werden, dass sie für Menschen mit unterschiedlichen Behinderungen zugänglich sind, zum Beispiel durch Rampen, Licht- und Tonleitsysteme, lesbare Beschilderung in einfacher Sprache, Aufzüge, taktile Leitsysteme und ausreichend Platz für Rollstühle und Mobilitätshilfen. Das gilt natürlich auch für die Verkehrsmittel selbst, die barrierefrei sein müssen. Zudem muss jede Person verstehen, dass Barrierefreiheit ein Recht ist und nicht etwas Nettes, das man für die Menschen mit Behinderung tut. Und zu guter Letzt ist es wichtig, sich nicht auf Fortschritt auszuruhen, sondern konstant Verbesserungen vorzunehmen. Barrierefreiheit im öffentlichen Verkehr ist eine gesamtgesellschaftliche Verantwortung und erfordert die Zusammenarbeit von Regierungsbehörden, Verkehrsunternehmen, Technologieanbietern und der Gesellschaft insgesamt, um eine inklusive und barrierefreie Reiseerfahrung für alle zu gewährleisten.

Öffentlicher Raum

Innenräume: Öffentliche Gebäude

Was bei der Mobilität anfängt, setzt sich auch im öffentlichen Raum fort: Öffentliche Gebäude müssen theoretisch barrierefrei sein. Das sind Orte, an denen sich ständig eine Vielzahl von verschiedenen Menschen aufhält, also zum Beispiel Regierungsgebäude, öffentliche Toiletten, Kultur- und Bildungseinrichtungen oder Einrichtungen des Gesundheitswesens und viele mehr. Restaurants und Cafés sind allerdings keine öffentlichen Gebäude, und die Regeln zur Barrierefreiheit bei öffentlichen Gebäuden gelten hauptsächlich für Neu- und Umbauten. Altbauten sind von der Regelung ausgenommen: Stichwort Denkmalschutz. Dieser wird häufig angeführt, um die BarriereUNfreiheit vieler auch öffentlicher Gebäude zu rechtfertigen, denn jedes Gebäude kann aufgrund von dessen Geschichte ein Denkmal sein, das besonders geschützt ist und dadurch gar nicht oder nur unter schwierigen Voraussetzungen umgebaut werden kann oder darf. Die Barrierefreiheit bleibt auf der Strecke, und die Leidtragenden sind die Menschen mit Behinderung.

In Bayern versprach die damalige Landesregierung bereits 2013, dass der öffentliche Raum bis 2023 barrierefrei sein sollte.[9] Doch 2022 hieß es, die vollständige Barrierefreiheit sei nicht zu schaffen.[10]

Dennoch: Treffen Denkmalschutz und Barrierefreiheit aufeinander, sind zwei unterschiedliche Rechte zu wahren. Dabei gelten der Denkmalschutz und die Rechte behinderter Menschen als gleichberechtigt:

«Konflikte zwischen Denkmalschutz und Barrierefreiheit sind durch eine Abwägung der gegenläufigen Positionen und ein angemessenes Eingehen auf den Einzelfall zu lösen.»[11]

Die behinderte Person kann sich also beschweren oder freundlich um barrierefreien Zugang zu Denkmälern bitten, ein Recht auf eine Klage für Barrierefreiheit hat sie aber nicht – anders als bei Neubauten, die Teil des öffentlichen Lebens sind.[12] Auch wenn behinderte Menschen gesetzlich ein Recht auf Barrierefreiheit haben, gilt dieses Recht also nur für bestimmte Bereiche.

Generell ist die Barrierefreiheit von öffentlichen Gebäuden in DIN-Norm 18040–1 geregelt und beinhaltet zum Beispiel Richtlinien zur Lage von Stellplätzen für Autos, Breite und Beschaffenheit von Eingängen und Gehwegen, Rampen, Handläufen an Treppen und vielem mehr.[13] Damit soll gewährleistet werden, dass Menschen mit verschiedenen Behinderungen selbstständig Gebäude betreten und verlassen können. So ein Gebäude hat beispielsweise automatische Türen oder zumindest automatische Türöffner, ein Blindenleitsystem, kontrastreiche Markierungen und eine Sprachausgabe im Aufzug, die die Stockwerke ansagt.

Innenräume: Privatwirtschaftliche Gebäude

Bei privatwirtschaftlichen Gebäuden sieht es deutlich schlechter aus, denn die müssen nicht barrierefrei sein. Wenn eine behinderte Person in ein Restaurant oder Café will, dann muss sie nicht nur ihr Taxi, den Zug oder die U-Bahn vorplanen, sondern gleichermaßen herausfinden, ob das Restaurant zugänglich ist. Und nicht immer kann die Person mit Behinderung davon ausgehen, dass das Gegenüber auch versteht, was mit «barrierefrei» gemeint ist.

Außenraum

Oft sind auch Gehwege nicht breit genug, um sie mit allen Hilfsmitteln zu befahren. Häufig hat das nichts mit den baulichen Gegebenheiten zu tun, sondern damit, dass Anwohner*innen auf dem Gehweg parken, obwohl das verboten ist. Oder eine große Mülltonne versperrt den Weg, oder jemand hat alte Möbel auf dem Fußgängerweg entsorgt. Und dann gibt es da auch noch den Baum, der vor 50 Jahren gepflanzt wurde und dessen Wurzeln den gepflasterten Weg zu einer Berg- und Talfahrt werden lassen. Nicht nur die Breite des Weges spielt für die Barrierefreiheit eine Rolle, sondern auch seine Beschaffenheit. Kopfsteinpflaster ist für Fahrradfahrer*innen unangenehm, für Rollstuhlfahrer*innen hingegen ist es eine Gefahr. Sie werden dabei nicht nur unangenehm durchgeschüttelt, sondern können sich auch verletzen, weil sie mit ihrem Rollstuhl in den tiefen Rinnen stecken bleiben oder umkippen.

Gehen wir mal davon aus, dass der Gehweg breit genug ist, die Anwohner*innen ihren Müll nicht quer darüber verstreuen und dort kein Kopfsteinpflaster liegt, sondern der Belag stattdessen kaum eine Unebenheit aufweist. Perfekt, oder? Noch nicht ganz, denn eines der häufigsten Probleme ist das Überqueren der Straße. Nicht überall befinden sich auf beiden Seiten abgesenkte Bordsteinkanten. Nur wenn der Bordstein auf beiden Seiten niedrig ist, können sich Menschen mit Gehhilfen und Rollstühlen ungehindert fortbewegen.

Andere wichtige Vorkehrungen, um die Barrierefreiheit im öffentlichen Außenraum zu verbessern, sind zum Beispiel Ampeln, die einen Signalton abgeben, um Menschen mit Sehbehinderungen zu helfen, die Straße zum richtigen Zeitpunkt zu überqueren, sowie auffällige oder taktile Strukturen am Boden vor Straßenübergängen, die verdeutlichen, dass der

Gehweg endet. Für neurodivergente Menschen hingegen wird es schwieriger, je mehr Reize um sie herum sind. Für sie wären autoberuhigte Zonen nützlich.

Zudem müssen ausreichend Behindertenparkplätze zur Verfügung stehen, um die Barrierefreiheit zu gewährleisten und Menschen mit Behinderung die Teilhabe zu erleichtern. Es ist nicht okay, als nicht behinderte Person mal eben auf einem Behindertenparkplatz zu halten, weil man die zehn Meter extra vom regulären Parkplatz nicht zurücklegen will, und so den Parkplatz für Menschen mit Behinderung zu blockieren. Gleichzeitig sieht man es Menschen nicht an, ob sie behindert sind oder nicht, weshalb es eben auch kein paternalistisches «Du siehst nicht behindert genug aus» geben darf.

Barrierefreie Information

Denk mal drüber nach

Kannst du jeden Film sehen, jede Radioshow hören, jede Streaming-Serie anschauen? Kannst du jede Software, App oder Webseite benutzen? Sind Gebrauchsanweisungen für dich einigermaßen verständlich?

Untertitel und Audiodeskription

Doch nicht nur Rollstuhlfahrer*innen haben schlechten Zugang zu vielen alltäglichen Dingen wie Shopping, Veranstaltungen, Kinos, Theater, Restaurants und so vielen mehr. So gibt es zum Beispiel im Kino nur selten Filme mit Untertiteln für taube Menschen. Dabei haben Menschen mit Behinderung genauso wie alle anderen auch ein Recht auf Kultur, und dazu gehören auch Filme. Ohnehin gibt es kaum deutsche Sender, die regelmäßig Untertitel und Audiodeskription anbieten. Die Medienanstalten erfassten im Jahr 2020, dass der Sender RTL zum Beispiel nur vier Stunden des täglichen Programms untertitelte.[14] Meist waren das entweder Spielfilme oder Fußballspiele. Nachrichten waren selten barrierefrei. Die Sender ProSieben/Sat. 1 untertitelten etwas über ein Viertel der Sendungen. Für Menschen mit Sehbehinderungen war die Lage noch schlechter. Wenige bis keine Sendungen der beiden Sender boten Audiodeskription an. Barrierefreiheit ist für das deutsche Fernsehen auch keine Pflicht. Der Medienstaatsvertrag verpflichtet die öffentlich-rechtlichen und privaten Sender zwar, die Barrierefreiheit «im Rahmen der Möglichkeiten» zu verbessern. Jedoch müssen sie nur alle paar Jahre beweisen, dass es irgendwelche Fortschritte gab, haben aber keine Verpflichtung zur vollständigen sofortigen Barrierefreiheit.[15]

Streaming-Plattformen stehen schon besser da – dank des unermüdlichen Einsatzes von Behindertenrechtsaktivist*innen. Nach langem Hin und Her willigte zum Beispiel Netflix ein, alle Sendungen nach und nach mit Untertiteln zu versehen.[16] Ein großer Schritt in die richtige Richtung. Für Menschen mit Sehbehinderung schafft das allerdings noch keine Abhilfe, denn viele Sendungen haben keine Audiodeskription.[17] Fun Fact oder eher Sad Fact: In der Woche vom 12. Dezember 2022 wurden laut «TV für Alle» Sendungen mit einer insgesamten Länge von 7055 Stunden und 15 Minuten im deutschen Fernsehen ausgestrahlt. Rund 40 Prozent davon waren untertitelt. Im Vergleich dazu waren nur rund sieben Prozent mit Audiodeskription versehen.[18]

Leichte Sprache

Damit sich auch Menschen mit Lernschwierigkeiten über aktuelle Geschehnisse auf dem Laufenden halten und am öffentlichen Leben teilhaben können, gibt es das Konzept der Leichten Sprache. Leichte Sprache folgt bestimmten Regeln. Zum Beispiel sind die Sätze kürzer, Wörter, die lang und komplex sind, werden durch einen Bindestrich getrennt, und es kommen Bilder zum Einsatz, um das Geschriebene zu verdeutlichen. Für Menschen mit Lernschwierigkeiten ist Leichte Sprache essenziell, denn wie alle anderen Menschen müssen auch sie in ihrem Alltag wichtige Entscheidungen treffen, und das geht nur, wenn man gut informiert ist. Die Dominanzgesellschaft hat dafür viele verschiedene Optionen: Radio, TV, Zeitungen/Magazine, Google und viele mehr. Menschen mit Lernschwierigkeiten hingegen haben nur wenige dieser Möglichkeiten.

Neben der Leichten Sprache gibt es außerdem die Einfache Sprache, die eine einfachere Version unserer Alltagssprache ist. Anders als die Leichte Sprache folgt sie keinem klaren Regelwerk, sondern ist irgendwo zwischen Leichter Sprache und Alltagssprache angesiedelt.

Öffentliche Stellen sind inzwischen verpflichtet, Informationen auch in Leichter Sprache anzubieten, und das ist nicht nur sinnvoll für Menschen mit Lernschwierigkeiten. Wer schon mal komplizierte Texte der Bundesregierung gelesen hat und jeden Satz mehrmals wiederholen musste, um zu verstehen, was eigentlich gemeint ist, wird denselben Text in Leichter Sprache bevorzugen. Leichte Sprache ist außerdem besser verständlich für Kinder und Jugendliche, ältere Menschen, Menschen, die die deutsche Sprache gerade lernen, oder Menschen, die Schwierigkeiten mit dem Lesen oder Schreiben haben. Außerdem fasst sie die Informationen ohne überflüssige Füllwörter oder Fremdwörter zusammen und bringt den Inhalt auf den Punkt.

Neue Technologien, wie künstliche Intelligenz, können in der Zukunft dabei helfen, Inhalte barrierefreier zu gestalten, indem sie Texte zum Beispiel in Leichte Sprache übersetzen. Bislang gab es noch sehr viel Kritik an KI-Übersetzungen in Leichte Sprache. Die künstliche Intelligenz ChatGPT meint dazu: «Es ist wichtig zu beachten, dass KI-Systeme nicht perfekt sind und menschliche Überprüfung und Anpassung oft notwendig sind, um sicherzustellen, dass die Übersetzung in Leichte Sprache korrekt und angemessen ist.» Zumal Leichte Sprache eigentlich von Menschen mit Lernschwierigkeiten auf ihre Verständlichkeit hin gegengeprüft werden müsste. In Deutschland gibt es keine allgemeine gesetzliche Verpflichtung zur Verwendung von Leichter Sprache. Dennoch gibt es einzelne Gesetze und Verordnungen auf Bundes- und Landesebene, die die Barrierefreiheit von Informationen und Dienstleistungen für Menschen mit Behinderung in bestimmten Lebensbereichen, zum Beispiel auf Webseiten, regeln. Diese Gesetze schließen teilweise auch die Nutzung von Leichter Sprache ein. Ähnlich verhält es sich auch mit der Gebärdensprache.

Gebärdensprache

Gebärdensprache wird hauptsächlich von Menschen genutzt, die taub oder stark schwerhörig sind. Die deutsche Gebärdensprache ist eine von mehr als 300 bekannten Gebärdensprachen der Welt[19] und unterscheidet sich grundlegend von der deutschen Laut- und Schriftsprache. Sie folgt eigenen Rechtschreib- und Grammatikregeln, und in jedem Land gibt es unterschiedliche Dialekte. Leider sind Gebärdensprachübersetzungen von deutschen Nachrichten noch nicht weit verbreitet, sodass viele taube oder stark schwerhörige Menschen sich nur schlecht über Nachrichten informieren können. Offizielle Regierungswebseiten bieten meist kurze Zusammenfassungen in Gebärdensprache an genauso wie im Krisenfall wichtige Nachrichten im TV. Doch selbst während der Corona-Pandemie boten nur wenige Nachrichtensender Live-Gebärdensprachdolmetscher*innen an. Das ist ein großes Problem, weil manche tauben Menschen die deutsche Schriftsprache nicht beherrschen, sodass für sie Untertitel und Zeitungs- bzw. Onlinemagazinartikel nicht zum Informationsgewinn beitragen. Für taube Menschen ist die deutsche Sprache eine Fremdsprache, weshalb Gebärdensprachdolmetscher*innen unabkömmlich sind.

Barrierefreies Internet

Das Internet hat für viele Menschen, ob mit oder ohne Behinderung, ganz neue Möglichkeiten geschaffen, um an Informationen zu gelangen oder sich mit anderen zu verbinden. Für Menschen mit Behinderung sind allerdings nur rund zwei Prozent aller populären Webseiten vollständig barrierefrei.[20] Auch wenn die vollständige Barrierefreiheit von Webseiten für Lai*innen nur schwer umsetzbar ist – dafür gibt es Profis –, kann trotzdem jede*r dazu beitragen, eigene Webseiten so barrierefrei wie eben möglich zu gestalten. Auch als Nicht-Profi ist es machbar, für jedes Bild auf der Webseite eine Bildbeschreibung zur Verfügung zu stellen, die kurz zusammenfasst, was auf dem Bild zu sehen ist, das ist der sogenannte ALT-Text. Außerdem müssen alle Videos auf Webseiten Untertitel haben. Diese Untertitel können zum Beispiel mithilfe einer Transkriptionssoftware erstellt werden. Wenn möglich, sollte auch Audiodeskription als Tonspur im Video oder zumindest eine Beschreibung der visuellen Inhalte in Textform verfügbar sein. Grundsätzlich sinnvoll sind auch Videos in Gebärdensprache, die die Textinhalte wiedergeben, sowie Übersetzungen in Leichter Sprache bzw. Einfacher Sprache, wobei Letztere von professionellen Übersetzer*innen erstellt werden sollten.

Podcasts und andere Audiobeiträge auf Webseiten sollten transkribiert und in Textform zur Verfügung gestellt werden, sodass Menschen mit verschiedenen Behinderungen über mehrere Wege Zugang zum Inhalt haben. Kontrast und Größe von Texten und Formularen sollten individuell anpassbar sein und sich gut vom Hintergrund abheben. Außerdem darf die Seite nicht mit Ton und Text überladen sein.

Generell gilt: Wenn möglich, sollten verschiedene Optionen geschaffen werden, die Inhalte zu konsumieren. Wer tiefer in die Barrierefreiheit im Netz eintauchen will: Die *Web Accessibility Initiative* stellt eine umfangreiche und weltweit gültige Anleitung zur Verfügung. In Deutschland sind die Standards für Barrierefreiheit von Webseiten der «öffentlichen Stellen des Bundes» im Gesetz zur Gleichstellung von Menschen mit Behinderung festgelegt.[21] Eine gesetzliche Verpflichtung gilt allerdings ausschließlich für diese staatlichen Seiten, nicht für private Seiten. Ab 2025 sollen laut Barrierefreiheitsstärkungsgesetz auch private Unternehmen verpflichtet sein, ihre Inhalte barrierefrei zu gestalten.[22]

Fassen wir zusammen: Die Barrierefreiheit in der Medienlandschaft in Deutschland ist besonders schlecht, vor allem in Bezug auf Nachrichten. Aktuell scheint es vielen Medienmachenden noch wichtiger, Fußballspiele mit Untertiteln zu versehen, anstatt alle wichtigen Informationen für Menschen mit verschiedenen Behinderungen zugänglich zu machen. Vor allem in Zeiten von akuten Krisen, wie im Falle von Krieg und Pandemie, ist es für die gesamte Bevölkerung von großer Bedeutung, schnell an zuverlässige Informationen zu kommen.

Doch Menschen mit Behinderung werden dabei meist nicht mitgedacht, obwohl Barrierefreiheit in den Medien auch für die Anbieter*innen von großem Nutzen ist. Nicht nur erweitert sich deren Zielgruppe um 20 Prozent, sondern gleichzeitig können Medienmacher*innen ihr Image verbessern, indem sie zeigen: «Wir sind inklusiv für alle.» Damit ist die Barrierefreiheit tatsächlich eine Win-win-Situation.

Barrieren gibt es viele, und sie existieren für Menschen mit Behinderung in jedem Bereich ihres Lebens. Wir alle können dabei helfen, dass Barrieren für Menschen mit Behinderung abgebaut werden.

Das kannst du tun:

Am einfachsten erkennbar sind bauliche Barrieren. Wenn du Barrieren erkennst, zum Beispiel in Form einer fehlenden Rampe vor einem Restaurant oder einem kaputten Fahrstuhl in der U-Bahn, dann **weise die zuständige Person darauf hin** und erkläre, warum es wichtig ist, diese Barriere schnellstmöglich zu beseitigen.

Werde selbst aktiv, indem du dich Projekten wie zum Beispiel *Wheelmap* anschließt und Menschen mit Rollstuhl hilfst, im Voraus zu erfahren, wo sie auf Barrieren stoßen und wo nicht. Einige Barrieren kannst du selbst aus dem Weg räumen, wie zum Beispiel einen E-Scooter.

Sammle Informationen von Expert*innen in Sachen Barrierefreiheit und schaue, wo du im eigenen Umfeld selbst Barrieren abbauen kannst.

Umwelt- und Katastrophenschutz: Wer schützt eigentlich wen?

Semir: *Seit meiner Geburt sitze ich im Rollstuhl. Im Alltag bin ich auf dauerhafte Unterstützung durch Dritte angewiesen. Manchmal ist es ziemlich anstrengend, wegen meiner Behinderung auf andere Menschen angewiesen zu sein, um ein selbstbestimmtes Leben führen zu können. Darum mache ich so viel wie möglich gern allein. Ich kann selbstständig trinken, wenn mir mein Becher Tee mit einem Plastiktrinkhalm gereicht wird. So habe ich zumindest immer mal wieder wie jede nicht behinderte Person auch meine «Me-Time» – also ein bisschen Privatsphäre. Das alles nur wegen eines kleinen Hilfsmittels wie eines Plastiktrinkhalms. Andere Menschen können einfach nach ihrem Glas greifen, ich kann das aber nicht. Wenn ich meinen Becher greife, dann schütte ich ihn im besten Fall nur um. Dieses kleine Teil aus Plastik ermöglicht es mir, selbst zu entscheiden, wann ich trinken möchte. Stell dir mal vor, du müsstest immer, wenn du Durst hast, die Person neben dir fragen, ob sie dir das Glas zum Mund führt. Nervig? Ja, so würde es mir ohne meinen Trinkhalm auch gehen.*

Warum zum Beispiel Trinkhalme notwendige Hilfsmittel für Menschen mit Behinderung sind und wie die Maßnahmen, die eigentlich dem Schutz aller Menschen dienen sollen, für Menschen mit Behinderung manchmal das Gegenteil bewirken, das erfährst du im folgenden Kapitel.

Trinkhalme und Umweltschutz

Erinnerst du dich noch an das schreckliche Video der Schildkröte, die einen Plastiktrinkhalm in der Nase hatte, der ihr unter großer Qual entfernt wurde? Diese Schildkröte wurde im Jahr 2015 Symbol der Umweltschutzbewegung. Der Plastiktrinkhalm stand für alles, was unsere Umwelt zerstört. Unter dem provokanten Hashtag #StopSucking (Hör auf zu saugen!) forderten Umweltschützer*innen nicht nur die Gesellschaft auf, keine Plastiktrinkhalme mehr zu nutzen, sondern diese vollständig zu verbannen. Es zeigte sich, dass auch bei dieser wichtigen Debatte um den Schutz unserer Umwelt Menschen mit Behinderung vergessen wurden, denn der Trinkhalm ist für Menschen wie Semir im Alltag ein notwendiges Hilfsmittel, das sich nicht so leicht ersetzen lässt, wie man annehmen mag. Behinderte Menschen wurden in der Diskussion nicht nur ignoriert. Nicht behinderte Menschen erklärten ihnen auch, dass es viele Alternativen zu Plastiktrinkhalmen gebe. Dem ist bisher leider nicht so. Für Menschen wie Semir haben viele der vorgeschlagenen Materialien wie Glas, Metall, Holz oder Bambus keinen großen Wert, denn alles, was bei einer Spastik beispielsweise brechen kann, birgt ein hohes Verletzungsrisiko. Auch andere harte Materialien wie Metall können da problematisch sein. Stell dir vor, du beißt mit voller Wucht auf einen Metalltrinkhalm. Diese Herleitung verstehen die meisten Menschen noch, schlagen dann aber stattdessen Trinkhalme aus Silikon vor. Aber auch die sind nicht funktional. Sie sind oft weicher als andere Materialien wie Metall oder Glas und halten gleichzeitig nicht die Form. Zudem sind sie schwieriger zu reinigen. Biomaterialien haben keine hohe Hitzebeständigkeit, was sie für heiße Getränke ungeeignet macht und so weiter. Weitere Argumente gegen die Verwendung anderer alternativer Trinkhalme sind Erstickungsgefahr, hohe Kosten, fehlende Hygiene und Biegsamkeit.[1] Bisher gibt es für behinderte Menschen keine gute Alternative für Plastiktrinkhalme, während noch dazu unklar ist, ob diese Alternativen langfristig der Umwelt helfen würden. Papiertrinkhalme bringen da auch nicht viel – vor allem, wenn sie wie üblich nur einmal verwendet werden. Zumal es ziemlich schwierig ist, Papiertrinkhalme mehrfach zu verwenden, denn wirklich sauber machen kann man sie nicht, und meist sind sie schnell durchgeweicht, sodass man bei jedem Schluck Tee gleichzeitig noch ein bisschen Papier mit trinkt. Trinkhalme aus Papier sind zwar abbaubar, aber sie brauchen unglaublich viele Ressourcen in der Herstellung, weshalb sie keinen Vorteil gegenüber Plastiktrinkhalmen haben. Wir könnten an dieser Stelle noch mehr auflisten, haben aber das Gefühl, dass schon viele andere Aktivist*innen vor uns wertvolle Hinweise zum Thema gegeben haben, so zum Beispiel auch Raúl Krauthausen:

«Echter Umweltschutz nimmt viele Perspektiven ein, nicht nur die von Menschen, die ohne Behinderung leben. Schließlich soll Umweltschutz kein Wohlfühlevent für Privilegierte sein, nicht wahr?»[2]

Trotz der vorgebrachten Einwände und lauten Rufe wurden Menschen mit Behinderung nicht gehört, denn seit Mitte 2021 sind Trinkhalme aus Plastik in Deutschland verboten, und behinderte Menschen wie Semir mussten ein Stückchen Selbstbestimmung aufgeben oder andere kreative Wege finden, sich diese Unabhängigkeit zu erhalten, wie zum Beispiel durch den Import von Trinkhalmen aus anderen Ländern. Aber ob das jetzt besser ist? Wir müssen die Bedürfnisse behinderter Menschen ebenso mitdenken wie die anderer benachteiligter

Gruppen in Deutschland und dürfen nicht das Individuum für globale Probleme verantwortlich machen!

Katastrophenschutz

Am 15. Juli 2021 starben im Ahrtal zwölf Menschen mit Behinderung bei einer Hochwasserkatastrophe in einer Wohneinrichtung der Lebenshilfe. Sie wurden nicht evakuiert und ertranken.[3] Diese Tode haben gezeigt: Auch der Katastrophenschutz greift nur für die Dominanzgesellschaft, und auch das sind keine Einzelfälle. Immer wieder berichten Medien von Menschen, die in stationären Einrichtungen bei Bränden ums Leben gekommen sind[4] oder schwer verletzt wurden,[5] weil sie nicht rechtzeitig vor den Flammen gerettet werden konnten. Im Katastrophenschutz werden Menschen mit Behinderung selten mitgedacht. So soll die Bevölkerung in Zukunft mittels Mobiltelefon über das sogenannte *Cell Broadcasting System* über mögliche Katastrophen informiert werden. Es sendet Warnsignale an alle moderneren Handys, die in einer bestimmten Funkzelle eingewählt sind.[6] Wie viele Menschen in stationären Einrichtungen haben wohl ein eigenes Handy? Und wie viele von diesen Menschen hören keine Warnsignale oder sehen keine Textnachrichten oder verstehen keine Alltagssprache? Vor allem in Krisensituationen muss die Kommunikation barrierefrei sein, das fordert auch der VdK: «Alle staatlichen und behördlichen Warnhinweise [müssen] in Gebärdensprache, Brailleschrift, Einfacher und Leichter Sprache zur Verfügung gestellt werden. Zudem müssen Menschen mit Hör-, Seh- oder anderer Behinderung Notdienste nutzen können, die der Notrufnummer 112 funktional gleichwertig sind.»[7]

Auch die bisherigen Apps, die im Katastrophenfall genutzt werden können, wie etwa die NINA-App und KATWARN, sind nicht barrierefrei und daher für Menschen mit verschiedenen Behinderungen nicht nutzbar.[8] Stell dir mal vor, es gibt einen schweren Sturm, das hast du im Radio gerade noch so mitbekommen. Doch plötzlich bricht die Kommunikation ab. Du kannst dich weder im Fernsehen oder Radio informieren, noch funktionieren Internet oder Telefon. Du bist völlig auf dich allein gestellt und weißt nicht, was gerade vor deiner Tür passiert. Flüchten kannst du auch nicht, weil du nicht weißt, in welche Richtung der Sturm zieht und wie gefährlich die Situation wirklich ist. Du bist von jeglicher Kommunikationsmöglichkeit abgeschnitten, und es ist reines Glück, wenn du schadenfrei aus der Situation kommst. So fühlen sich Menschen mit Behinderung während jeder Katastrophe, denn sie bleiben von Informationen abgeschnitten und sind auf das Eingreifen anderer angewiesen. Sind sie zusätzlich in der Position, sich selbst nicht in Sicherheit bringen zu können, wie es im Ahrtal der Fall war, kann das tödlich enden.

Noch ein Beispiel, das die Benachteiligung verdeutlicht: Du hast dir beim Rugby-Turnier am Wochenende das Kreuzband gerissen. Montags kommst du zur Arbeit und freust dich, dass der Aufzug funktioniert, denn du sitzt in einem Rollstuhl und kannst nicht, wie sonst üblich, die neun Stockwerke nach oben sprinten – ja, du bist ziemlich fit! Am Nachmittag geschieht allerdings etwas Unvorhergesehenes: Der Feueralarm wird ausgelöst, und du stellst fest: Es gibt keinen Aufzug, der im Falle eines Brandes fährt. Nur mit der Hilfe von Kolleg*innen und unter großen Schmerzen quälst du dich über das Treppenhaus die neun Stockwerke hinunter. Aus dreierlei Gründen hast du großes Glück gehabt: a) Es war nur ein Testalarm, b) Du hattest die Hilfe einer nicht behinderten Person und c) Du konntest, wenn auch eine Herausforderung, trotzdem die Stufen benutzen. Viele Menschen mit Behinderung haben dieses Privileg nicht und werden im schlimmsten Fall zurückgelassen. Auch beim Katastrophenschutz werden Menschen mit Behinderung – wenig überraschend – vergessen und nicht mitgedacht. Der deutsche Gehörlosenbund e.V. sagte über den Katastrophenschutz in Deutschland sogar, dass er Artikel 11 der UN-BRK verletzt, der festlegt, dass der Staat alles tun muss, um behinderte Menschen in Gefahrensituationen zu schützen.[9] Wie dieser Schutz genau aussehen soll, das ist in deutschen Gesetzen nicht konkret geregelt. So ist zum Beispiel im Brandschutz nicht vorgegeben, wie Rettungswege für behinderte Menschen aussehen sollen.[10] Aufzüge sind im Brandfall unerlässlich für Menschen mit Mobilitätseinschränkungen, aber nur selten gibt es in Gebäuden Aufzüge, die auch bei einem Brand nutzbar sind.

Wer außerdem Menschen mit Sinnesbeeinträchtigung im Katastrophenfall erreichen will, der muss das Zwei-Sinne-Prinzip berücksichtigen: Ein Feueralarm muss nicht nur laut hörbar sein, sondern außerdem mittels eines Warnlichtes visuell klar angezeigt werden. Auch Brailleschrift an Geländern, die zu den Notausgängen leiten, fallen unter das Zwei-Sinne-Prinzip. Jedes Signal muss mit mehr als einem Sinn feststellbar sein: Tasten, Sehen oder Hören. Häufig argumentieren die Verantwortlichen, solcherlei Maßnahmen seien zu teuer. Doch barrierefreies Bauen ist kostenneutral, wenn es von Anfang an so geplant ist.[11] Es macht für die Bauleute keinen großen Unterschied. Teuer wird es nur dann, wenn im Bestand umgerüstet werden muss.

Denk mal drüber nach
Was meinst du, welche Annahmen führen dazu, dass Menschen mit Behinderung bei Schutzmaßnahmen benachteiligt werden?

Aber was, wenn sich zweierlei Interessen gefühlt einfach nicht unter einen Hut bringen lassen? Gibt es das? Ja, manchmal. Eine unserer Korrekturleser*innen hat uns darauf hingewiesen, dass Inklusion von Menschen mit Behinderung in wenigen Situationen auch mit den Interessen aller Menschen kollidiert, zum Beispiel – wie im Falle der Trinkhalme – mit dem Schutz der Umwelt. Aus ableistischer Sicht muss sich auch im Bereich Transport noch vieles ändern, zum Beispiel sollte Menschen mit Behinderung das Fliegen erleichtert werden. Doch auch wenn die Barrierefreiheit beim Fliegen behinderten Menschen ein neues Transportmittel eröffnet und ein wichtiger Bestandteil von Teilhabe am Leben ist, hat das Fliegen als solches desaströse Auswirkungen auf die Umwelt. Dieses Dilemma zwischen der dringend notwendigen Gleichberechtigung und dem dringend notwendigen Schutz aller Menschen ist in manchen Fällen nur schwer zu lösen. Ein weiteres Beispiel: Viele Menschen mit Behinderung sind auf die Nutzung von günstigen Taxialternativen wie Uber angewiesen, weil ihnen nur wenige finanzielle Mittel zur Verfügung stehen. Gleichzeitig schadet Uber in einigen Ländern massiv den Taxiunternehmen und gefährdet dadurch den Lebensunterhalt der dort arbeitenden Menschen. Ein möglicher Kompromiss könnte hier sein, dass die öffentlichen Verkehrsmittel endlich vollständig barrierefrei ausgebaut werden. Bis das passiert, gibt es für einige behinderte Menschen keine Alternativlösungen, und das Dilemma bleibt bestehen.

Manchmal gibt es (noch) keinen Mittelweg. Den wenigen Menschen mit Behinderung dringend notwendige Hilfsmittel wegzunehmen, wie Plastiktrinkhalme, wird nicht den gewünschten Impact auf die Umwelt haben. Hier tun Sonderregelungen not.

Insgesamt gilt: Wir sollten alle Menschen, ob mit oder ohne Behinderung, von vornherein mitdenken. So ließen sich die meisten der oben beschriebenen Konflikte vermeiden, und Schutzmaßnahmen dienten tatsächlich allen Menschen. Umweltschutz, Katastrophenschutz, Denkmalschutz (siehe vorheriges Kapitel) – all diese Dinge sind extrem wichtig, sie müssen allerdings intersektional gedacht werden und Menschen mit Behinderung einschließen.

Das kannst du tun:

Denke Menschen mit Behinderung mit, denn im schlimmsten Fall bedeutet der alleinige Schutz der Dominanzgesellschaft den Tod von Menschen mit Behinderung.

Bevor du für die Umwelt aktiv wirst, überlege, ob du auch wirklich alle mitgedacht hast. Super, dass du was unternehmen willst! Toll, dass du dich für die Umwelt engagierst. Aber bevor du dich zum Handeln entscheidest, reflektiere: Was weiß ich über das ausgewählte Thema? Gibt es weitere Perspektiven, die ich einbeziehen sollte? Habe ich wirklich alle Communitys gehört, die von meiner Aktion vielleicht betroffen sind? Wen könnte ich um zusätzliche Informationen bitten? Bedenke auch: Es gibt keine homogene Meinung innerhalb der Communitys. Selbst unter behinderten Aktivist*innen wird es verschiedene Perspektiven geben.

Leben und leben lassen: Wenn es wirklich keinen Kompromiss gibt, akzeptiere, dass andere Menschen andere Prioritäten haben. Während für eine Person der Umweltschutz an erster Stelle steht, gibt es vielleicht andere Menschen, zum Beispiel eine behinderte Person, die in ihrem Leben keine andere Wahl hat, als beispielsweise einen Trinkhalm zu benutzen, um unabhängig zu sein. Traue behinderten Menschen zu, dass sie nicht leichtfertig zu umweltschädlichen Hilfsmitteln greifen, sondern diese wirklich notwendig sind.

Kein Einzelfall: Gewalt an Menschen mit Behinderung

Triggerwarnung: In diesem Kapitel werden verschiedene Formen von Gewalt beschrieben.

Denk mal drüber nach
Was denkst du: Kann Ableismus das Risiko von Gewalt an Menschen mit Behinderung erhöhen? Wenn ja, wie?

Sam: *Ich bin 25 Jahre alt und habe Multiple Sklerose mit einem schweren Verlauf. Familie habe ich keine. Die haben sich recht früh aus meinem Leben verabschiedet. Ohne Ressourcen und Unterstützung bin ich mit 20 in einer Pflegeeinrichtung gelandet. Dass ich eigentlich alleine mit Assistenz gut leben könnte und das auch gerne wollen würde, hat niemanden interessiert. Ist billiger im Heim, sagen die Behörden. Hier bin ich die Jüngste. Andere Personen in meinem Alter gibt es nicht. Es gibt feste Aufsteh- und Zubettgehzeiten. Ab 22:00 Uhr ist das Licht aus. Es ist gar nicht genug Personal vorhanden, um meine ‹Sonderwünsche› zu erfüllen, wurde mir mehrfach gesagt. Ich darf mir nicht aussuchen, was ich esse, denn es gibt nur zwei Gerichte zur Auswahl. Mag ich keines davon, habe ich Pech gehabt. Wenn ich abends noch Heißhunger auf einen Joghurt habe, kann ich den nicht selbst aus dem Kühlschrank holen, denn der ist verschlossen. Habe ich Glück, kann ich eine Pflegekraft finden, die mir den Kühlschrank aufsperrt. Meistens aber* *eher nicht. Wenn ich zur Toilette muss, wird die Tür offen gelassen. ‹Zu meiner Sicherheit.› Jede Person, die vorbeigeht, schaut mir ins Gesicht, während ich mein Geschäft verrichte. Freund*innen von früher kann ich nur sehen, wenn sie zu mir ins Heim kommen. Viel Besuch habe ich allerdings ohnehin nicht, denn Privatsphäre gibt es nicht, und niemand verbringt wirklich gerne Zeit in einer so sterilen Umgebung, in der Tod und Krankheit so allgegenwärtig sind. Raus kann ich auch nicht, weil es kein Personal gibt, das mich mal ins Kino fahren würde oder in ein Café. Dadurch reduziert sich der Freund*innenkreis recht schnell. Das Telefon in meinem Zimmer und mein Fernseher sind die einzigen Verbindungen zur Außenwelt. Einen Laptop oder ein Smartphone kann ich mir nicht leisten. Da fühlt man sich schnell isoliert, vor allem, weil jeder Tag dem anderen gleicht. Viermal pro Tag kommt Personal in mein Zimmer, um mir zu helfen, aufzustehen oder wieder ins Bett und zur Toilette zu gehen und mir Essen zu bringen. Den restlichen Tag sitze ich in meinem Rollstuhl, schaue aus dem Fenster, rolle durch den kleinen Park hinter dem Heim oder höre Musik. Die Dinge, die andere Menschen in meinem Alter machen, kenne ich nur aus Erzählungen. Unabhängigkeit, Selbstbestimmung, Freiheit – Fehlanzeige. Mehrfach habe ich versucht, hier rauszukommen, bin aber immer wieder an bürokratischen Hürden gescheitert, weil mir Unterstützung dafür fehlte. Das Heim hat daran ja kein Interesse. Meine Versorgung sei auch so gewährleistet. Dass ich ein Leben in meinen eigenen vier Wänden führen will, interessiert niemanden.*

Was denkst du? Ist Sam Gewalt ausgesetzt? Was ist Gewalt eigentlich, und warum betrifft sie überdurchschnittlich häufig Menschen mit Behinderung? Wie oft Menschen mit Behinderung von Gewalt betroffen sind, welche Formen von Gewalt es gibt und wie und warum es so häufig zu Gewalt an Menschen mit Behinderung kommt, das erfährst du in diesem Kapitel.

Risikofaktor: Behinderung

Menschen mit Behinderung sind um ein Vielfaches häufiger von Gewalt betroffen als nicht behinderte Personen.[1] Es ist davon auszugehen, dass Menschen mit Behinderung im Vergleich zu nicht behinderten Menschen ein mindestens zweieinhalbfaches[2] bis zwei- bis vierfach[3] erhöhtes Risiko haben, von Gewalt betroffen zu sein.

Cis Frauen mit Behinderung sind gefährdeter als cis Männer. Zu trans Personen gibt es leider keine Daten. Wenn wir im Folgenden von Frauen und Männern sprechen, sind cis Frauen und Männer gemeint. Generell berichten zwischen 68 und 90 (!) Prozent der behinderten Frauen, in ihrem Erwachsenenleben von psychischer Gewalt betroffen gewesen zu sein. Etwa doppelt so oft wie Frauen ohne Behinderungen. Von körperlicher Gewalt waren 58 bis 75 Prozent der behinderten Frauen betroffen. Auch hier ist die Zahl doppelt so hoch wie bei der Vergleichsgruppe. Sie sind außerdem zwei- bis dreimal so oft von sexualisierter Gewalt betroffen.[4] Unter den Frauen mit Lernschwierigkeiten erfahren 40 bis 70 Prozent noch vor der Volljährigkeit sexualisierte Gewalt.[5] Andere Studien sprechen davon, dass Frauen mit Behinderung zwischen zwei- und zehnmal so häufig von sexualisierter Gewalt betroffen sind. Betroffene Menschen mit Behinderung (jeden Geschlechts) erfahren generell mehr als einmal sexualisierte Gewalt. Die Hälfte sogar bis zu 10-mal.[6] Die Täter*innen sind fast immer Männer und den Betroffenen bekannt.[7]

Männer mit Behinderung sind ebenfalls häufiger von Gewalt betroffen als nicht behinderte Männer, sowohl von körperlicher (71 Prozent) als auch psychischer Gewalt (65 Prozent).[8]

Kinder mit Behinderung sind 3- bis 4-mal häufiger von Gewalt betroffen als nicht behinderte Kinder. Am schwersten betroffen, vor allem von sexualisierter Gewalt, sind Kinder mit psychischen Krankheiten und Lernschwierigkeiten.[9]

Formen von Gewalt an Menschen mit Behinderung

Gewalt hat viele Facetten. Manchmal ist sie ganz offensichtlich, zum Beispiel, wenn Menschen verletzt werden. Doch auch subtilere Formen von Gewalt existieren: Isolation, Vernachlässigung oder psychische Manipulation, um nur einige Beispiele zu nennen. Meist wird Gewalt grob in körperliche und psychische Gewalt eingeteilt. Je nachdem, von wem die Gewalt ausgeht, unterscheiden wir außerdem zwischen personaler, struktureller und kultureller Gewalt.

Ins Gesicht geschlagen zu werden ist personale Gewalt. Doch auch viele andere Arten von Gewalt können hierunter fallen. Immer dann, wenn die Gewalt von einer Person ausgeht und auf eine andere wirkt, wird von personaler Gewalt gesprochen. Diese kann sowohl körperliche (physische) als auch seelische (psychische) Gewalt sein. So fallen darunter etwa sexuelle Übergriffe, Nahrungsentzug, Freiheitsentzug, Körperverletzung, Mord, Totschlag, Vernachlässigung, Einschränkung der Selbstbestimmung und Über- oder Untermedikation ebenso wie Beschimpfungen, Mobbing, Isolation, Drohungen, Bestrafungen, Gaslighting und/oder Victim Blaming und Einschüchterungen.

Wenn dir ins Gesicht geschlagen wird, weil du ein unveränderliches Merkmal hast und bestimmte gesellschaftliche Gruppierungen Menschen mit deinem Merkmal als minderwertig ansehen, dann hast du nicht nur personale Gewalt erlebt, sondern außerdem strukturelle Gewalt. Strukturelle Gewalt bedeutet, dass Menschen aufgrund von sozialen Strukturen benachteiligt werden. Darunter fallen zum Beispiel die

Diskriminierung von Menschen mit Behinderung, Rassismus, Sexismus und vieles mehr. Menschen mit Behinderung begegnen im Alltag vielen gesellschaftlichen und physischen Barrieren, und beides fällt unter strukturelle Gewalt.

Beispiele für gesellschaftliche Barrieren sind etwa fehlende Untertitel und Audiodeskription für Filme, dass wichtige Dokumente und Medien nicht in Leichter Sprache verfügbar sind, Menschen keinen Zugang zu Hilfsangeboten, Bildung oder medizinischer Versorgung haben. Bei den physischen Barrieren sind es beispielsweise fehlende Rampen, zu schmale Türen oder Aufzüge, fehlende barrierefreie Toiletten oder Blindenleitsysteme sowie Webseiten, die nicht barrierefrei gestaltet sind.

Wird dir ins Gesicht geschlagen, weil man Menschen mit blauen Hüten in Deutschland schon immer ins Gesicht geschlagen hat, dann hast du neben personaler Gewalt auch kulturelle Gewalt erlebt. Kulturelle Gewalt nutzt gesellschaftliche Strukturen, um personale und strukturelle Gewalt zu rechtfertigen. Menschen mit Behinderung erfahren sie etwa durch Verkindlichung, wenn erwachsene Personen ihnen den Kopf tätscheln, weil sie im Rollstuhl sitzen, sie ständig die Begleitperson ansprechen statt die behinderte Person selbst. Auch Vorurteile und Stereotype sind eine Form von kultureller Gewalt. Beispiele hierfür können etwa lauten: «Menschen mit Behinderung sind unattraktiv» oder auch «Menschen mit Behinderung sind schwach».

Risikofaktoren für Menschen mit Behinderung

Menschen mit Behinderung haben aus einer Vielzahl von Gründen ein erhöhtes Risiko, von Gewalt betroffen zu sein. Beispielsweise sind Menschen mit bestimmten Behinderungen, wie kognitiven, neurologischen und psychischen Behinderungen, schwerer Mehrfachbehinderung, Blindheit oder Taubheit besonders häufig von Gewalt betroffen.[10] Das liegt auch daran, dass sie für weniger glaubhaft gehalten werden. Auch können Stereotype über behinderte Menschen gewaltvoll sein oder direkt zu Gewalt führen. Wie zum Beispiel das Stereotyp «Behinderte Menschen haben keinen Sex» und die Tatsache, dass nicht behinderte Menschen annehmen, sie würden der behinderten Person einen Gefallen tun, wenn sie intim mit ihr werden.

Das Leben in stationären Einrichtungen ist für behinderte Menschen wohl der größte Risikofaktor für Gewalt. Die Kombination von Bedingungen in diesen geschlossenen Systemen ist besonders gefährlich. Zum Beispiel fehlt es in den Einrichtungen in der Regel an Privatsphäre. Viele Menschen mit Behinderung leben dort in großen Gruppen, oft, ohne gefragt zu werden, mit wem sie zusammenleben möchten. Außerdem haben einige keinen Zugang zu privaten, verschließbaren Toilettenräumen.[11] Sie sind oft abhängig vom Pflegepersonal, was einen Missbrauch dieser Position wahrscheinlicher macht. Betroffene haben bei vermuteter oder erlebter Gewalt wiederum kaum einen Zugang zu existierenden Hilfsangeboten. Denk mal zurück an Sam aus unserem Beispiel. Sam hat nur ein Telefon, aber kaum jemanden, den sie anrufen könnte, um von erlebter Gewalt zu berichten. Sie hat kein Smartphone oder Zugang zum Internet, um sich zu erkundigen, wo sie Hilfe finden könnte. Sam hat außerdem kaum Möglichkeit, sich über Sexualität oder über sexuelle Gewalt zu informieren. Sie hat nur wenige Vertrauens- oder Bezugspersonen und kein Mitentscheidungsrecht bei vielen Faktoren, die ihre Lebensbedingungen beeinflussen. All dies trägt dazu bei, dass behinderte Menschen in stationären Einrichtungen häufig isoliert und so nicht nur einem erhöhten

Risiko von Gewalt ausgesetzt, sondern bei erlebter Gewalt mit ihren Erfahrungen auch meist alleine sind.

Fakten zu Gewalt in Einrichtungen

In einer Studie waren Frauen mit psychischen Erkrankungen, die in stationären Einrichtungen leben, besonders oft von Gewalt betroffen.[12] Tatsächlich erfuhren 45 Prozent der Frauen in psychiatrischen Einrichtungen sexuellen Missbrauch. 80 Prozent berichteten, dass sie Angst hatten, Opfer von Misshandlung zu werden.[13] Eine weitere Studie fand heraus, dass Frauen mit kognitiven und psychischen Behinderungen in stationären Wohneinrichtungen viel öfter von psychischer als auch von körperlicher Gewalt betroffen sind.[14] Gleichzeitig berichten unter den Menschen mit Lernschwierigkeiten mehr als ein Drittel davon, entweder von Gewalt betroffen oder Zeug*innen einer Gewalttat gewesen zu sein. 14 Prozent der befragten Pfleger*innen gaben sogar zu, selbst Gewalt ausgeübt zu haben.[15]

#AbleismusTötet

Denk mal drüber nach
Hast du schon einmal erlebt, dass Medien über Gewalt an Menschen mit Behinderung berichtet haben? Wie wurde darüber berichtet?

Der in Deutschland wohl bekannteste Fall von Gewalt an Menschen mit Behinderung in einer Einrichtung trug sich im April 2021 im Oberlinhaus in Potsdam zu. Eine Pflegerin ermordete vier Menschen mit Behinderung und verletzte eine weitere schwer. Spätestens zu diesem Zeitpunkt hörte vermutlich auch der Großteil der Dominanzgesellschaft zum ersten Mal von Gewalt an Menschen mit Behinderung. Doch was vielen Menschen nach wie vor nicht klar ist: Gewalt an behinderten Menschen ist alltäglich. Von vielen Medien wird sie jedoch entweder gar nicht erst erwähnt, oder es ist die Rede von Einzelfällen. In Bezug auf die Morde im Oberlinhaus verwendeten Journalist*innen beispielsweise das Narrativ der «Erlösung» der behinderten Menschen mit «unheilbaren Leiden».[16] Durch die Rechtfertigung von Gewalttaten und die Verbreitung von Stereotypen, die Behinderung als etwas Negatives und Unerwünschtes framen, werden Gewalttäter*innen bestärkt. Es entsteht der Eindruck, dass behinderte Leben weniger wert seien als alle nicht behinderten Leben. Doch es gibt keine Rechtfertigung, anderen Menschen Gewalt anzutun – ausgenommen, es geschieht aus Notwehr und zur Selbstverteidigung.

Um ein für alle Mal zu widerlegen, es handele sich bei diesen Gewalttaten um Einzelfälle, und um herauszufinden, wie häufig es tatsächlich zu Fällen von Gewalt in stationären Wohneinrichtungen kommt, haben sich im Juli 2021 Aktivist*innen und Journalist*innen zusammengetan und das Rechercheprojekt #AbleismusTötet gestartet. #AbleismusTötet sollte herausfinden, welche Gewaltfälle an Menschen mit Behinderung in stationären Wohneinrichtungen in den vergangenen zehn Jahren in Deutschland stattgefunden haben. Außerdem sollten Forderungen an die Politik formuliert werden, um Gewalt an behinderten Menschen in Zukunft zu reduzieren. Die Autorinnen dieses Buchs waren an dem Projekt beteiligt. Es lieferte einen Einblick in die schockierenden Zustände in deutschen stationären Einrichtungen. Die häufigste Gewaltform war sexualisierte Gewalt mit fast der Hälfte aller Fälle, die besonders oft Frauen mit Behinderung betraf. Dabei waren die Täter*innen meist männlich.[17]

Wie viele dieser Personen cis Frauen, nichtbinär oder trans waren, wissen wir nicht. Alle zugrunde liegenden Quellen gehen von einem binären Geschlechtsmodell aus.

Einige der Fälle blieben lange unentdeckt, weil zum Beispiel nur wenige Menschen den Mut oder die Kraft aufbrachten, sich gegen ein unmenschliches System zu stellen, unter anderem weil es an Anlaufstellen fehlt. Im Zuge unseres Rechercheprojekts haben wir uns deshalb angeschaut, an wen sich betroffene Personen, die in Einrichtungen leben, wenden können, wenn ihnen Gewalt widerfahren ist, sie Gewalt beobachtet haben oder sie sich von Gewalt bedroht fühlen. Viele Optionen gibt es leider nicht, vor allem dann nicht, wenn es sich bei den Täter*innen um das Personal einer Einrichtung handelt. Denn wegen des Machtgefälles, der bestehenden Abhängigkeitsverhältnisse und des akuten Mangels an externen, unabhängigen Hilfsorganisationen für Menschen in Einrichtungen, insbesondere für Menschen mit Lernschwierigkeiten, kommen solche Übergriffe meist erst viel später ans Licht. Oft geschieht dies nur, weil Dritte den Vorfall bemerkt haben. Die betroffene Person selbst sah oft keine Möglichkeit, von der Gewalt zu berichten.

Von den mehr als 100 Hilfsangeboten, die unser Team für #AbleismusTötet ausführlich befragt hat, gab es nur eine Handvoll, die barrierearm genug waren, um zumindest für einen Teil der Menschen mit Behinderung zugänglich zu sein. Aber nur ein Angebot berät auch Menschen mit Lernschwierigkeiten mit erhöhtem Unterstützungsbedarf. Halten wir fest: Für Menschen, die in Einrichtungen leben, ist es schwierig, sich überhaupt über verfügbare Hilfsangebote zu informieren. Für Menschen mit Lernschwierigkeiten kommen noch weitere Hürden hinzu, denn sie erhalten selten Zugang zu Informationen in Leichter Sprache. Und ohne Information keine Hilfe.

Normalerweise geben wir an dieser Stelle im Kapitel Tipps, was du tun kannst, doch das ist in Bezug auf Gewalt schwierig, weil es so viele verschiedene Empfänger*innen gibt (Betroffene, Angehörige und Mitarbeiter*innen, Mitbewohner*innen oder gar Täter*innen). Zum Glück hat sich die #AbleismusTötet-Redaktion die Mühe schon gemacht, und du kannst ausführliche allgemeine Handlungsempfehlungen für Mitarbeiter*innen, Mitbewohner*innnen, Angehörige und Betroffene unter www.ableismus.de finden. Eines ist klar: Menschen mit Behinderung müssen besser vor Gewalt geschützt werden. Wir haben einige zentrale Punkte zusammengetragen, die zeigen, was notwendig ist, um die Situation zu verbessern.

Das ist zu tun:

Auf Gewalt aufmerksam machen: Gewalt an Menschen mit Behinderung ist nicht selten, von Einzelfällen kann keine Rede sein.

Einrichtungen abschaffen: Stationäre Wohneinrichtungen bergen immer ein großes Gewaltpotenzial. Sie sind geschlossene Einrichtungen mit Abhängigkeitsverhältnissen und Machtgefällen. Nur wenn Menschen mit Behinderung außerhalb von solchen Einrichtungen leben können, wird dieses Gewaltpotenzial reduziert. Doch bis das möglich wird, müssen die existierenden Einrichtungen mehr tun, um ihre Bewohner*innen zu schützen, zum Beispiel durch effektive Gewaltschutzkonzepte, Gewaltschutzschulungen für Mitarbeiter*innen, Mitspracherecht der Bewohner*innen auf allen Ebenen, die Einführung von internen Hilfsangeboten und den Zugang zu externen Angeboten und die engmaschigen Kontrollen der Einrichtungen durch unabhängige Stellen.

Menschen mit Behinderung empowern: Vor allem Frauen und nicht binäre und binäre trans Menschen mit Behinderung sollten wissen, dass sie Gewalt nicht hinnehmen müssen, sondern dagegen vorgehen können. Sie sollten Zugang zu Selbstverteidigungs- und Selbstvertretungskursen haben. Gleichzeitig ist uns wichtig zu betonen, dass die Verantwortung nicht auf Betroffene abgewälzt werden darf!

Barrierefreie Hilfsangebote auf- und ausbauen: Es muss mehr Hilfsangebote geben, die zu allen Themen rund um Gewalt informieren und die ausdrücklich für Menschen mit Behinderung zuständig und zugänglich sind. Das heißt, die angebotenen Informationen und Hilfsangebote müssen in Gebärdensprache, Braille und Leichter Sprache bzw. Einfacher Sprache verfügbar sein.

Konsequenzen bei Gewalt fordern: Gewalttaten müssen Konsequenzen haben. Sie dürfen nicht unter den Teppich gekehrt werden. Gewalt an behinderten Menschen ist real und wiegt genauso schwer wie an nicht behinderten Menschen.

Wenn behinderte Menschen bereits Gewalt erlebt haben, was auf einen großen Teil der behinderten Menschen zutrifft, dann gilt es, ihnen zuzuhören und den Betroffenen zu glauben! Biete Unterstützung an, begleite sie zu Beratungsterminen und stelle Informationen ohne Barrieren zur Verfügung.

Informiere dich und hole dir Unterstützung! Häufig sind die ersten Anzeichen sexualisierter Gewalt nicht leicht zu identifizieren. Deshalb ist es wichtig, diese zu kennen und die betroffene Person gut zu beobachten. Hilfreich ist es auch, nachzufragen, ob sich die Person bedroht fühlt oder etwas mit ihrem Körper geschieht, das sie nicht möchte.

Behinderte Liebe, Sexualität und Familiengründung

Denk mal drüber nach
Findest du behinderte Menschen attraktiv? Kannst du dir vorstellen, mit einer behinderten Person intim zu werden, eine Beziehung mit ihr einzugehen oder ein Kind mit einer behinderten Person zu haben?

Noah: *Ich bin glücklich verheiratet mit einer tollen Frau. Sie ist gesund und nicht behindert. Aber ich sage dir, der Weg bis dahin war nicht einfach. Also nicht wegen mir und meiner Frau selbst, sondern eher wegen unseres Umfelds. Ich bin nämlich seit meiner Geburt behindert und nutze einen Rollstuhl. Und schon bevor ich mich überhaupt für Frauen interessiert habe, haben meine Eltern versucht, mich zu verkuppeln. Nicht aber mit nicht behinderten Frauen, sondern ausschließlich mit anderen behinderten Personen. «Ihr habt doch so viel gemeinsam», war vermutlich der Spruch, den ich am häufigsten gehört habe. Nicht, weil wir die gleichen Hobbys oder Interessen hatten, sondern nur, weil wir beide behindert waren. Mein erstes Date mit einer behinderten Frau war lustig. Ihre Eltern hatten sich mit meinen abgesprochen, und so waren wir beide eigentlich nur zusammen aus, weil wir es der Familie versprochen hatten, und nicht, weil wir uns bewusst für die Person entschieden hätten. Wir hatten auch sonst nichts gemeinsam. Ich spiele gerne Schach. Sie fand das langweilig. Ich liebe Reisen, vor allem ans Meer. Sie bleibt lieber zu Hause vorm Fernseher. Ich liebe Erdnüsse. Sie ist allergisch auf Erdnüsse. Eigentlich war unser Date von vorn-*

*herein zum Scheitern verurteilt. Wir haben uns trotzdem viel Mühe gegeben, nett miteinander gegessen und uns zwei Stunden durch ein Gespräch gequält, in dem wir über das Wetter oder die Nachrichten gesprochen haben. Wirklich erfüllt hat uns das beide nicht. Solche Dates hatte ich häufiger. Meine Eltern meinten es gut, bestanden aber darauf, dass nur eine behinderte Frau realistisch wäre. «Noah, mit deiner Behinderung ist das für nicht Behinderte schwierig. Das muss dir doch klar sein.» Nee, nichts ist klar. Vor ein paar Jahren schloss ich mich dann dem lokalen Schachclub an. Das war klasse, weil meine Behinderung dort keine Rolle spielte. Und ich wurde nur für das gesehen, was wichtig war: mein Talent für Schach. Claudia, meine heutige Frau, war dort schon länger Mitglied, und wir haben sofort geklickt. Vor allem, weil sich keine*r mit ihr messen wollte außer mir – die anderen wussten alle schon, dass es keinen Sinn hatte, weil sie viel zu gut war. Aber Herausforderungen stören mich nicht. Mit denen bin ich in meinem Alltag eh ständig konfrontiert. Und so habe ich mich als Sparringspartner für sie zur Verfügung gestellt. Schnell stellte sich heraus, dass Schach nicht das Einzige war, was wir gemeinsam hatten. Eigentlich hatten wir sogar zu 99 Prozent überlappende Interessen und Geschmäcker. Außer beim Sushi. Da bin ich raus. Nach dem Schachtraining sind wir dann öfter zusammen auf einen Drink in eine Bar und führten stundenlange Unterhaltungen. Schnell war auch für sie klar, dass da mehr war als nur Schach, und wir wurden ein Paar. Meine Eltern fielen aus allen Wolken, als ich ihnen davon erzählte. «Aber … wie soll das denn gehen?» «Weiß sie, was da auf sie zukommt?» Es folgten noch einige dieser negativen Kommentare. Wäre ich nicht behindert, hätten sie sich vermutlich gefreut. Aber weil ich behindert bin, sehen viele Menschen immer nur die Probleme, obwohl Liebe am Ende auch einfach nur Liebe ist. Ich wünschte, mein Umfeld würde das verstehen.*

Solche Erlebnisse kennen viele Menschen mit Behinderung, die sich entscheiden, nach einer Partner*innenschaft zu suchen und eine romantische Beziehung einzugehen. Warum Menschen mit Behinderung genauso gut nicht behinderte Menschen treffen können und warum niemand Angst davor haben muss, mit einer behinderten Person intim zu werden, das erfährst du in diesem Kapitel.

Dating

Dating – sei es, um eine*n Partner*in für eine romantische Beziehung oder für Sex zu finden – ist für die meisten nicht behinderten Menschen die normalste Sache der Welt. Seit Apps und Webseiten wie Tinder, Grinder, Okcupid und Co. die Welt erobert haben, ist es für die meisten Menschen noch einfacher geworden. Ah, dieses wunderbare Gefühl, wenn sich zwei Personen anziehend finden, wenn man die Hände nicht voneinander lassen kann und förmlich wie Magnete ständig zueinanderfindet. Halten wir fest: Verliebtsein ist, wenn es auf Gegenseitigkeit beruht, meist ein angenehmes Gefühl.

Partner*innenschaft und Beziehung nehmen für uns Menschen einen hohen Stellenwert ein. Wer sehnt sich nicht nach Nähe und Geborgenheit? Und ja, Liebe, Verliebtsein, Geborgenheit und Nähe können für jede Person anders aussehen. Manche wünschen sich Sex, andere eine Beziehung, und wieder andere möchten beides und mit mehreren anderen Personen. Und natürlich gibt es auch Menschen, die nichts von alledem möchten oder brauchen. Wir können nicht auf jedes Beziehungsmodell oder jede sexuelle und romantische Orientierung eingehen, möchten aber klarmachen, dass es viele verschiedene Möglichkeiten gibt, Beziehungen zu leben. Unterm Strich können wir aber feststellen: Menschen mit Behinderung bleiben Dating, Sex, Liebe und Familiengründung oft verwehrt. Wenn es um Dating geht, stehen sie vor großen Hürden, und das liegt hauptsächlich an vorherrschenden Stereotypen/Vorurteilen gegenüber Menschen mit Behinderung.

Wie du eben schon in Noahs Beispiel erfahren hast, gehen viele Menschen im Umfeld von behinderten Personen – oft auch Eltern oder andere Angehörige und Betreuungspersonen, Lehrer*innen usw. – davon aus, dass sie weder Sexualität noch sexuelles Begehren empfinden oder dass eine behinderte Person ausschließlich eine ebenfalls behinderte Person daten kann oder sollte. Es ist für viele Menschen schier unvorstellbar, dass eine behinderte Person mit einer nicht behinderten Person eine Beziehung eingehen könnte. Dabei sind behinderte Menschen nicht durch ihre Behinderung definiert. Sie ist nicht alles, was die behinderte Person ausmacht, auch wenn die Dominanzgesellschaft häufig so denkt. Behinderte Menschen können jede Person daten, auch eine Person, die mehr mit ihnen gemeinsam hat als nur die Behinderung. Überleg doch mal: Würdest du mit jemandem eine Beziehung eingehen, wenn sich beim Date herausstellt, dass die einzige Gemeinsamkeit zwischen dir und deinem Gegenüber die Leidenschaft für Fußball ist, ihr euch aber ansonsten wirklich bei jeder anderen erdenklichen Sache nicht einig seid? Ähnliches gilt auch für rein körperliche Beziehungen. Die meisten Menschen wünschen sich auch auf dieser Ebene eine gewisse innere Verbindung, und die entsteht meist durch Gemeinsamkeiten. Natürlich spricht auch nichts dagegen, wenn sich Personen mit Behinderung daten oder eine Beziehung eingehen.

Den meisten nicht behinderten Menschen käme es darüber hinaus überhaupt nicht in den Sinn, sich mit einer behinderten Person zu treffen. Die gängige Haltung scheint zu lauten: «Behinderte Menschen sind unattraktiv.» Demnach wären behinderte Menschen bemitleidenswert und nicht begehrenswert. Mit den Hashtags #DisabledPeopleAreHot[1] und #DisabledAndCute[2] halten behinderte Menschen in den sozialen Netzwerken allerdings schon länger dagegen. «Hey, uns gibt es auch, und wir sind genauso attraktiv wie nicht behinderte Menschen!»

Dennoch erschwert dieses Vorurteil das Dating für Menschen mit Behinderung, vor allem für all jene, die sichtbar behindert sind. Wer jetzt denkt: «Mensch, dann ist Dating mit unsichtbarer Behinderung ja ganz einfach.» Fehlannahme! Zwar können manche Menschen mit unsichtbaren Behinderungen selbst bestimmen, ob und wann sie ihre Behinderung offenlegen wollen, aber eine leichte Entscheidung ist das nicht. Wann ist denn ein guter Zeitpunkt, um dem Date zu sagen: «Hey, übrigens, ich bin außerdem schwer krank und/oder behindert.» Nicht unbedingt der beste Start in ein erstes Date, oder? Aber warten bis zur Hochzeit ist wahrscheinlich auch nicht die praktikabelste Lösung, oder? Und stell dir mal vor, du lebst nicht nur mit einer chronischen Erkrankung, sondern auch mit einer lebensverkürzenden Diagnose? Wie erklärt man das potenziellen Partner*innen?

Ähnlich verhält es sich auch bei Sexdates: zum Beispiel wenn die chronische Krankheit/Behinderung einen direkten Einfluss auf das Sexualleben hat, etwa weil die Person aufgrund chronischer Schmerzen nur bestimmte Positionen einnehmen kann oder weil die Person ein Stoma, einen künstlichen Darmausgang, hat. Über chronische Krankheit und Behinderung zu sprechen heißt, sehr private Details aus dem Leben preiszugeben und sich einer Person, die man meist noch nicht gut kennt, absolut verwundbar zu zeigen, ohne zu wissen, wie sie reagieren wird. Und nicht immer sind die Reaktionen positiv. «Nee, mit so was will ich nichts zu tun haben» oder «Sorry, aber das ist mir zu viel Verantwortung. Ich kenne dich ja kaum.» Das sind Sätze, die man als chronisch kranke Person häufig hört. Das tut weh und verstärkt internalisierten Ableismus, durch den behinderte Menschen irgendwann selbst glauben, nicht attraktiv zu sein, oder sich als nicht begehrenswert empfinden. Internalisierter Ableismus fängt meist schon viel früher an. Allein die Entscheidung, nicht behinderte Menschen zu daten, ist eine Überwindung von internalisiertem Ableismus. Oder überhaupt zu daten. Oder Sex zu haben. Weil es kaum Repräsentation oder positive Beispiele gibt.

Aus Angst vor Ablehnung entscheiden sich beispielsweise unsichtbar kranke/behinderte Person dann vielleicht dafür, die Behinderung für lange Zeit für sich zu behalten. Eine tiefe Bindung kann so kaum entstehen, da ein wichtiger Teil der Person stets außen vor bleiben muss. Das ist sehr anstrengend und kann zur Verschlechterung der Behinderung führen.

Neben diesen Stereotypen gibt es noch viele andere Barrieren, die den Weg zum erfolgreichen Dating versperren, wie zum Beispiel physische Barrieren: die fehlende Rampe am Restaurant oder der Fahrdienst, der fünf Minuten vor dem Date absagt, oder die barrierefreie Toilette, die kurzfristig für Menschen mit Mobilitätseinschränkungen geschlossen wurde. Oder die plötzliche Zustandsverschlechterung für Menschen mit chronischen Krankheiten und dynamischen Behinderungen. Und natürlich bestehen auch für Menschen mit Behinderungen, die ihr Verhalten oder die Kommunikation betreffen, zusätzliche Herausforderungen beim Dating. Um nur ein Beispiel zu nennen: So kann es für Personen mit Sprachbehinderung schwierig sein, ein Gespräch aufrechtzuerhalten, wenn das Gegenüber nur die Hälfte versteht.

Online-Dating reduziert einige dieser Barrieren zumindest für einen Teil der behinderten Menschen, aber auch die Onlinewelt hält einige Hürden und Herausforderungen bereit. Das kennt jede*r: Nie weiß man, wer sich wirklich hinter einem Profil verbirgt, und der angebliche «Ausdauersportler» kann sich als Couchkartoffel entpuppen. Auch die behinderte Person muss sich entscheiden: Will ich meine Behinderung schon im Profil offenlegen oder nicht? Wie man es macht, ist es falsch: Spricht man die Behinderung offen an, kann es sein, dass man wegen der vielen kursierenden Vorurteile gar keine Matches bekommt. Spricht man die Behinderung erst einmal nicht an, erlebt man vielleicht eine große Enttäuschung beim ersten Date. Und gerade auf Dating-Portalen für nicht behinderte Menschen kommt es besonders oft zu Ableismus.[3]

Aufgrund dieser Herausforderungen für Menschen mit Behinderung haben sich diverse Plattformen etabliert, die sich speziell an diese «Zielgruppe» richten – manchmal sind sie sogar unterteilt in bestimmte Formen von Behinderungen. Diese Dating-Seiten haben den Vorteil, dass man dort ausschließlich auf Gleichgesinnte trifft, die viele der Barrieren kennen. Das kann helfen, die Angst rund um Dating für behinderte Menschen abzubauen. Vor Sexismus und anderen Formen der Diskriminierung ist man aber auch dort nicht geschützt. Für Menschen, die noch zu anderen marginalisierten Gruppen gehören, ändert sich durch solche Plattformen nicht viel. Auch können diese Foren das Grundproblem nicht lösen. Denn wieder sind Menschen mit Behinderung in diesen Foren von der Dominanzgesellschaft separiert. «Schonräume» sind ein zweischneidiges Schwert, denn sie bieten zwar eine (relativ) sichere Umgebung für einen Teil der Menschen mit Behinderung, in denen sie ihre Behinderung nicht verstecken oder fürchten müssen, diskriminiert zu werden. Doch gleichzeitig werden sie so auch nicht von nicht behinderten Personen als gleichwertige Partner*innen wahrgenommen, und die vorherrschenden Stereotype bleiben erhalten oder werden gar noch unterstrichen.

Ob Online-Dating oder nicht, ob Sex, Beziehung, beides oder keines davon, die Barrieren hängen wie immer von der jeweiligen Behinderung ab. Und wie immer gilt: Für Menschen, die zu mehr als einer marginalisierten Gruppe gehören, wird es auch in der Dating-Welt komplexer.

Denk mal drüber nach

*Welche Bücher, Filme oder Serien kennst du, die Menschen mit Behinderung als Liebhaber*innen oder Eltern zeigen? Wie werden Liebesbeziehungen von Menschen mit Behinderung in den Medien dargestellt?*

Beziehung

Viele behinderte Menschen schaffen es aufgrund der genannten Hürden gar nicht erst, eine Beziehung zu finden und zu führen – ob mit einer Person mit Behinderung oder ohne. «Inter-abled»-Beziehungen, Beziehungen zwischen einer behinderten und einer nicht behinderten Person, sind in besonderem Maße stigmatisiert. Noch immer ist das Vorurteil, behinderte Menschen könnten oder dürften nur andere Personen mit Behinderung daten, dass Beziehungen zwischen Menschen mit unterschiedlichen Körpern nicht funktionieren können, so tief in der Dominanzgesellschaft verankert, dass es für behinderte Menschen schwierig ist, eine Person zu finden, die diese ableistische Haltung nicht vertritt.

Um zu zeigen, dass *inter-abled*-Beziehungen sehr wohl

funktionieren können, haben 2019 viele dieser Paare unter dem Hashtag #100outof100 Bilder in den sozialen Netzwerken geteilt. Der Hashtag war als Reaktion auf die Aussage des amerikanischen TV-Psychologen Dr. Phil entstanden, der behauptete, dass «100 von 100» aller Beziehungen zwischen behinderten und nicht behinderten Menschen scheitern. Weiter sagte er, dass ein*e Partner*in einer behinderten Person entweder «Liebhaber*in» oder «Pfleger*in» sein kann, aber nicht beides.[4] Es dürfte wenig überraschen, dass die Kommentare des Talkshowhosts für große Kritik und Widerspruch aus der Community der Menschen mit Behinderung und *inter-abled*-Paaren sorgten, die im Alltag häufig mit den benannten Vorurteilen konfrontiert sind.

Stell dir zum Beispiel folgende Situation vor: Du gehst mit deinem*deiner Partner*in nur kurz die Straße runter zum Kiosk, um eine Flasche Wein für ein romantisches Abendessen zu besorgen. Ihr tragt beide Jogginghosen, und die Haare sind zerzaust, weil ihr den ganzen Tag auf dem Sofa gelegen und Netflix geschaut habt. Ihr nehmt einander an der Hand und denkt euch nichts dabei. Plötzlich seid ihr der Mittelpunkt des Geschehens. Jede Person, die an euch vorbeiläuft, wirft euch mitleidige Blicke zu oder kommentiert eure Existenz mit einem: «Der muss reich sein. Sonst würde sie sich nicht mit ihm abgeben.» Eine andere Person sagt: «Die hat bestimmt Mitleid mit ihm.» Und wieder eine andere Person meint: «Was für eine Heldin. Die opfert sich ja regelrecht für ihn auf.» So oder so ähnlich erleben Menschen mit Behinderung den Alltag mit einem*einer nicht behinderten Partner*in. Natürlich «opfern» sich die nicht behinderten Partner*innen nicht für die Person mit Behinderung auf. Aber manchmal müssen Partner*innen pflegen, weil es nicht genug Unterstützung gibt. Sie wissen nicht, was ihnen an Unterstützung zusteht, oder ihnen wird gesellschaftlich suggeriert, für die behinderte Person verantwortlich zu sein. Oft sind es Frauen, die dann die Care-Arbeit übernehmen.[5]

Auch die behinderten Partner*innen selbst können Stereotype verinnerlicht haben. Wie du weißt, wird ihnen von der Dominanzgesellschaft vermittelt, sie seien eine Last für nicht behinderte Menschen oder, wie in Noahs Fall, sie seien als sichtbar behinderte Person nicht begehrenswert für eine*n nicht behinderte*n Partner*in. Diese Ansichten sind oft tief im Unterbewusstsein der behinderten Person verankert, sodass sie selbst denkt, sie könne oder solle keine Beziehung mit einer nicht behinderten Person führen. Das aufzubrechen ist unser aller Aufgabe. Menschen mit Behinderung bringen genauso viele Vorteile und natürlich auch Nachteile mit in Beziehungen wie nicht behinderte Menschen auch. Eine Beziehung zu führen ist immer auch Arbeit, völlig unabhängig von der Behinderung oder dem gelebten Beziehungsmodell. Beziehungen sind ein Geben und Nehmen, und das hat rein gar nichts damit zu tun, ob einer oder mehrere Menschen in einer Beziehung eine Behinderung haben oder nicht.

Sex

Kommen wir zum lustvollen Teil dieses Buches: Sex. Um das gleich vorwegzunehmen: Ja, auch behinderte Menschen wollen und haben Sex, und manche wollen und haben auch keinen Sex. Das ist bei behinderten Menschen nicht anders als bei allen anderen. Dabei kann Sex alles sein von Küssen über Streicheln bis hin zu Geschlechtsverkehr oder Selbstbefriedigung.[6] Dass behinderte Menschen keinen Sex haben wollen, ist ein besonders weitverbreitetes Stereotyp. Behinderte Menschen werden oft nicht als sexuelle Wesen oder als begehrenswerte Sexualpartner*innen gesehen. Dieses Absprechen von Sexualität hängt wieder damit zusammen, dass behinderte Menschen nicht als vollwertige Mitglieder der Gesellschaft gesehen und oft wie Kinder behandelt werden. Es ist ein Kreislauf: Indem man Menschen mit Behinderung die Sexualität abspricht, verkindlicht man sie, und verkindlicht man behinderte Menschen, geht man davon aus, dass sie keinen Sex haben. So wird das Stereotyp von Menschen mit Behinderung als nicht vollwertige Mitglieder der Gesellschaft verfestigt.

Unabhängig von negativen Stereotypen rund um Sex und Behinderung hat nicht jede behinderte Person Zugang zu Sex oder zum eigenen Körper! Die Barrierefreiheit in diesem Bereich wird selten thematisiert, obwohl Sex und Intimität für viele Menschen ganz selbstverständlich sind und ein Grundbedürfnis.[7] Vielen behinderten Personen hingegen bleibt Sex verwehrt, da manche Behinderungen dazu führen, dass die Funktionen verschiedener Teile des Körpers beeinträchtigt sind. Sexuelle Handlungen sind dann nur mit Hilfsmitteln oder der Unterstützung anderer Personen möglich, zum Beispiel in Form von Sextoys oder von Sexualassistenz und/oder Sexualbegleitung. Das sind speziell ausgebildete Menschen, die behinderten Personen helfen, ihre sexuellen Bedürfnisse zu befriedigen. In den Niederlanden werden diese beispielsweise vom Staat finanziert.[8] «Sex auf Rezept», wie es in Deutschland oft abfällig heißt, wurde auch hier in der Vergangenheit diskutiert, aber nie umgesetzt.[9] Die Sexualbegleitung fällt in Deutschland seit ein paar Jahren unter Sexarbeit, was für die Personen, die diese anbieten, stigmatisierend ist, denn sie müssen sich offiziell als Sexarbeiter*innen registrieren.[10] Während eine «reguläre» Pflegetätigkeit in der Öffentlichkeit als angesehene Arbeit gilt, ist das bei Sexarbeit anders. Sie ist in Deutschland noch immer tabuisiert. Menschen mit Behinderung und deren Sexualbegleitung werden durch die Kategorisierung als Sexarbeit eingeschränkt, da es in vielen Städten Sperrzonen gibt, in denen Sexarbeit verboten ist.[11] Der Zugang und Raum für sexuelle Handlungen werden für manche Menschen aber schon viel früher eingeschränkt. In frühester Kindheit vermittelt man Menschen mit Behinderung häufig, dass ihr Körper nicht ihnen selbst gehört. Für diese Menschen gehört es zum Alltag, dass andere über ihren Körper verfügen. Auch Stereotype wie «Dein Körper ist nicht schön, weil er nicht der Norm entspricht» verletzen und verändern die Sicht auf die eigene Sexualität drastisch.

Obwohl es eigentlich völlig inakzeptabel ist, eine Person nach der Funktion ihrer Geschlechtsteile zu fragen, hören Menschen mit Behinderung häufig: «Geht das bei dir überhaupt alles so?» oder «Wie läuft das denn im Bett? Muss sie dann oben sein?». Wenn es um die Penisse und Vulven von behinderten Personen geht, scheinen viele Menschen ihr erlerntes Wissen und ihre Manieren zu vergessen. Das haben behinderte Menschen mit trans Personen gemeinsam. Mit einer Person über Geschlechtsteile zu sprechen ist natürlich möglich, es sollten aber ein gewisses Vertrauensverhältnis und ein Einverständnis darüber bestehen. Denn vielleicht lernen wir uns erst einmal besser kennen, bevor wir uns über unsere Genitalien austauschen?

Halten wir fest: Personen, die zur Dominanzgesellschaft gehören, können meist frei wählen, wann, wo und mit wem sie Sex haben wollen oder wann sie sich selbst befriedigen. Sie können entscheiden, abends in der Bar jemanden für schnellen Sex zu finden oder eine*n Sexarbeiter*in aufzusuchen, oder sie können es lassen. Menschen mit Behinderung sind wie in fast allen Bereichen ihres Lebens dazu gezwungen, zu verzichten, auch wenn sie das vielleicht nicht wollen. Alle Menschen verdienen eine Wahl. Auch Sex ist Selbstbestimmung.

Familienplanung

Ein Kind mit einer behinderten Person: Geht das überhaupt? Na klar! Doch bei der Funktionsfähigkeit hören die Fragen längst nicht auf. Ist der Nachwuchs erst mal da, geht es richtig los: «Na, aber du kannst dich ja gar nicht um dein Kind kümmern» oder «Wer kümmert sich denn dann um das Wickeln?». Mit solchen Fragen sind Menschen wie Noah aus unserem Beispiel häufig konfrontiert. Ja, wer wickelt das Kind? In Noahs Beispiel könnte das der*die Partner*in übernehmen, wie auch in anderen Beziehungen die Aufgaben in der Kinderpflege geteilt werden, oder er könnte eine Erziehungsassistenz beantragen. Dennoch werden körperbehinderte Menschen, die sich für Kinder entscheiden, ständig dazu aufgefordert, ihre Kompetenz als Eltern unter Beweis zu stellen. Auch nicht behinderte Eltern machen die Erfahrung, dass Unbeteiligte ihre Kompetenz als Eltern in Frage stellen, bei Menschen mit Behinderung scheint die Schwelle für eine solche Einmischung in den Augen anderer aber noch niedriger zu sein und die Erwartungen zugleich sehr hoch. Da passiert es dann schon mal, dass ein Taubes Ehepaar beinahe das Sorgerecht für das ebenso taube Kind verliert, weil es sich als Eltern bewusst dagegen entscheidet, dem Kind ein Cochlea-Implantat einzusetzen – eine Entscheidung gegen einen medizinischen Eingriff, der nicht zwingend notwendig ist, denn der Sohn ist nicht schwer erkrankt und leidet, er ist gehörlos. Trotzdem sollen die Eltern mittels Jugendamt und Gerichtsverfahren dazu gezwungen werden, dem Kind eine Hörprothese einsetzen zu lassen, weil die behandelnden Ärzt*innen eine «Gefährdung für das Kindeswohl» sehen.[12] In diesem Beispiel entscheiden hörende Menschen, was gut oder schlecht für taube Menschen ist. Menschen, die selbst nicht zur Tauben Community gehören und die Erfahrungen dieser nicht teilen, fällen ein Urteil darüber, ob nicht hören zu können für ein Kind «gefährdend» ist. Dieses Beispiel illustriert eindrücklich das grundsätzliche Problem: Menschen außerhalb der Community entscheiden, was gut für die Personen in der Community ist. Es ist Ausdruck des Vorurteils, dass Menschen mit Behinderung nicht in der Lage seien, valide Entscheidungen für ihre Kinder zu treffen.

Kommen wir stattdessen zu den guten Nachrichten: Wenn es um Dating, Beziehung, Sex und Familiengründung geht, kann jede*r etwas tun, um die Situation für Menschen mit Behinderung zu verbessern.

Das kannst du tun:

Verstehe, dass Behinderung nur eine Eigenschaft einer Person ist. Nur weil jemand behindert ist, heißt das nicht, dass sie*er deshalb mit allen behinderten Menschen auf Erden befreundet ist. Ja, Behinderung kann (kulturell) verbinden, zum Beispiel wenn behinderte Menschen ähnliche Erfahrungen mit Ableismus gemacht haben und Halt und Unterstützung in der eigenen Community finden. Dennoch wird Behinderung alleine selten für eine Beziehung ausreichen. Wenn du also mit einer behinderten Person sprichst, dann reduziere sie nicht auf ihre Behinderung, sondern behandle sie wie jedes andere Date auch. Frage nach Hobbys, nach Interessen und finde heraus, ob ihr Gemeinsamkeiten habt. Wenn ja, super! Viel Spaß beim zweiten Date!

Frage dich, wo deine Vorurteile/Vorlieben herkommen. Denke kritisch darüber nach, warum du bestimmte Personen attraktiv findest und andere nicht. Warum gibt es so viele Menschen, die Schauspieler*innen anhimmeln, aber nicht die Reinigungskraft im Gebäude gegenüber? Am Ende mögen wir oft, was uns in den Medien als «schön» präsentiert wird. Dem kannst du entgegenwirken. Schau dich in deinem Umfeld um und frage Menschen, die dir nahestehen, was sie an ihrem*ihrer Partner*in schätzen und nicht missen wollen.

Sprich mit der Person mit Behinderung über deine Bedenken. Wir alle wissen, dass Dinge, die uns unbekannt sind, erst mal angsteinflößend sein können und uns zögerlich machen. Für viele nicht behinderte Menschen ist Behinderung ein ganz neues Thema, mit dem sie noch keine Berührungspunkte hatten. Trifft man zum ersten Mal eine behinderte Person, vielleicht auch noch in einem romantischen Setting im Rahmen eines Dates, kann das emotional herausfordernd sein. Bitte informiere dich zuvor selbst und dann frage mit dem entsprechenden Vorwissen spezifisch nach.

KAPITEL 3:

Privilegien & Abwehrmechanismen

Internalisierter Ableismus

Denk mal drüber nach
Was denkst du, passiert, wenn einer Person das ganze Leben lang Ableismus begegnet? Wie wirkt sich das auf die Person aus?

Amanda: *Ich sitze seit meiner frühen Kindheit im Rollstuhl und lebe mit einer Zerebralparese. Bis auf den Rollstuhl stehe ich aber voll im Leben – haha. Ne, aber mal im Ernst: Ich hatte wirklich Glück und bin recht privilegiert aufgewachsen im Vergleich zu anderen behinderten Bekannten. Ich habe eine Regelschule besucht, mein Abi gemacht und dann Vollzeit studiert. Ich weiß, dass das selten ist. Klar gab es da Diskriminierung. Welche behinderte Person erfährt denn keinen Ableismus? Also selbst die*der Privilegierteste unter den Behinderten gehört trotzdem zu einer marginalisierten Gruppe, und es gibt vermutlich keine behinderte Person, die nicht weiß, wie sich Ableismus anfühlt. Aber ich hatte in meinem Schul- und Universitätsumfeld immer viele Menschen um mich, die selbst zu verschiedenen marginalisierten Gruppen gehörten, und dadurch bin ich nach jeder schlechten Erfahrung immer weich gelandet. Nach* *dem Studium sah das anders aus, denn plötzlich war ich ein Teil des allgemeinen Arbeitsmarktes, und auf dem sieht man nicht ganz so viele Gleichgesinnte, aka Menschen im Rollstuhl. Viele haben keine Chance, sich überhaupt um einen regulären Job zu bewerben. Meine Eltern haben mich schon im Kindergarten bestärkt: «Lass dich nicht in eine Werkstatt abschieben.» Und ich habe hart daran gearbeitet, dass es dazu nicht kommt. Aber niemand hat mich darauf vorbereitet, wie es sein würde, wenn ich mich als eine der wenigen behinderten Menschen um eine Arbeitsstelle auf dem allgemeinen Arbeitsmarkt bewürbe. Zum ersten Mal war meine Behinderung ein Problem. Oder ich sollte wohl eher sagen, meine eigene innere Haltung zu meiner Behinderung war ein Problem. Sicher gab es die ein oder andere Absage wegen des Rollstuhls, oder Menschen reagierten überrascht, wenn ich beim Bewerbungsgespräch im Rollstuhl ankam, ohne dass ich meine Behinderung vorher erwähnt hatte. Noch schlimmer als die ganz offensichtliche Diskriminierung durch mein Umfeld war allerdings, dass ich mich selbst plötzlich anzweifelte. Ich dachte: Bin ich denn wirklich für diesen Beruf geeignet? Was, wenn meine Behinderung irgendwie stört? Und was, wenn ich ständig die Hilfe aller anderen brauche, während eine nicht behinderte Person den Job ganz eigenständig machen könnte? Über all diese Dinge hatte ich mir noch nie Gedanken gemacht. Wo kamen plötzlich all diese Zweifel her?*

Was Amanda beschreibt, ist internalisierter Ableismus: die Verinnerlichung der Diskriminierung, die Menschen mit Behinderung ständig erfahren. Im folgenden Kapitel erklären wir, was wir meinen, wenn wir von internalisiertem Ableismus sprechen, wie es zu internalisiertem Ableismus kommt und wie sich dieser auf das alltägliche Leben der Betroffenen auswirkt.

Was ist internalisierter Ableismus?

Stell dir vor, du wächst auf und siehst niemanden wie dich im Fernsehen, außer es geht um Krankenhäuser und Altenheime. Meistens siehst du nur das Hilfsmittel von Menschen, mit trauriger Musik unterlegt. In Serien sind Menschen wie du entweder gar nicht zu sehen, oder sie sind Opfer oder Bösewichte. Du weißt nicht, dass du alles werden und sein kannst, was du willst, weil es dir niemand sagt. Kinderbücher zeigen Kinder, die ganz anders aussehen als du und ganz andere Fähigkeiten haben. Du bist einfach unsichtbar, du hast keine Vorbilder. Und immer wieder wird dir gesagt, dass du halt «besonders» bist und deshalb alle «ganz vorsichtig» sein müssen.

Menschen mit Behinderung erfahren oft ein ganzes Leben lang Diskriminierung. Sie werden beschimpft und erniedrigt; ihnen wird suggeriert, dass sie nichts wert seien oder eine Last für ihr Umfeld. Und selbst wenn behinderte Menschen nicht ständig diskriminierende Erfahrungen machen, so wissen sie trotzdem um die vielen Stereotype rund um Behinderung, die zudem permanent in den Medien reproduziert werden. Menschen mit Behinderung werden wie andere Menschen auch direkt oder indirekt durch Worte und Taten konditioniert. Sie verinnerlichen dadurch meist unbewusst diesen Ableismus selbst. Und internalisierter Ableismus beeinflusst nicht nur das Denken, sondern auch das Handeln permanent. Wie? Das zeigen wir dir anhand einiger Beispiele.

«Ich bin weniger wert als andere.»

Diesen Gedanken kennen sehr viele Menschen mit Behinderung. Mit einer chronischen Krankheit/Behinderung zu leben bedeutet für viele Menschen, gewisse Einschränkungen im Alltag zu haben, die dazu führen können, dass die behinderte Person nicht so am Leben teilhaben kann wie nicht behinderte Menschen. Zum Beispiel können manche behinderte Menschen vielleicht nie alleine in den eigenen vier Wänden wohnen, leben bei Eltern oder Verwandten und müssen sich vor Fremden dafür rechtfertigen, warum sie als erwachsene Person (noch) zu Hause leben. Vielleicht kann die behinderte Person auch keinen gut bezahlten Vollzeitjob ausüben, muss deshalb Erwerbsminderungsrente beantragen. Die behinderte Person ist für nichts davon verantwortlich. Sie kann nichts dafür, dass in Deutschland barrierefreies Wohnen Mangelware ist, dass nicht jede*r ohne Schwierigkeiten Assistenz bekommt oder dass an Arbeitsplätzen so viele Barrieren existieren, dass oft nicht die Möglichkeit besteht, einen Job zu bekommen. Trotzdem muss die behinderte Person mit den negativen Kommentaren und Mikroaggressionen der Gesellschaft umgehen. Denn die Dominanzgesellschaft hat klare Vorstellungen davon, was «normal» ist und was nicht, und diese Vorstellungen kann eine behinderte Person oft nicht erfüllen. In vielen Bereichen definiert sich die Dominanzgesellschaft über Leistung und Statussymbole: Wer hat den besten Schulabschluss, wer ist die*der Stärkere beim Sport usw. Auch behinderte Menschen wachsen in dieser Kultur auf und sind konstant damit konfrontiert, dass sie in diesem Leistungssystem nicht «genug» sind. Eine Folge ist internalisierter Ableismus. Die behinderte Person empfindet beispielsweise Scham, weil sie kein eigenes Geld verdient oder keine eigene Wohnung bezieht. Sie fühlt sich minderwertig. Sich selbst für weniger wert zu halten als nicht behinderte Menschen hat nicht nur schwere Auswirkungen auf das eigene Leben, sondern auch auf das von anderen Menschen. Zum Beispiel denken manche Menschen mit Behinderung, sie seien es nicht wert, geliebt zu werden. Oder sie wären ihrem*r

Partner*in etwas schuldig, nur weil ihr Gegenüber mit ihnen in einer Beziehung ist. Aber eine Behinderung ist *nur eine* von vielen Eigenschaften einer Person. Sie macht die Person nicht aus. Dieser Gedanke, mit Behinderung sei man weniger wert, durchdringt von Kindesbeinen an alle Lebensbereiche von Menschen mit Behinderung, weil er von Anfang an durch die gesamte gesellschaftliche und öffentliche Darstellung von Behinderung bestätigt wird, und wirkt sich in Alltagssituationen ganz konkret auf sie aus, bis sie diesen Ableismus selbst verinnerlichen und sich so gegenüber nicht behinderten Personen minderwertig fühlen. Das ist natürlich nicht der einzige verinnerlichte Ableismus. Er äußert sich auch in einem Satz wie:

«Ich bin eine Last für andere.»

Wer nicht funktioniert wie die Dominanzgesellschaft, der*die ist eine Last. Stell dir mal vor, du fährst jeden Tag mit dem Bus zur Arbeit. Du kannst aber nicht wie alle anderen selbst einsteigen, sondern musst erst ewig warten, bis die Rampe für dich ausgefahren wird. Während die Rampe sich gefühlt in Zeitlupe senkt, starren dich die Dutzenden Mitfahrer*innen an. Sie rollen die Augen, weil sie warten müssen: Du stehst zwischen ihnen und ihrem gelingenden Arbeitstag. Für eine gefühlte Ewigkeit bist du ungewollt das Zentrum der Aufmerksamkeit, und das nicht im positiven Sinne. Du hörst die Leute flüstern, raunen, und manchmal fällt gar ein Kommentar wie: «Mann, du hältst uns alle auf.» Selbst wenn du dich zu diesem Zeitpunkt noch nicht als Last empfindest, die Menschen um dich herum tun das vermutlich, und sie lassen es dich auch spüren. Die meisten von ihnen ganz unbewusst. Jetzt stell dir vor, du musst dich dieser Situation jeden einzelnen Tag aussetzen. Was meinst du, wie lange es dauert, bis du dich als eine Belastung für andere siehst? Natürlich ist es nicht deine Schuld, dass der Bus nicht barrierefrei ist. Wäre unsere Umwelt inklusiver und barriereärmer, gäbe es solche Situationen vermutlich gar nicht, aber das ist sie nicht, und am Ende sind es die behinderten Menschen, die die negativen Konsequenzen zu tragen haben.

Ähnlich verhält es sich, wenn du von deinen Angehörigen gepflegt wirst. Da fallen dann schon mal Sprüche wie: «Mensch, deine Eltern, die sind solche Engel. Wie aufopferungsvoll die sich um dich kümmern. So eine Belastung muss man in dem Alter erst mal bewältigen können. Du kannst echt dankbar sein.» Menschen mit Behinderung wissen Assistenz- und Pflegepersonen zu schätzen. Diese Menschen sind für behinderte Personen unabkömmlich. Eine behinderte Person zu unterstützen macht jedoch niemanden zum*zur Heiligen, und behinderte Menschen sind keine Belastung, weil sie behindert sind. Es sind struktureller Ableismus und das Narrativ von Behinderung als Belastung, die dazu führen können, dass behinderte Menschen nur nach Unterstützung fragen, wenn sie dazu gezwungen sind. Manche riskieren gar eine Verschlechterung ihrer Gesundheit/Behinderung, bevor sie eine andere Person um Hilfe bitten, zum Beispiel, indem sie sich mit dem Rollstuhl einen langen Treppenaufgang hinaufziehen, weil mal wieder der Fahrstuhl ausgefallen ist.

«Vielleicht bin ich ein*e Hochstapler*in?»

Viele Menschen mit Behinderung werden ihr ganzes Leben lang von ihrem Umfeld angezweifelt und unterschätzt. Sie hören Kommentare wie: «Kann sie*er das wirklich?» Oder: «Ne, mach das mal lieber nicht, nicht dass du scheiterst.» Anhand von Amandas Beispiel kannst du sehen, welche Auswirkungen solche Sätze haben können. Die behinderte Person hinterfragt sich selbst – ganz unabhängig von der Qualifikation. Manche Personen mit Behinderung reden sich selbst in Bewerbungsgesprächen klein, weil sie sich aufgrund von internalisiertem Ableismus fragen, ob sie wirklich kompetent genug sind. Andere können schlecht mit Komplimenten umgehen, weil sie selbst nicht an sich glauben. Stell dir mal vor, über Jahre wurde dir eingeredet, du seist schlecht im Ballsport, weil du bei deinem letzten Fußballturnier aus Versehen eine Scheibe eingeschossen hast. Seit diesem Tag macht sich dein Umfeld über dich lustig. Und immer, wenn du doch den Mut aufgebracht hast, einen neuen Sport auszuprobieren, hieß es: «Ne, du bist doch eher der intellektuelle Typ. Spiel doch lieber Schach.» Jahre später findest du heraus, dass dir Basketballspielen richtig viel Spaß macht. Du bist auch die*der Spieler*in, die*der am meisten punktet. Statt die Freude am Spiel, die Erfolge und den Zuspruch anzunehmen, fragst du dich: Heißt das wirklich was? Bin ich wirklich gut im Basketball? Nach den vielen Jahren, in denen andere dir eingeredet haben, dass du nicht sportlich bist, vertraust du deiner eigenen Wahrnehmung nicht mehr. Ähnlich geht es Menschen mit Behinderung in allen Bereichen ihres Lebens. In der Konsequenz versuchen sie sich ständig zu beweisen, arbeiten im Job vielleicht doppelt so hart wie ihre nicht behinderten Kolleg*innen. Sie wollen zeigen, dass sie nicht nur genauso gut, sondern gar besser sind! Übrigens: Dieses «Sich wie ein*e Hochstapler*in fühlen» gibt es auch innerhalb der Community. So fühlen sich Menschen mit unsichtbaren und/oder dynamischen Behinderungen oft wie Hochstapler*innen, wenn sie sich in einer Gruppe sichtbar behinderter Menschen befinden. Sie denken dann, sie wären nicht behindert genug oder kein vollwertiger Teil der Community, weil sie im Vergleich zu anderen behinderten Menschen zum Beispiel keinen Rollstuhl nutzen, keine Assistenz haben und Dinge können, die das Gegenüber vielleicht nicht kann. Im Alltag erleben sie häufig, dass sie ja nicht behindert sein können, wenn sie nicht behindert aussehen, oder dass sie die Behinderung nur vorspielen, um sich Vorteile zu erschleichen. Dieses Gefühl, «nicht richtig dazuzugehören», ist für unsichtbar behinderte Menschen ein großes Problem, denn sie bewegen sich konstant zwischen den Welten: Einerseits sind sie nicht offenkundig genug krank oder behindert, um von anderen behinderten Personen als Menschen mit Behinderung wahrgenommen zu werden, und gleichzeitig sind sie zu chronisch krank/behindert, um ohne Schwierigkeiten einen Platz in der Dominanzgesellschaft zu finden. Doch Behinderung ist kein Wettbewerb, und die Sichtbarkeit der Behinderung oder der «Schweregrad» machen eine Person nicht zu einem mehr oder weniger vollwertigen Teil der Gemeinschaft.

Das waren nur einige wenige Beispiele dafür, wie sich internalisierter Ableismus in der Community ausdrücken kann. Sich dieser internalisierten Annahmen bei sich selbst und bei anderen bewusst zu werden kann helfen, sie Schritt für Schritt abzubauen.

Auswirkungen von internalisiertem Ableismus

Internalisierter Ableismus hat vor allem negative Auswirkungen auf die Psyche und die Identität der behinderten Menschen. Er kann dazu führen, dass sich die behinderte Person selbst anzweifelt, für «nicht genug», minderwertig oder wertlos hält. In der Folge kann es sein, dass sich die behinderte Person für ihre Behinderung schämt und glaubt, sie sei eine Last. Es kann zu Gefühlen von Frustration, Aggression und Depression kommen. Und zuweilen kann es dazu kommen, dass behinderte

Menschen ihre eigenen internalisierten Vorurteile auf andere Menschen in der Community projizieren.

Dabei kann internalisierter Ableismus auch das Handeln der betroffenen Person beeinflussen. Womöglich isoliert sich die behinderte Person von ihrem Umfeld, um nicht weiterer Diskriminierung ausgesetzt zu sein. Es ist durchaus denkbar, dass sie ohnehin annimmt, sie sei wertlos, und deshalb niemandem zur Last fallen will. Natürlich kann auch das genaue Gegenteil der Fall sein: Dann misst sich die betroffene Person andauernd mit anderen, um zu beweisen, dass sie eben nicht schlechter ist als andere, sondern im Gegenteil: sogar besser! Es ist auch möglich, dass die behinderte Person dabei alles tut, um dazuzugehören, und sich weit über die eigenen Grenzen treibt oder gar Dinge tut, die schädlich für die eigene Gesundheit sind.

Derweil werden Menschen mit unsichtbarer Behinderung ihre Behinderung vielleicht aktiv verstecken, um nicht aufzufallen. Andere, die sie nicht verstecken können, werden eventuell sich selbst gegenüber ableistisch sein, um ihren Mitmenschen zuvorzukommen, und möglicherweise richten behinderte Menschen die Diskriminierung auch nach außen und machen sich über andere in der eigenen Community lustig. Zugleich können sie aggressiv oder skeptisch gegenüber der Dominanzgesellschaft sein. Indem man über den eigenen internalisierten Ableismus reflektiert, kann dieser auch konstruktiv genutzt werden, um gegen Ableismus vorzugehen. Alles in allem: Internalisierter Ableismus kann sich auf verschiedene Weisen ausdrücken und hängt von den jeweiligen Erfahrungen, aber auch Privilegien einer Person ab. Internalisierter Ableismus müsste nicht sein. Ableismus an sich müsste nicht sein!

Das kannst du tun:

Als Betroffene*r:
Behinderung ist kein Wettbewerb. Auch wenn es schwer ist, vergleiche dich nicht mit anderen. Deine chronische Krankheit/Behinderung ist gleichwertig und genauso wichtig wie jede andere chronische Krankheit/Behinderung. Jeder Mensch hat unterschiedliche Talente und Fähigkeiten. Verstehe, dass das Konstrukt von «Stärken» und «Schwächen» auf einer gesellschaftlichen Norm basiert und manche Behinderungen sicher mit mehr Einschränkungen und Barrieren einhergehen als andere.

Du bist wertvoll; du bist genug! Der Wert eines Menschen hängt nicht von Leistungen oder angehäuften Statussymbolen ab. Wir sollten alle darauf achten, empathische Menschen zu sein, die gute Dinge tun und nicht über andere urteilen. Du bist genug, genau so, wie du bist. Als Mensch.

Du bist nicht das Problem! Ja, womöglich fühlt es sich für dich ständig so an, als seist du eine Last, weil du immer wieder ungewollt im Mittelpunkt stehst, zum Beispiel wenn du vor dem Bus auf die Rampe warten musst, während dich alle anstarren. Aber warum stehst du da überhaupt? Weil die Welt nicht barrierefrei ist. Nicht du bist das Problem. Versuche zu verinnerlichen, dass du wie alle anderen auch ein Recht auf Teilhabe hast.

Sprich über deine Gefühle. Ableismus und internalisierter Ableismus können Wut, Trauer und Frustration in dir auslösen, vor allem dann, wenn du glaubst, alleine damit umgehen zu müssen. In deiner Community findest du Menschen, die deine Erfahrungen und Gefühle teilen. Manchmal hilft es schon, mit jemandem zu sprechen, die*der dich fast ohne Worte versteht. Auch Allys in der Familie oder im Freund*innenkreis können gute Zuhörer*innen sein, und manchmal hilft auch eine professionelle Person, wie ein*e Therapeut*in, um mit belastenden Gedanken umzugehen.

Du bist nicht alleine! Mache dir bewusst, dass du in ziemlich guter Gesellschaft bist, denn jede Person, die nicht zur Dominanzgesellschaft zählt, also jede erdenkliche marginalisierte Gruppe, die mit Diskriminierung zu tun hat, kennt diese Verinnerlichung. Verstehe, dass Menschen, die zu marginalisierten Gruppen gehören, viel vereint, und finde heraus, auf welche Weise diese Menschen von Diskriminierung betroffen sind und wie sie damit umgehen. Wer weiß, vielleicht findest du neue Erkenntnisse, neue Coping-Mechanismen oder neue Freund*innen und Allys.

Sei ein Teil der Lösung. Urteile nicht über andere. Mache dir bewusst, dass dein internalisierter Ableismus auch dazu führen kann, dass du andere Menschen diskriminierst.

Sei gut zu dir selbst. Tue, was auch immer dir guttut und dir dabei hilft, dich von negativen Gefühlen abzulenken: Ein Bad, Zeit in der Natur, ein Treffen mit Freund*innen, Comfort Food, Meditation, Tagebuch schreiben und andere Self Care können helfen, Abstand zu gewinnen.

Denk mal drüber nach
Was ist gut daran, behindert zu sein? Was erfüllt dich mit Stolz, wenn du daran denkst, behindert zu sein? Wie hat deine Behinderung dein Leben positiv beeinflusst? Wer wärst du ohne deine Behinderung?

Als nicht behinderte Person:
Bestärke dein Gegenüber, wenn dir eine behinderte Person von ihren Erfahrungen mit Diskriminierung erzählt. Überlege, wie du dich mit dem Erlebten fühlen würdest, und dann höre aufmerksam zu, versuche zu verstehen und stelle die Gefühle deines Gegenübers nicht in Frage.

Sei die Person, die dein Gegenüber gerade selbst nicht sein kann. Sei die Person, die das Gegenüber daran erinnert, was sie*er in einer solchen Situation einer betroffenen Person raten würde. Sei der Mensch, der die behinderte Person daran erinnert, wie geliebt, geschätzt und stark sie ist. Manchmal hilft es schon, wenn eine geliebte Person ein nettes Wort übrighat.

Sorge für Ablenkung und positive Erfahrungen. Zeige deinem Gegenüber, dass nicht alle Menschen ableistisch handeln. Recherchiere und suche Orte, die barrierefrei erreichbar sind und die dein*e behinderte*r Bekannte*r/Freund*in genießen kann und an denen sie*er sich sicher fühlt.

Sei Teil der Lösung. Erkundige dich darüber, wie sich Ableismus ausdrückt, und überlege: Wann hast du selbst schon ableistisch gehandelt oder dich ableistisch ausgedrückt, ohne das zu wollen oder bewusst wahrzunehmen? Auch du kannst dafür sorgen, dass der Kreislauf durchbrochen wird. Achte deshalb auf deinen Sprachgebrauch und deine Handlungen gegenüber Menschen, die zu marginalisierten Gruppen gehören. Wenn du Ableismus beobachtest, sprich die Menschen darauf an, wenn das sicher möglich ist. Nur wenn wir alle lernen und unser Wissen weitergeben, können wir Ableismus langfristig reduzieren und damit auch dafür sorgen, dass die nächste Generation behinderter Menschen diesen Ableismus gar nicht erst verinnerlicht.

Das ewige Leid: behindernde Sprache

Karina: *Als ich nach meinem Abschluss als Journalistin meinen ersten richtig gut bezahlten Job bei einem Magazin ergatterte, hätte ich nicht glücklicher sein können. Nicht nur, dass ich endlich mit meinen Artikeln, die sich hauptsächlich um Menschen mit chronischen Krankheiten und Behinderungen drehten, ein breiteres Publikum erreichen würde, auch noch Geld damit zu verdienen, das hätte ich mir noch wenige Jahre vorher nicht erträumt. Als Journalistin mit Behinderung, die auf chronische Krankheit/Behinderung «spezialisiert» ist, war es nicht so einfach, an Aufträge in Medien zu kommen, die von einer breiten Öffentlichkeit gelesen werden. Viele meiner Pitches an Zeitungen wurden abgelehnt, mit der Begründung, dass das kein Thema sei, das die Leser*innen interessieren würde. Andere waren ganz direkt und meinten, mit Stories über behinderte Menschen ließe sich nur dann Geld verdienen, wenn sie außergewöhnlich inspirierend seien. Ansonsten hätte man dafür keine Verwendung. Doch dann kam eines Tages endlich die Zusage eines großen deutschsprachigen Magazins! Um Fachfrau in meiner Nische zu werden, hatte ich die Zeit während meines Studiums größtenteils damit verbracht, zu recherchieren, wie ich korrekt über Menschen mit Behinderung berichte und welche Dos und Don'ts ich beachten muss. Eigentlich war ich gut vorbereitet. Nach einem anfänglichen «Testartikel» über meine eigene chronische Erkrankung, für den ich fünf weitere Menschen zu Wort kommen ließ, erhielt ich vom Redaktionschef die Nachricht, dass man mich für sehr kompetent hielt und mir in der Zukunft gerne mehr Aufträge zukommen lassen würde. Wow, dachte ich, endlich werden meine Behinderung und die damit verbundene Expertise geschätzt, und ich kann mein erlerntes Wissen und meine Qualifikation nutzen,* *um meine Community zu unterstützen. Damals war ich überglücklich, dass ich die Chance hatte, als Journalistin über Behinderung schreiben zu dürfen. Doch die Freude hielt nicht lange an …*

Die meisten Medien wissen nicht, wie man korrekt über Menschen mit Behinderung berichtet. Warum ein großer Teil der Medien sich rund um die Uhr ableistisch gegenüber Menschen mit Behinderung verhält, weshalb Sprache so wichtig ist und wie man die Repräsentation von Menschen mit Behinderung in den Medien verbessern kann, das erfährst du jetzt.

«Ihr seid ja so inspirierend!»

Denk mal drüber nach
Wenn du in den Medien stets nur auf eine deiner Eigenschaften reduziert werden würdest, sagen wir auf deine Haarfarbe, wie würdest du dich fühlen?

Wenn nicht behinderte Menschen Serien oder Filme mit Personen mit Behinderung sehen, finden sie das oft inspirierend, und das nicht etwa, weil eine behinderte Person fünfmal den Mount Everest rauf- und runtergeklettert wäre, sondern schlicht, weil sie existiert. Die typische Präsentation einer behinderten Person in den Medien läuft in etwa folgendermaßen ab: Traurige Pianomusik spielt, das Bild schwarz-weiß, eine Person im Rollstuhl fährt eine Straße entlang. Der Erzähler aus dem Off raunt bedeutungsschwanger: «Richard K. leidet seit seiner Geburt an Zerebralparese, weshalb er an den Rollstuhl gefesselt ist. Trotz seiner schweren Beeinträchtigung besucht K. die Realschule.»

Wir gehen gleich noch auf die vielen sprachlichen Probleme ein, die in diesem einen Satz auftauchen, doch zuerst zurück zur «Inspiration». Eine Darstellung wie die von Richard K. in unserem Beispiel wird *Inspiration Exploitation*[1], «Inspirations-Ausbeutung» (früher *Inspiration Porn*), genannt und ist vermutlich die häufigste Form einer misslungenen Repräsentation von Menschen mit Behinderung in den Medien.

Der Ausdruck *Inspiration Porn* wurde 2014 von der Aktivistin Stella Young[2] geprägt, die in einem TED-Talk kritisierte, dass Menschen mit Behinderung in den Medien überwiegend als Inspiration für nicht behinderte Menschen gezeigt werden, etwa wenn sie alltägliche Dinge «trotz ihrer Behinderung» tun. Menschen mit Behinderung werden in solchen Beiträgen zu Objekten der Inspiration für nicht behinderte Menschen, und zwar ausschließlich aufgrund ihrer Behinderung statt aufgrund ihrer Individualität.[3] Eine solche Darstellung ist extrem schädlich, weil sie verschiedene ableistische Stereotype verstärkt wie zum Beispiel die Ansicht, Behinderung sei ein ganz furchtbares Schicksal und behinderte Personen seien weniger wert.

Der Begriff *Inspiration Porn* ist für diese Form der Ausbeutung nach wie vor die geläufige Bezeichnung, weil sie aber abwertend gegenüber Sexarbeiter*innen ist, nutzen wir von nun an den neutralen Begriff *Inspiration Exploitation.*[4] *Inspiration Exploitation* bezeichnet eine schlechte (und stereotype) Berichterstattung über behinderte Menschen in den Medien. Diese ist meist nicht von Journalist*innen beabsichtigt, sondern liegt vielmehr in der Unwissenheit über Themen wie Behinderung begründet.[5] [6] Wie nicht behinderte auch wollen Personen mit Behinderung für ihre Leistungen gesehen werden, statt auf ihre Behinderung reduziert zu werden. Diese ist nur *eine* Eigenschaft von vielen, wie zum Beispiel deine Haarfarbe nur eine von vielen deiner Eigenschaften ist. Niemand ist allein deshalb inspirierend, weil sie*er bestimmte körperliche Attribute hat. Ja, es stimmt, für Menschen mit Behinderung können alltägliche Aktivitäten mit mehr Hürden verbunden sein als für nicht behinderte Menschen. Häufig sind das Hürden, die nicht durch die Behinderung selbst, sondern durch die Umgebung der behinderten Person entstehen. Und das macht behinderte Menschen noch lange nicht zu einer Inspiration für nicht behinderte Personen.

Neben dem Held*innen-Stereotyp gibt es noch viele andere Narrative, die von Medien im Zusammenhang mit Menschen mit Behinderung immer wieder reproduziert werden. Wir haben einige Beispiele zusammengetragen, um dich für diese Narrative zu sensibilisieren:

Die behinderte Person sei …[7] [8]

- **bedauernswert und mitleiderregend oder immer das Opfer.** «Robert K. ist jeden Tag an den Rollstuhl gefesselt! Ein unvorstellbares Schicksal.»
- **unheimlich und eine Bedrohung.** «In der Einrichtung lebten nur Menschen mit aggressivem und herausforderndem Verhalten.» Solche Zeilen fallen oft im Zusammenhang mit Menschen mit psychischen oder neurologischen Beeinträchtigungen, die in den Medien als aggressiv oder unkontrolliert bezeichnet werden.
- **lächerlich.** «Als erwachsener Mann ist er nur 1,20 m groß. Beim Einkaufen kommt er nur hüpfend an das dritte Fach im Regal.»
- **eine Last.** «K.s Familie kümmert sich aufopferungsvoll um den auf Pflege angewiesenen Schwerstbehinderten.»
- **jemand, um den man sich ständig kümmern muss.** «Aufgrund ihrer schweren Behinderung ist sie rund um die Uhr auf die Hilfe anderer angewiesen, ohne die sie nicht überleben könnte.»

Nach wie vor sind die beiden dominierenden und persistierenden Narrative über behinderte Personen vor allem das des Opfers und des*der Helden*Heldin. Ein Grund dafür? Dramatische Geschichten generieren Klicks, und Klicks generieren für Zeitungen und Magazine Aufmerksamkeit und Geld. Eine derart überdramatisierte Berichterstattung trägt zu dem eingeschränkten Bild bei, das die Dominanzgesellschaft über das Leben mit Behinderung hat: ein Leben, das aufgrund der Behinderung besonders hart und herausfordernd oder eine Belastung sei. Dass viele Menschen mit chronischen Krankheiten/Behinderungen aber eigentlich ein genauso glückliches oder unglückliches Leben wie nicht behinderte Personen führen, das kommt in den Medien kaum vor. Die Folgen der Reproduktion dieser Narrative sind nicht zu unterschätzen. Hier ein einfaches Beispiel: Du bist eigentlich eine facettenreiche Person. Du magst verschiedene Sportarten, interessierst dich für Kultur, hast einen gut bezahlten Job, den du liebst, der dich manchmal aber auch stresst – das Übliche. Der einzige «Makel» in deinem Leben ist deine Haarfarbe. Die schimmert so seltsam bei einem bestimmten Lichteinfall. Im Alltag stört dich das aber nicht. Warum auch? Du kennst es ja nicht anders, und dein Leben ist schön. Dein Umfeld weiß von deiner außergewöhnlichen Haarfarbe, auch für sie ist das nichts Besonderes. Aber in den Medien heißt es plötzlich, Menschen mit deiner Haarfarbe hätten es wirklich sehr schwer, auch das Umfeld müsse viel auf sich nehmen, um mit dieser Haarfarbe umzugehen. Über Jahre hörst du in den Nachrichten nichts anderes mehr. Die Menschen um dich herum nehmen dich anders wahr und richten ihren Fokus nur noch auf diesen Fakt: Deine Interessen, deine Talente und all das, was dich ausmacht, rückt in den Hintergrund. Stattdessen denken sie vor allem an deine Haarfarbe und wofür sie steht. Kürzlich hat dich jemand ganz mitleidig angesehen. Noch dazu wirft man dich mit allen Menschen mit deiner Haarfarbe in einen Topf, dabei haben die Menschen mit deiner Haarfarbe alle ganz unterschiedliche Biografien und Persönlichkeiten. In den Medien wurden Menschen wie du so einseitig dargestellt, dass nun auch jede*r um dich herum dadurch beeinflusst wird. Genau das passiert, wenn in stereotyper Weise über Menschen mit Behinderung berichtet wird: Dieses Stereotyp setzt sich immer weiter fort und wirkt auf die Betroffenen zurück.

Historisch gesehen ist ein behindertes Leben in den Augen der Dominanzgesellschaft schon sehr lange weniger wert als ein nicht behindertes, und genau diese Sicht wird von vielen Medien durch eine tendenziöse Berichterstattung weiterhin verfestigt. Wird in den Medien also immer wieder davon berichtet, dass ein behindertes Leben sehr belastend und es nicht wert ist, gelebt zu werden, ist Behinderung für nicht behinderte Menschen weiterhin das schlimmste vorstellbare Schicksal. Und das hat weitreichende Konsequenzen. Ein solches Narrativ führt dazu, dass Eltern, die wissen, dass ihr ungeborenes Kind behindert zur Welt kommen wird, sich auch oder sogar vor allem aufgrund dieses Stereotyps gegen das Kind entscheiden. Wir sind dafür, dass die Entscheidung für oder gegen eine Schwangerschaft vollständig und alleine bei der schwangeren Person liegen muss, aber wenn diese Entscheidung ausschließlich darauf basiert, dass ein behindertes Leben in der Dominanzgesellschaft für nicht lebenswert gehalten wird, dann gilt es, dieses Narrativ zu überdenken, denn es entspricht nicht den Tatsachen. Wusstest du, dass heute (Stand 2023) laut Studien 54 Prozent[9] weniger Kinder mit Down-Syndrom zur Welt kommen, weil Pränatal-Screenings in Europa so weit verbreitet und immer leichter zugänglich sind?[10] Klar, Pränatal-Screenings können auch hilfreich sein, zum Beispiel wenn sich herausstellt, dass das Kind schwer krank ist und die vaginale Geburt nicht überleben würde, einen Kaiserschnitt aber schon. Oder es anderer medizinischer Vorbereitungen bedarf. Doch vielen werdenden Eltern fehlt eine gute Beratung, wie ein Leben mit einem behinderten Kind aussehen kann und welche Unterstützungen es gibt. Im Grunde ist also Ableismus im Alltag im Zusammenspiel mit der Geschichte der Grund, warum sich viele Eltern gegen ein behindertes Kind entscheiden. Auch der Triageplan während der Corona-Pandemie hat gezeigt, dass der Gedanke, ein behindertes Leben sei nicht lebenswert, in der Gesellschaft tief verankert ist. Während dieser Pandemie haben wir deshalb in Kauf genommen, dass behinderte Menschen für die «Freiheit» der Dominanzgesellschaft geopfert werden. Das sind Beispiele für Ableismus, der aufgrund von Stereotypen entsteht und weitreichende Folgen für behinderte Menschen hat. Aber auf diesen Extrembeispielen fußen viele weitere Konsequenzen, die sich auf den Alltag von Menschen mit Behinderung auswirken.

Du siehst: Wie über Menschen mit Behinderung gesprochen oder geschrieben wird, wirkt sich direkt auf ihren Alltag aus, deshalb achten viele Menschen aus der Community und Allys auch sehr genau darauf und pochen auf einen Wandel. Warum Sprache in diesem Zusammenhang eine so wichtige Rolle spielt, das erfährst du auf den folgenden Seiten.

«Er ist an den Rollstuhl gefesselt!»

Eine sensible Wortwahl ist wirklich in keinem anderen Bereich so ausschlaggebend wie bei der Berichterstattung über marginalisierte Gruppen im Journalismus. Sprache ist der zentrale Faktor, der nicht nur darüber entscheidet, wie behinderte Menschen von ihrem Umfeld wahrgenommen werden, sondern gleichzeitig auch, wie sie sich selbst sehen.[11] Ob sich Personen mit Behinderung selbst als Last wahrnehmen oder mit Stolz ein Teil der Community sind (*Disability Pride*)[12], daran haben Massenmedien einen großen Anteil.[13] Welche Worte Journalist*innen nutzen, um über behinderte Menschen zu sprechen, entscheidet darüber, was die Leser*innen über die Menschen mit Behinderung in Erinnerung behalten.[14] Anhand von unserem eingangs des Kapitels eingeführtem Beispiel zeigen wir dir, wie Sprache unsere Wahrnehmung formt:

> «Richard K. **leidet** seit seiner Geburt an Zerebralparese, weshalb er **an den Rollstuhl gefesselt** ist. **Trotz** seiner schweren Beeinträchtigung besucht K. die Realschule.»

Schauen wir uns die Wortwahl genauer an:

1. «An den Rollstuhl gefesselt»

In diesem Satz impliziert das Wort «gefesselt», die behinderte Person sei gezwungen, im Rollstuhl zu sitzen. Es wirkt, als wäre der Rollstuhl für die Person eine Last. Die Wortwahl drückt etwas Negatives aus. Wegen Sätzen wie diesem sehen die meisten nicht behinderten Menschen ein Leben im Rollstuhl als ein unerträgliches Schicksal. Dabei sind Rollstühle für deren Nutzer*innen oft genau das Gegenteil: Sie bedeuten Freiheit und Unabhängigkeit. Rollstühle erlauben deren Fahrer*innen die Teilhabe am Leben.

2. «Leidet unter»

Wenn du hörst, dass Richard K. an Zerebralparese leidet, wie stellst du dir sein Leben vor? Die Formulierung suggeriert, dass die Krankheit das Leben von Richard K. maßgeblich in negativer Weise beeinflusst: Er leidet an ihr. Und ja, so stellen sich viele Menschen das Leben mit Behinderung vor. Aber auch diese Annahme könnte nicht weiter von der Wahrheit entfernt sein. Menschen mit Behinderung sind genauso glücklich oder traurig und alles dazwischen wie nicht behinderte Menschen auch. Sie verbringen ihren Alltag nicht damit, unter ihrer Behinderung zu leiden. Wenn sie leiden, dann unter Dingen, unter denen auch andere Menschen leiden, wie zum Beispiel Liebeskummer oder einer Lebensmittelvergiftung.

3. «Trotz seiner schweren Beeinträchtigung besucht K. die Realschule»

Auch wird häufig davon gesprochen, dass die behinderte Person etwas trotz ihrer Behinderung schafft. Auch diese Wortwahl suggeriert, dass die Behinderung das Problem ist, obwohl das Umfeld und die bestehenden Barrieren die eigentliche Herausforderung sind. Menschen mit Behinderung machen nicht Dinge trotz, sondern einfach mit ihrer Behinderung, was dann auch als solches nicht erwähnt werden muss.

Wie könnte eine Formulierung aussehen, die auf die Reproduktion von Stereotypen verzichtet? Hier derselbe Satz in einer diskriminierungssensiblen Form:

> «Richard K. wurde mit Zerebralparese geboren und nutzt aufgrund seiner Behinderung einen Rollstuhl. K. besucht die Realschule.»

Wie verändert sich deine Vorstellung von Richard K.s Leben, wenn du den Satz in dieser Formulierung liest? Gar nicht mehr so dramatisch, oder? Vermutlich macht er sich als Aufhänger in einer Zeitung nicht mehr so gut. Das ist aber nicht das Problem von Menschen mit Behinderung. Die haben nämlich nicht darum gebeten, allein deshalb in der Zeitung zu landen, weil sie behindert sind. Und sie sind auch nicht dafür da, andere zu inspirieren. Der eigentliche Grund für den Artikel über Richard K. ist übrigens sein phänomenales Talent für Kunst, durch das er einen lokalen Preis gewonnen hat. Das wird im Artikel allerdings nur am Rand erwähnt. Dabei sollte der Schwerpunkt der Berichterstattung auf diesem Teil seiner Persönlichkeit liegen und nicht auf seiner Behinderung.

«An den Rollstuhl gefesselt» und «leiden unter» sind vermutlich die häufigsten sprachlichen Patzer, die in den Medien immer wiederauftauchen. Sie fallen in die Kategorie «stereotypische und inakkurate Repräsentation von Menschen mit Behinderung». Es gibt natürlich auch Wörter, die ein absolutes No-Go sind. Zum Beispiel, wenn Behinderung selbst zum Schimpfwort wird. Behinderungen zu nutzen, um andere abzuwerten, ist nie in Ordnung, und ein solcher Satz zeigt, wie tief das Narrativ von angeblich minderwertigem behindertem Leben in Gesellschaften verankert ist. Behinderungen als Beschimpfung zu verwenden ist dennoch nach wie vor gang und gäbe in der Dominanzgesellschaft, und obwohl verschiedene Formen der Diskriminierung gegen marginalisierte Gruppen immer mehr in den Fokus der Öffentlichkeit rücken, so scheint dies nicht für Ableismus zu gelten, denn viele Menschen merken nicht einmal, wenn sie oder jemand in ihrem Umfeld solche Aussagen tätigen.

Doch nicht bei allen Wörtern und Ausdrücken gibt es ein so klares Richtig oder Falsch wie im oben genannten Beispiel, denn Menschen mit Behinderung sind divers und haben eigene Präferenzen, wie sie benannt werden wollen. Manche behinderte Menschen haben zum Beispiel den Begriff «Krüppel» für sich selbst zurückgefordert und nutzen ihn als Empowerment. Wenn behinderte Menschen über sich selbst als Krüppel sprechen, unterscheidet sich das also von einer Situation, in der eine andere Person behinderte Menschen mit dem Begriff belegt. Manche Menschen mit Behinderung bevorzugen die *person-first*-Sprache. Dabei wird die Person zuerst als Person gesehen, und dann folgt die Behinderung.[15] Andere wiederum bevorzugen *identity-first*-Sprache. Dabei wird die Behinderung als Teil der Identität wahrgenommen. Viele Styleguides zum Thema Behinderung, etwa Richtlinien für Journalist*innen zur Gestaltung von Texten, nutzen ausschließlich *person-first*-Sprache, wohingegen die Meinung von Aktivist*innen mittlerweile eher in Richtung *identity-first* tendiert. Auch Autist*innen mögen meist *identity-first*-Sprache mehr, also lieber «Autistische Person» statt «Person mit Autismus».[16]

Gefloppt versus gekonnt: Formen der Repräsentation

Im Folgenden haben wir Beispiele für Repräsentationen von Menschen mit Behinderung in den Medien zusammengetragen und erklären kurz, warum die jeweilige Serie oder der Film behinderte Menschen akkurat oder inakkurat darstellt. Wir hoffen, dass du das nächste Mal, wenn du eine Person mit Behinderung im TV siehst, vielleicht eine andere Perspektive einnehmen kannst und schnell erkennst, wo Stereotype reproduziert werden.

Flopps

Film/Serie: *Afflicted (Doku-Serie, Netflix, 2018)*

Storyline: Mehrere Betroffene von komplexen und oft missverstandenen Erkrankungen wie ME/CFS, Borreliose und vielen anderen werden durch ihren Alltag begleitet.
Was ist problematisch? Die im Film gezeigten Betroffenen kritisierten, dass ihre Statements aus dem Kontext gerissen und fehlinterpretiert wurden. Außerdem wurde mehrfach die körperliche Ursache der Erkrankungen angezweifelt, eine typische Form der Darstellung von Menschen mit komplexen und nicht vollständig geklärten chronischen Krankheitsbildern, die dem Zweck der Dramatisierung dient.[17]
Wen betrifft es? Menschen mit schweren, meist unsichtbaren chronischen Erkrankungen.

Film/Serie: *Ein ganzes halbes Jahr (Literaturverfilmung, Liebesfilm, 2016)*

Storyline: Die junge Frau Louisa Clark wird «Pflegerin» des wohlhabenden Will Traynor, der seit einem Unfall gelähmt ist. Traynor möchte wegen seiner Behinderung sein Leben beenden, lässt sich aber von der Familie überzeugen, noch sechs Monate abzuwarten. Clark und Traynor verlieben sich, doch Traynor entscheidet sich nach Ablauf des halben Jahres trotzdem dazu, sein Leben zu beenden, weil er keine Last für Clark sein will.
Was ist problematisch? Kurz: alles. Von der «rettenden Pflegekraft» bis hin zu «ein behindertes Leben ist es nicht wert, gelebt zu werden» reproduziert der Film alle gängigen Klischees über behinderte Menschen. Der Film ist auf massive Kritik aus der

Community gestoßen, weil er abwertende Narrative verfestigt, den Tod als einzige Option darstellt, wenn man eine Behinderung im Laufe des Lebens erwirbt, und keine Alternativen aufzeigt.[18]
Wen betrifft es? Menschen mit Behinderung, insbesondere Rollstuhlfahrer*innen.

Film/Serie: ***The Witches* (*Literaturverfilmung, 2020*)**

Storyline: Eine Gruppe von Hexen will alle Kinder der Welt verschwinden lassen.
Was ist problematisch? Nicht die Handlung von *The Witches* steht in der Kritik, sondern die Handfehlbildung einer der bösen Hexen, die Fehlbildungen durch Ektrodaktylie ähnelte wodurch der Film den Stereotyp von Behinderung als etwas Bösem und Unheimlichem reproduziert.[19]
Wen betrifft es? Menschen mit fehlenden oder veränderten Gliedmaßen.

Film/Serie: ***Million Dollar Baby* (*Drama, 2004*)**

Storyline: Eine Boxerin wird bei einem unfairen Kampf von der Gegnerin zu Boden getreten, schlägt mit dem Nacken auf der Kante eines Stuhls auf und ist in der Folge vom Kopf abwärts gelähmt. Sie möchte so nicht leben und bittet ihren Trainer um aktive Sterbehilfe. Dieser kommt der Bitte nach einer kurzen Diskussion nach.
Was ist problematisch? Ähnlich wie bei «Ein ganzes halbes Jahr» lautet das Narrativ auch in diesem Fall, dass man mit einer Behinderung kein glückliches Leben führen kann und daher besser sterben sollte.

Wen betrifft es? Menschen mit Behinderung, insbesondere Menschen mit Querschnittslähmung.

Film/Serie: *Music (Drama, 2021)*

Storyline: Music ist ein nonverbales, autistisches Mädchen, das von ihrer Schwester nach dem Tod der Großmutter aufgezogen wird. Im ganzen Film werden Sequenzen von Tanz und Musik gezeigt, die vermitteln sollen, wie Music die Welt wahrnimmt.
Was ist problematisch? Produzentin Sia erhielt für ihren Film mehrfach massive Kritik aus der Autist*innen-Community, unter anderem weil Music von einer neurotypischen Person gespielt wurde, ein akkurates Porträt sei deshalb von vornherein nicht möglich gewesen, außerdem weil Music im Film körperlich fixiert wird, was für Autist*innen extrem schädlich ist.[20]
Wen betrifft es? Personen aus dem Autismusspektrum

Topps

Film/Serie: *Sex Education (Serie, Netflix, 2019)*

Storyline: Eine Gruppe Jugendlicher bietet an ihrer Schule «Sextherapie» an.
Was ist gelungen? Der Filmcharakter Isaac, der im Rollstuhl sitzt, wird gespielt von einem Schauspieler, der ebenfalls behindert ist. Die Darstellung von Sexualität als Mensch mit Behinderung ist akkurat und wirkt dem Narrativ entgegen, Behinderte hätten keinen Sex. Isaac ist zudem ein vielschichtiger Charakter.[21]
Wen betrifft's? Menschen mit Behinderung, vor allem mit körperlichen und sichtbaren Behinderungen.

Film/Serie: *Supernatural (Mystery-Serie, 2005)*

Storyline: Zwei Brüder jagen mystische Kreaturen, wie Monster, Dämonen, Vampire und Ähnliches.
Was ist gelungen? Im Laufe der Serie taucht der Charakter Eileen auf, die taub ist. Gespielt wird sie von einer ebenfalls tauben Schauspielerin, weshalb die Darstellung als akkurat erachtet wird.
Wen betrifft's? Taube Menschen.

Film/Serie: *NCIS New Orleans (Krimiserie, 2014)*

Storyline: Ein Team von Ermittlern jagt Kriminelle in New Orleans.
Was ist gelungen? Einer der Hauptdarsteller, Patton Plame, ist ein Rollstuhlfahrer. Gespielt wird er von einem behinderten Schauspieler. Die Darstellung wird als authentisch erachtet, weil der Fokus nicht auf der Behinderung liegt, sondern der Charakter ein gleichberechtigter Teil des Teams ist.[22]
Wen betrifft's? Rollstuhlfahrer*innen.

Nichts über uns, ohne uns!

Denk mal drüber nach
*Wie viele Journalist*innen mit Behinderung kennst du? Wo denkst du, sind die alle? Und wo sind die Hürden für Journalist*innen im Medienbereich?*

In Bezug auf die Medienrepräsentation (aber auch viele andere Bereiche) fordern Menschen mit Behinderung schon seit Jahrzehnten: *Nothing about us without us*, zu Deutsch: Nichts über uns, ohne uns. Dies ist einer der bekanntesten Slogans der Behindertenbewegung in Deutschland und den USA. In seinem Buch mit dem gleichnamigen Titel schreibt James I. Charlton, dass er die Aussage zum ersten Mal im Jahr 1993 von zwei südafrikanischen Aktivisten gehört habe.[23] Die wiederum berichteten, auf einer osteuropäischen Konferenz für Behindertenrechte darauf aufmerksam geworden zu sein. James I. Charlton hat den Slogan nachhaltig geprägt.

Dieser kann nicht nur für Menschen mit Behinderung, sondern er muss für alle marginalisierten Gruppen gelten. *Nothing about us without us* fordert ein, was für die Dominanzgesellschaft schon immer selbstverständlich war: gehört zu werden, eine Stimme zu haben und das Recht, mitentscheiden zu dürfen. Das gilt nicht nur für Belange im Zusammenhang mit Behinderung wie Barrierefreiheit oder Assistenz – wobei das ein guter Anfang wäre –, sondern auch für alle anderen Themen. Menschen mit Behinderung brauchen einen Platz am Tisch, ja, müssen dann aber auch wie alle anderen Menschen daran ernst genommen werden. Wie diese sind auch sie an vielen verschiedenen Themen interessiert, sei es am Fahrplan der öffentlichen

Verkehrsmittel, an der momentanen Bildungspolitik oder an der aktuellen Arbeitsmarktlage.

«Nichts über uns, ohne uns» bedeutet, dass Menschen mit Behinderung für sich selbst sprechen wollen. Eigentlich selbstverständlich, oder? Nicht für Menschen, die einer marginalisierten Gruppe angehören. Denn die Medien berichten meist ÜBER Menschen mit Behinderung, aber sprechen nicht MIT ihnen. Stattdessen reden sie mit Pädagog*innen, Familienangehörigen oder Pflegekräften. Viele Menschen mit Behinderung können für sich selbst sprechen, und immer wenn das der Fall ist, sollten sie das auch tun dürfen.

Nothing about us without us fordert also keine «Sonderrechte» für Menschen mit Behinderung, sondern die Gleichstellung mit der Dominanzgesellschaft. Außerdem empowert der Slogan Menschen mit Behinderung, für sich selbst einzustehen und nicht mehr zu tolerieren, dass jede*r über und für sie sprechen darf außer sie selbst. «Nichts über uns, ohne uns» nimmt den nicht behinderten Medienmacher*innen das Mikrofon aus der Hand und überreicht es jenen, die am besten über Behinderung, aber auch über viele andere Themen sprechen können: behinderte Menschen.

Wer kann über wen sprechen?

Stell dir vor, du bist auf einem Blind Date, ganz altmodisch in einem Restaurant mit Kerzenschein und all dem romantischen Kram. Dein Gegenüber scheint ganz nett zu sein, aber einen wirklichen Eindruck konntest du dir noch nicht verschaffen. Ihr kennt euch ja erst seit zehn Minuten. Die Person vom Service kommt an euren Tisch. Bevor du dir dein Lieblingsessen, Pizza, bestellen kannst, fällt dir dein Date ins Wort und bestellt dir ein Steak in Erdnusssoße. Was irgendwie nett und großzügig erscheinen soll, geht nach hinten los, denn du bist allergisch auf Erdnüsse. Dein Gegenüber weiß das noch nicht, da sie*er dich nicht gefragt hat und bislang auch noch niemanden kennengelernt hatte, der auf Erdnüsse allergisch ist. Die Person kann daher nicht wissen, dass sie etwas falsch gemacht hat. Du sprichst dein Date darauf an, dass du das Bestellen zukünftig gerne selbst übernehmen möchtest, weil du für dich selbst sprechen kannst und weil der Person offensichtlich das Wissen fehlt, um dir das Richtige zu bestellen, und sie dir dadurch einen allergischen Schock und einen Aufenthalt im Krankenhaus hätte bescheren können.

Du siehst, worauf wir hinauswollen, oder? In den meisten Fällen ist es nicht akzeptabel, ohne jegliches Hintergrundwissen für eine andere Person zu sprechen. Wie kann es also stattdessen klappen? Dürfen nur behinderte Menschen über Behinderung sprechen? Natürlich nicht! Die Community der Menschen mit Behinderung braucht starke Allys – Menschen, die selbst nicht zur Community gehören, sich aber für diese starkmachen. Dazu gehört auch das Wissen um Ableismus und wie man diesen vermeidet. Wer als nicht behinderte Person über Menschen mit Behinderung schreibt, sollte sich bewusst sein, dass er*sie ausschließlich aus der eigenen Perspektive als privilegierte Person spricht statt für die behinderten Menschen. Diese müssen für sich selbst sprechen.

Es ist toll, wenn möglichst viele nicht behinderte Menschen Allys sind, langfristig brauchen wir aber auch Medienmacher*innen mit Behinderung und mit diversen Hintergründen – sei es als Journalist*innen, Moderator*innen, Schauspieler*innen oder Kameramenschen. Denn nur so wird sich der oft von Stereotypen geprägte Diskurs über die Community verändern.

Leider sind Medien auch heute noch aufgrund unzähliger Hürden wenig divers. Das gilt nicht nur in Bezug auf Behinderung. Auch Menschen aus der LGBTQIA+ Community und *BIPOC* sind nach wie vor unterrepräsentiert in deutschen Nachrichtenredaktionen. Das dürfte nicht überraschen, denn wir haben es noch nicht einmal geschafft, dass weibliche Medienschaffende gleichberechtigt sind. In Deutschland lag der «Machtanteil» («nach Höhe der Führungsebenen gewichteter Frauenanteil») der Journalistinnen in den Jahren 2018/2019 zwischen 10 und 49 Prozent, diese verdienen nach wie vor nicht so viel wie ihre Kollegen.[24] Ähnlich mau sieht es auch in Führungspositionen aus. Reuters fand heraus, dass nur 22 Prozent der Führungspositionen in den Medien von Frauen besetzt sind.[25]

Es scheint offensichtlich, dass die Statistik, wenn sie bereits für Frauen eher schlecht ausfällt, für jede Person, die zu einer marginalisierten Gruppe gehört, noch viel mieser aussieht. Nach dem Motto «Was ich nicht weiß, macht mich nicht heiß» tauchen Medienmacher*innen mit Behinderung in Statistiken gar nicht erst auf. Eine Studie aus dem Jahr 2017 fand heraus, dass 14 Prozent der Journalist*innen im UK behindert sind.[26] Aktuelle Zahlen zu Deutschland sind den Autor*innen nicht bekannt. Dabei ist Diversität in Redaktionen so wichtig, denn sie verbessert die Qualität der Produktionen des Senders. Ein diverses Team, dem Menschen angehören, die Teil von marginalisierten Gruppen sind, zieht prinzipiell diversere Quellen für die eigenen Arbeiten heran.[27] Dadurch verbessert sich die Berichterstattung. Und das führt wiederum zu einem Vertrauenszugewinn auf Leser*innenseite.[28] Außerdem sind Menschen, die Teil einer marginalisierten Gruppe sind und dadurch gewisse Erfahrungen von Diskriminierung teilen, oft sehr viel engagierter bei ihrer Arbeit, weil sie die Community repräsentieren, zu der sie selbst gehören.

Um langfristig die Repräsentation von Menschen mit Behinderung in den Medien zu verbessern, gehört noch ein bisschen mehr dazu, als «nur» behinderte Menschen anzustellen – obwohl das ein guter Anfang wäre. Nichtsdestotrotz kann jede*r dabei helfen, die Situation von Menschen mit Behinderung (sprachlich) zu verändern!

Denk mal drüber nach

Welche ableistischen Sprüche oder Redewendungen fallen dir ein? Wann benutzt du sie? Welchen Kontext suggerieren sie?

Das kannst du tun:

Sag nicht …	**Sag stattdessen …**
«Ey, du bist doch behindert!»	«Ey, du verhältst dich schlecht.» (Oder sei einfach nett zu deinen Mitmenschen.)
«Bist du taub, oder was?»	«Würdest du mir bitte zuhören?»
«Sag mal, bist du blind?!»	«Pass bitte nächstes Mal besser auf.»
«Du bist so ein Psycho.» «Du bist irre.» «Du bist doch wahnsinnig.» «Du bist verrückt.»	«Du verhältst dich unangemessen.»

Sag nicht …	**Sag stattdessen …**
«Sie leidet unter …»	«Sie lebt mit …»
«Sie ist an den Rollstuhl gefesselt.»	«Sie nutzt einen Rollstuhl» oder «Sie ist Rollstuhlfahrerin».
«So wie du könnte ich nicht leben.»	«Kannst du mir davon erzählen, wie dein Leben aussieht?»
«Du bist so inspirierend.»	«Welche Hobbys/Sportarten/Aktivitäten machst du?»
«Behindi», «Spasti», «Krüppel» usw.	Mensch mit Behinderung/ behinderter Mensch
«Wieso sitzt du im Rollstuhl?»	«Ich würde supergern mehr über dich erfahren. Hast du Lust auf einen Kaffee? Ich lade dich ein.»
«Geistige Behinderung»	Mensch mit Lernschwierigkeiten

Spekuliere nicht; nimm nichts einfach an. Was auch immer du an Stereotypen über eine bestimmte Personengruppe im Kopf hast, ist vermutlich eben genau das: ein Stereotyp, und dieses wird auf die meisten Menschen nicht zutreffen. Stecke eine Person nicht sofort in eine Schublade, wenn du sie nicht kennst, sondern versuche stattdessen, deinen eigenen falschen Vorstellungen entgegenzuwirken und mehr über die Personengruppe zu erfahren.

Frag einfach! Wenn du mehr über marginalisierte Communitys erfahren willst bzw. eine Person bist, die aus professionellen Gründen über Communitys spricht, über die du wenig weißt, dann frage doch einfach die Expert*innen: Menschen aus der Community. Wichtig ist auch: Informiere dich selbst, bevor du fragst (nächster Schritt).

Recherchiere! Du hast Google? Dann kannst du auch selbst nachschlagen. Oder du spendest oder bezahlst Aktivist*innen, die dafür Ressourcen zur Verfügung stellen. Es gibt viele nützliche deutschsprachige und englischsprachige Ressourcen, mithilfe derer du dich erkundigen kannst, welche Begriffe man aktuell im Bereich Behinderung verwendet und welche so gar nicht gehen. Eine solche Seite ist zum Beispiel Leidmedien.de[29]. Ein englischsprachiges Äquivalent wäre das *National Center on Disability and Journalism*[30]. Werde ein Teil der Community.

Inklusion ist keine Wohltätigkeit

Denk mal drüber nach
Was denkst du, warum werden Menschen mit Behinderung als Wohltätigkeitsprojekt gesehen? Was trägt dazu bei?

Libby: *Ich bin mittlerweile seit zehn Jahren Rollstuhlfahrerin, kann aber wenige Schritte gehen. Aufgrund einer rheumatologischen Erkrankung, Morbus Bechterew, habe ich starke Schmerzen und Abnutzungserscheinungen, und mit Anfang 50 war es dann an der Zeit, einen Rollstuhl zu nutzen. Schon vor meiner Erkrankung war ich eine leidenschaftliche Rockerin. Ich war fast jedes Wochenende auf einem anderen Konzert, und die Musik füllte mein Leben aus. Auch wenn solche Veranstaltungen mit dem Rollstuhl schwieriger zu navigieren sind, versuche ich trotzdem, möglichst oft ein Teil meiner Rock'n-Roll-Community zu sein. Aber an manchen Tagen, so wie heute, frage ich mich, warum ich mir das alles antue. Ich war auf einem Konzert einer AC/DC-Coverband, das in einer großen ehemaligen Eislaufhalle stattfand. Schon vor Wochen habe ich zum ersten Mal bei den Veranstalter*innen angerufen, um zu erfragen, wie es um die Barrierefreiheit des Events stehe. Mir wurde versichert, alles sei rollstuhlgerecht. Ich solle mir keine Sorgen machen. Ich war skeptisch, aber die Hoffnung stirbt ja bekanntlich zuletzt. Als ich am Veranstaltungsort ankam, war es dann schnell vorbei mit der Hoffnung. Vor dem Eingang waren Dutzende von Stufen, der Aufzug defekt. Ich erklärte dem Kartenkontrolleur, dass ich gestern zum letzten Mal angerufen hatte, um sicherzugehen, dass das Event* *auch wirklich barrierefrei ist. Wusste zu jenem Zeitpunkt wirklich niemand, dass der Aufzug defekt war? Der Kartenkontrolleur telefonierte kurz, dann kam eine weitere Person dazu, die sich als Veranstalter identifizierte, und beide boten mir an, mich «einfach» zu meinem Platz zu tragen. Alleine die Vorstellung war für mich unangenehm und demütigend, mal abgesehen von der Gefahr für beide Seiten – für mich als behinderte Person, die aus dem Rollstuhl fallen kann, und die anderen, die den Rollstuhl tragen. Weil ich aber wirklich unbedingt am Konzert teilnehmen wollte, ließ ich mich dazu überreden. Unter den Blicken Hunderter Konzertgäste war ich circa zehn Minuten später auf meinem Platz. Die Veranstalter*innen hatten tatsächlich eine Rollstuhltribüne errichten lassen, aber um Raum einzusparen, war diese in der letzten, hintersten Ecke versteckt, und eine breite Säule versperrte mir die Sicht auf den Großteil der Bühne. Jetzt war ich wirklich sauer. Ich suchte erneut den Veranstalter auf und konfrontierte ihn: «Es kann doch nicht sein, dass ich über Wochen immer wieder anrufe, um mich zu erkundigen, und Ihnen sage, was ich brauche, damit die Veranstaltung für mich barrierefrei ist, und Sie versichern mir, das sei alles kein Problem. Und am Ende werde ich Stufen hinaufgetragen und wie ein Besen im letzten Eck abgestellt», sagte ich. Er reagierte abwehrend: «Jetzt hör mal, Kleines. Wir haben unser Bestes getan. Du bist die einzige Person mit so besonderen Bedürfnissen und kannst nicht erwarten, dass wir für dich den roten Teppich ausrollen. Weißt du, wie viel das kostet, und dann nur für eine Person? Dieser riesige Aufwand lohnt sich für uns doch gar nicht.» Wow, das tat weh. «Ich weiß auch gar nicht, was dein Problem ist. Ich bin sehr inklusiv. Sagt auch meine behinderte Nachbarin!» All diese Dinge höre ich leider nicht zum ersten Mal …*

Wie Libby geht es vielen Menschen mit Behinderung. Welche Argumente GEGEN Inklusion ständig genutzt werden und warum diese ableistisch und falsch sind, das erfährst du im folgenden Kapitel.

Was ist Inklusion?

Sprechen wir von Inklusion, dann meinen wir eine Gesellschaft, die für Menschen aller Hintergründe, Fähigkeiten und Identitäten offen und zugänglich ist. Das heißt, es müssen Barrieren in allen Bereichen abgebaut werden, sodass alle Menschen am alltäglichen Leben teilhaben können. Alle müssen die gleichen Chancen und den gleichen Zugang haben. Bei Inklusion geht es darum, Vielfalt wertzuschätzen und die Umwelt so zu verändern, dass alle Menschen zusammenleben können.[1]

Das Gegenteil von Inklusion ist die Exklusion, bei der bestimmte Personen oder Gruppen von dem Zugang zu Möglichkeiten, Ressourcen und vielem mehr komplett ausgeschlossen sind. Im Falle von Libby würde das bedeuten, dass Menschen mit Behinderung der Zugang zu Konzerten grundsätzlich verwehrt wird.[2] Auch die Separation bildet einen Gegenpol zur Inklusion. Sie ist eine Form der Exklusion.[3] Bei der Separation bilden sich verschiedene Gruppen basierend auf deren Eigenschaften oder Fähigkeiten, die untereinander keinerlei Überschneidungspunkte haben. Im Falle von Libby würde das bedeuten, dass sie zwar auf ein Konzert gehen könnte, aber nur auf eines, das ausschließlich für Menschen mit Behinderung stattfindet und auf dem nur behinderte Menschen anwesend sind. Bei der Integration hingegen sind Personen mit unterschiedlichen Hintergründen als Gruppen in eine größere Gruppe eingebunden, ohne dass dabei die Umwelt an die persönlichen Bedürfnisse angepasst ist.[4] Die Menschen dieser Gruppen dürfen teilhaben, aber nur dann, wenn sie können. Beispielsweise ist

Libby in unserem Beispiel integriert. Sie kann auf das Konzert gehen, allerdings nur, wenn sie bereit ist, sich tragen zu lassen. Inklusion wiederum unterscheidet sich von der Integration, denn sie strebt danach, eine Gesellschaft zu erschaffen, in der alle Menschen ungeachtet ihrer Unterschiede gleich sind und in der alle dieselben Chancen haben. Das geschieht, indem die Umwelt angepasst wird. Inklusiv wäre das Konzert für Libby dann, wenn der Fahrstuhl funktionieren würde und sie ihren Sitzplatz frei wählen könnte wie alle anderen auch.

Eine inklusive Gesellschaft ist eine, in der …[5]

- jede*r anerkannt und respektiert wird,
- die Individualität jeder einzelnen Person berücksichtigt wird,
- jede*r gleiche Rechte besitzt und Zugang zu allen Teilen der Gesellschaft erhält,
- und unterstützende Ressourcen koordiniert und ständig reflektiert werden.[6]

Leider sind wir auch heute noch weit weg von Inklusion. Dafür gibt es viele Gründe. In dem Beispiel scheinen diese Gründe schon auf. Wir gehen im nachfolgenden Text auf einige der typischen Abwehrmechanismen ein, die dazu führen, dass Inklusion so langsam voranschreitet, und darauf, wie sich diese Mechanismen aushebeln lassen.

«Inklusion ist anstrengend.»

Das ist vermutlich das häufigste Argument, das Menschen mit Behinderung hören, wenn sie auf fehlende Barrierefreiheit hinweisen. Ähnliches hören auch viele behinderte Menschen, wenn niemand beim Einsteigen in die Bahn assistiert oder sie wieder keinen Platz in einem der Wagen bekommen. Eigentlich ist Inklusion immer nur dann anstrengend, wenn man es nicht gewohnt ist, an Barrierefreiheit zu denken oder sie umzusetzen. Aller Anfang ist schwer, aber so ist das mit allen Dingen im Leben. Niemand wird morgens aufstehen und sich denken: «Ach, so einen Marathon laufen, das mache ich jetzt ganz spontan. Strengt mich nicht an.» Alles, was für uns Menschen neu ist, ist zuerst mit Arbeit verbunden, aber die zahlt sich meistens aus. Wenn es dann zur Gewohnheit geworden ist, jeden Morgen um 5 Uhr aufzustehen und eine Stunde laufen zu gehen, dann fühlt sich auch das irgendwann nicht mehr wie Arbeit an, und auch einen Marathon zu laufen erscheint nicht mehr wie eine unüberwindbare Hürde. So verhält sich das auch mit Inklusion. Wir müssen sie uns zur Gewohnheit machen. Es gibt verschiedene Konzepte, die dabei helfen können.

Disability Mainstreaming

Eines dieser vielversprechenden Konzepte ist *Disability Mainstreaming*, bei dem Menschen mit Behinderung und Barrierefreiheit immer und überall mitgedacht und berücksichtigt werden, in allen Bereichen des Lebens.[7] *Disability Mainstreaming* gleicht *Gender Mainstreaming*, bei dem die verschiedenen Auswirkungen von bestimmten Situationen und Entscheidungen auf die verschiedenen Geschlechter bewusst wahrgenommen werden.[8] Beim *Disability Mainstreaming* geht es darum, behinderte Personen als Teil menschlicher Vielfalt anzuerkennen, Menschen mit Behinderung gleichzustellen und zu emanzipieren. Dabei wird besonders darauf geachtet, Menschen mit

Behinderung zu beteiligen, um zu ermöglichen, dass sie ihre Interessen selbst vertreten können. *Disability Mainstreaming* ist in allen Bereichen des Lebens von Menschen mit Behinderung wichtig, ganz besonders aber immer dann, wenn es um Barrierefreiheit geht! Denn häufig sehen Menschen ohne Behinderung nicht unbedingt dieselben Barrieren wie Menschen, die über gelebte Erfahrung als behinderte Person verfügen. Wird von *Disability Mainstreaming* in der Arbeitswelt gesprochen, dann bedeutet das, dass ein Unternehmen Behinderung als Merkmal von Vielfalt sieht und Arbeitgeber*innen versuchen, Menschen mit Behinderung aktiv zu erreichen, und sich stets fragen, wie sie für mehr Barrierefreiheit und Inklusion im eigenen Betrieb sorgen können. Auch muss sich ein Unternehmen fragen, wie seine Produkte so gestaltet werden, dass alle Menschen sie benutzen können.

Disability Mainstreaming hat viele Vorteile. Kommt es zur Anwendung, wird Inklusion wirklich gelebt, statt sogenanntes *Purplewashing* zu betreiben. Es ermöglicht, dass Menschen mit verschiedenen Perspektiven zusammenkommen, sich gegenseitig beeinflussen, Wachstum verursachen – auf individueller, kultureller und struktureller Ebene.

«Inklusion lohnt sich nicht» oder «Inklusion ist zu teuer»

Diese beiden Abwehrmechanismen gehen Hand in Hand, daher fassen wir sie zusammen. Dass sich die Anstrengung nicht lohnen würde für die wenigen behinderten Menschen oder dass Maßnahmen viel zu teuer seien, gemessen an den wenigen Menschen, die davon profitieren würden, fußt auf dem Gedanken, Inklusion sei ein freundliches Entgegenkommen. In beidem spiegelt sich tief verankerter Ableismus. Libby ist auf der Veranstaltung vielleicht eine von wenigen Menschen mit Behinderung, was beim Veranstalter den Eindruck erweckt, der Aufwand einer Fahrstuhlreparatur sei sehr groß und teuer im Verhältnis zum tatsächlichen Nutzen, dabei setzt er nur andere Prioritäten. Viel Geld gibt er beispielsweise für die Dekoration, eine Feuershow und schicke und gut ausgerüstete Bars aus. Inklusion und Barrierefreiheit behandelt er nachrangig, dabei nützen Inklusion und speziell Barrierefreiheit so vielen Menschen. Außerdem gibt es mittlerweile ganz konkrete Richtlinien für Veranstalter*innen.[9] Sich an diese nicht zu halten ist diskriminierend und verstößt im Zweifel gegen das Grundgesetz: «Niemand darf wegen seiner Behinderung benachteiligt werden».

Der *Curb-Cut*-Effekt

Die Denkweise, Inklusion sei zu teuer oder nicht lohnenswert, weil Maßnahmen sich nur auf so wenige Menschen positiv auswirken würden, ist falsch: Menschen mit Behinderung meiden häufig Veranstaltungen, von denen sie nicht wissen, ob sie barrierefrei sind, oder auch jene, von denen sie wissen, dass die Barrierefreiheit nicht gewährleistet ist. Das beruht auch auf negativen Erfahrungen, die sie im Laufe ihres Lebens gesammelt haben. Wir haben im Kapitel über Barrierefreiheit schon davon geschrieben, dass blinde Menschen nicht ins Kino gehen, wenn sie wissen, dass es keine Audiodeskription gibt. So ähnlich verhält es sich auch mit anderen Bereichen. Wäre Inklusion die Norm, dann wären vermutlich auch auf Libbys Rockkonzerten mindestens 15 Prozent behinderte Menschen anwesend. Das entspricht dem Durchschnitt von behinderten Menschen in der deutschen Gesellschaft.

Barrierefreiheit ist zudem nicht nur für behinderte Menschen wichtig. Von einem funktionierenden Fahrstuhl profitieren viele andere nicht behinderte Menschen: Mütter mit kleinen Kindern oder Kinderwagen, ältere Menschen oder Menschen mit Gepäck, Personen, die akute Verletzungen wie einen Beinbruch haben, Menschen mit Fahrrädern oder Einkaufstüten usw. Dieses Prinzip nennt sich *Curb-Cut*-Effekt. Vom *Curb-Cut*-Effekt spricht man, wenn Dinge, die ursprünglich für Menschen mit Behinderung entwickelt wurden oder gedacht waren, unerwartet allen Menschen zugutekommen. Der englische Begriff *curb* heißt übersetzt «Bordstein», und *Curb Cut* bezieht sich auf die Absenkung der Bordsteine, deren Einführung wir einem langen, unermüdlichen Kampf für und von Menschen mit Behinderung zu verdanken haben. Inzwischen schätzen viele Personen diese Entwicklung, denn von einem niedrigen Bordstein profitieren allerlei nicht behinderte Personen, zum Beispiel jene mit Rollkoffern, Kinderwagen und Bollerwagen, Fahrrädern und E-Scootern.[10] Auch Spracherkennungstools wie Alexa, die schon lange im Mainstream angekommen sind, bieten nicht nur behinderten Menschen Vorteile. Früher erkannte man in solchen Umfeldssteuerungen «nur» eine Hilfe für Menschen mit Mobilitätseinschränkungen, die so beispielsweise via Sprachbefehl das Licht selbst ein- und ausschalten oder den Fernseher bedienen konnten. Doch mittlerweile sehen auch nicht behinderte Menschen großen Nutzen darin, nicht mehr nach der Fernbedienung suchen zu müssen, sondern ganz praktisch, während man beispielsweise gerade das Gemüse für das Abendessen schnippelt, die Lautstärke des Fernsehers zu erhöhen. Ein weiteres Mainstreambeispiel sind Untertitel, die für schwerhörige oder taube Menschen unabkömmlich sind, um Zugang zu Inhalten aus Videos, Radio- oder anderen Audioaufnahmen zu haben, doch schaut man sich heute mal in der U-Bahn um, merkt man schnell, dass der Großteil der Menschen dort Videos mit Untertiteln anschaut, um die Mitfahrer*innen nicht durch die Tonspur zu stören. Oft merkt man erst durch solche Beispiele, wie hilfreich Barrierefreiheit für alle ist.

«Ich kann nicht ableistisch sein! Ich habe eine Freundin mit Behinderung!»

Dieser Satz ist das Äquivalent zu «Ich kann kein Rassist sein, ich habe nämlich eine *Person of Color* im Freund*innenkreis». Oder wie wäre es mit: «Ich bin total tolerant. Der Sohn meiner Tante ist schwul, und ich habe schon oft mit ihm gesprochen!» Wohl jede marginalisierte Gruppe kennt diesen Abwehrmechanismus. Viele nicht behinderte Menschen denken, wenn sie eine Person kennen, die zu einer bestimmten Gruppe gehört, dann kennen sie alle. Sie denken auch, dass sie nichts falsch gemacht haben können, weil sie bisher nicht kritisiert wurden. Äußert sich dann jemand wie Libby kritisch – vielleicht gar vor anderen Menschen, sodass sich das Gegenüber bloßgestellt oder beleidigt fühlt –, verfällt das Gegenüber häufig in eine abwehrende, verteidigende Haltung. Diese Abwehrhaltung wird auch als *Abled-Fragility* bezeichnet.

Abled-Fragility

Im Deutschen bedeutet *Abled-Fragility* so viel wie «nicht behinderte Zerbrechlichkeit». *Abled-Fragility* bezeichnet eine abwehrende wütende Reaktion von nicht behinderten Menschen gegenüber behinderten Menschen, wenn diese ihnen erklären, warum ihr Verhalten ableistisch oder exklusiv und falsch war. In unserem Beispiel hat der Veranstalter auf diese Weise reagiert, um davon abzulenken, dass er behinderte Menschen von einer Veranstaltung ausgeschlossen hat. Anstatt seinen Fehler – die Entscheidung, den kaputten Aufzug nicht reparieren zu lassen – zuzugeben, dazu zu stehen und denselben Fehler nicht noch einmal zu begehen, hat er sich entschieden, die Verantwortung von sich zu weisen und Libby zur Schuldigen zu machen. Natürlich kann eine Person nie repräsentativ für eine große Community stehen. Es ist allerdings immer eine Abwehrhaltung, sich auf die eine Person zu berufen, die zu einer marginalisierten Gruppe gehört und sich nicht über mangelnde Inklusion beschwert hat. Du wärst überrascht, wie oft das passiert. Und auch Menschen mit Behinderung können sich ableistisch gegenüber anderen behinderten Menschen verhalten. Niemand ist immun. Wichtig ist am Ende vor allem, wie man damit umgeht, wenn man mit dem eigenen Ableismus konfrontiert wird. Du weißt jetzt, dass die richtige Antwort nicht *Abled-Fragility* ist. In dieser Konfrontation liegt die Chance, zu lernen und es besser zu machen.

Schluss mit den Ausreden!

> «Wer Inklusion will, findet einen Weg. Wer sie nicht will, findet Ausreden.» *Raúl Krauthausen*[11]

Wie Raúl Krauthausen mit dem Titel eines seiner Bücher so treffend sagt: Wir müssen endlich aufhören, Ausreden zu finden, warum wir Inklusion nicht tatsächlich leben können. Denn Inklusion ist keine Wohltätigkeit. Sie ist nicht eine Nettigkeit, die Veranstalter sich leisten, damit sich Menschen wie Libby nicht beschweren. Sie ist nicht unwichtig oder eine Nebensächlichkeit: **Inklusion ist ein Menschenrecht, das in der UN-BRK festgehalten ist!** Menschen mit Behinderung haben das Recht, dass sie endlich dementsprechend behandelt werden. Es reicht längst nicht aus, dass behinderte Menschen barrierefrei an einer Veranstaltung teilnehmen können. Libby sollte nicht nur selbstbestimmt ein Konzert besuchen können und einen guten Blick auf die Band haben. Sie sollte außerdem die Möglichkeit haben, selbst in einer Rockband Frontfrau zu sein!

Wie dieses Kapitel hoffentlich zeigt, sind Barrierefreiheit und Inklusion für alle ein Gewinn, und deshalb sind sie auch keinesfalls «zu teuer». Wir wollen keine Ausreden mehr hören, sondern endlich Handlungen sehen. Und jede*r kann etwas dazu beitragen, auch du.

Das kannst du tun:

Verstehe Inklusion als ein Menschenrecht. Denke Inklusion immer und überall mit. Wenn du dich mit Freund*innen in einem Restaurant triffst, stelle sicher, dass das Restaurant barrierefrei oder zumindest barrierearm ist. Ist es das nicht, weise die Besitzer*innen darauf hin. Gleiches gilt für alle anderen öffentlichen Bereiche.

Denke bei Inklusion nicht nur an Rollstuhlfahrer*innen. Es geht nicht nur um die Rampe oder den Fahrstuhl, sondern auch um viele andere Dinge, wie zum Beispiel die Dolmetscher*innen für taube Menschen, die Untertitel im Kino, die Texte in Leichter Sprache, Ruheräume für neurodivergente Menschen und vieles mehr.

Verstehe Inklusion als etwas, das auch dir nutzt. Schau dich in deinem Alltag um, dann wirst du feststellen, dass viele von deinen ganz alltäglichen Aktivitäten, beispielsweise ein Video auf YouTube stumm zu schalten und nur die Untertitel zu lesen, ursprünglich für Menschen mit Behinderung gemacht wurden, aber auch dir nutzen. Musst du die Koffer am Bahnhof die Treppen hochschleppen, weil der Aufzug ausgefallen ist, und du ärgerst dich darüber? Auch das kennen behinderte Menschen gut. Deshalb beschwere dich! Es gibt mehr, was uns verbindet, als was uns trennt!

«Aber ...» – Stopp! Gehe nicht in eine abwehrende Haltung, wenn dir jemand sagt, dass du dich ableistisch oder wenig inklusiv verhalten hast. Stattdessen könntest du sagen: «Erzähl mir mehr» oder «Wie kann ich das verbessern?». Jede*r macht Fehler. Wichtig ist, ob man daraus lernt und etwas verändert.

Werde ein Ally!

KAPITEL 4:

Das kannst du tun

Allyship ist eine Haltung und eine Praxis zugleich, bei der behinderte Menschen (und andere marginalisierte Gruppen) aktiv unterstützt werden. Allyship geht über das individuelle Verhalten hinaus und wirkt auf struktureller Ebene, um für alle behinderte Menschen eine inklusive Gesellschaft zu schaffen. Allys sind Verbündete, die aktiv nach Wegen suchen, die Bedürfnisse und Anliegen von Menschen mit Behinderung zu unterstützen und Diskriminierung abzubauen.

Dabei gibt es drei Ebenen, auf denen du aktiv wirst:[1]

- Du setzt dich für eine Person ein,
- du eröffnest Personen Chancen,
- du hinterfragst den Ist-Zustand.

Konkrete Schritte könnten beispielsweise folgende sein:

Privilegien erkennen

Um ein Ally zu werden, könntest du in einem ersten Schritt die eigenen Privilegien erkennen und hinterfragen. Privilegiert zu sein bedeutet, dass andere Menschen mehr Hürden überwinden müssen, um zum selben Punkt zu gelangen wie du. Ein Privileg bedeutet somit die Abwesenheit von bestimmten Nachteilen.

Privilegien hinterfragen

Dies ist einer der wichtigsten Punkte, um zu verstehen, dass nicht alle Menschen dieselben Privilegien haben und wie ein Leben aussehen kann, wenn man zum Beispiel keine weiße behinderte Person ist, sondern eine *Person of Color* mit Behinderung. Vielleicht musstest du dir über bestimmte Dinge nie Gedanken machen, beispielsweise wie du während der Arbeit zur Toilette kommst oder wie du auf andere wirkst und ob man dich ernst nimmt. Es ist nicht leicht, als privilegierte Person die Abwesenheit von Hindernissen, Herausforderungen oder Unannehmlichkeiten zu bemerken. Das muss man lernen und ganz bewusst tun, etwa indem man sich mit der Geschichte von Menschen auseinandersetzt, die zur marginalisierten Gruppe gehören. Das geht heutzutage auch ganz einfach, zum Beispiel über soziale Netzwerke oder Blogs. Frag dich einfach immer: Welche Hindernisse müssen andere überwinden, die ich vielleicht nicht überwinden muss?

Privilegien nutzen, um andere zu empowern

Aber klar, Privilegien zu erkennen und zu hinterfragen verändert erst mal nicht viel, zumindest nicht für andere. Dafür müsstest du dein neu erworbenes Wissen und deine Privilegien auch nutzen. Wenn du eine größere Plattform hast, dann nutze diese für Menschen mit weniger Privileg, oder besser, erlaube ihnen, auf deiner Plattform zu sprechen. Nicht behinderte Menschen haben oft mehr Privilegien und dadurch auch mehr Macht und Ressourcen, die sie nutzen können, um Barrieren für behinderte Menschen abzubauen. Die eigenen Privilegien nutzen, um marginalisierten Personen zu ebenjenen zu verhelfen, erst das macht uns wirklich zu Allys!

Zuhören

Um zu verstehen, wie es Menschen ergeht, die Teil marginalisierter Gruppen sind, gilt es, zuzuhören, denn Verbündete hören **aktiv** zu: Es geht vor allem darum, zu lernen und zu verstehen. Du musst keine Gegenargumente sammeln, weil es keine Diskussion gibt. Du musst dich auch nicht für eine ableistische Situation entschuldigen oder diese kleinreden, es sei denn, du warst die Person, die ableistisch gehandelt hat. Einer anderen Meinung Raum zu geben bedeutet nicht, dass man mit allem einverstanden ist, was man hört. Vielmehr geht es darum, der Person zu glauben, wenn sie von ihren Erfahrungen und Diskriminierungen erzählt. Halte dich auch zurück mit Lösungen und Vorschlägen. Frage lieber: Was brauchst du? Wie kann ich dich unterstützen? Du kannst auch weitere Fragen stellen, aber löchere dein Gegenüber nicht. Verstehe, dass vieles nicht nur schwarz oder weiß ist, sondern frage stattdessen nach den Grautönen dazwischen.

Zu den eigenen Fehlern stehen

Wir machen alle Fehler. Wenn du einen gemacht hast, dann entschuldige dich dafür. Wichtig ist, dass du daraus lernst und denselben Fehler nicht noch mal machst.

Intersektional denken

Und natürlich gelten alle oben erwähnten Regeln auch für andere marginalisierte Gruppen, denn als weiße, heterosexuelle, monogame, nicht behinderte, cis Person hat man eigentlich gegenüber fast allen anderen Menschen in Deutschland ein großes Privileg und daher eine Position, die man ganz wunderbar auch für Menschen aus der LGBTQIA+ Community oder für jede andere marginalisierte Gruppe nutzen kann und sollte.

Für Barrierefreiheit und Inklusion sorgen

Auch Barrierefreiheit und Inklusion sind wichtige Aspekte von Allyship, denn nur wenn Barrieren abgebaut werden und behinderte Personen allen Bereichen der Gesellschaft zugehörig sind, haben alle Menschen die gleichen Chancen und Möglichkeiten.

Inklusive und barrierefreie Arbeitsplätze/ Bildung fördern

Setze dich dafür ein, dass behinderte Menschen eingestellt werden und dass dein Lern- und Arbeitsumfeld diverser wird. Achte darauf, dass behinderte Menschen nicht als Token betrachtet oder eingestellt werden, sondern für ihre Stärken und Fähigkeiten. Das bedeutet auch, dass Stellenausschreibungen und Informationen barrierefrei gestaltet werden müssen. Unterstütze die behinderten Lernenden, Kolleg*innen oder Angestellten darin, die gleichen Möglichkeiten und (Aufstiegs-)Chancen wie nicht behinderte Kolleg*innen zu erhalten. Unterstütze die Bedürfnisse von behinderten Schüler*innen und Kolleg*innen, wie zum Beispiel durch die Schaffung von flexibleren Lern- und Arbeitsbedingungen und Anpassungen am Arbeitsplatz.

Stelle sicher, dass der Lern- und Arbeitsplatz barrierearm ist. Sorge dafür, dass eine Barriere abgebaut wird, wenn du eine erkennst, etwa durch Rampen, barrierefreie Toiletten und Behindertenparkplätze.

Fördere inklusive Sprache und Praktiken, und vermeide dabei Stereotype oder Stigmatisierung. Sorge für eine offene

Gesprächskultur im Bildungsbereich oder im Unternehmen, vielleicht auch, indem es direkte Ansprechpartner*innen für Personen mit Behinderung gibt.

Unterstütze inklusive Lehrmethoden, die alle Bedürfnisse von Schüler*innen mit Behinderung berücksichtigen.

Ein barrierefreies und inklusives Gesundheitswesen schaffen

Kümmere dich darum, dass Barrieren im Gesundheitswesen abgebaut werden, und setze dich beispielsweise für einen barrierefreien Zugang zu einer Praxis durch Rampen, einen funktionierenden Aufzug, Toiletten für Rollstuhlfahrer*innen, aber auch Informationen in Leichter Sprache, Brailleschrift und so weiter ein.

Empfehle Expert*innen weiter, die Mitarbeiter*innen im Gesundheitswesen für die Bedürfnisse und Barrieren von Patient*innen mit Behinderung sensibilisieren können – auch im Hinblick auf intersektionale Perspektiven, zum Beispiel von behinderten trans Personen.

Unterstütze Forschung und Innovation, etwa für neue Technologien, die beim Abbau von Barrieren helfen.

Sei aktiv: Biete an, dass du als persönliche*r Fürsprecher*in für behinderte Menschen agieren kannst und so in Notfallsituationen für diese Personen eintrittst.

Hilf dabei, dass der öffentliche Raum barrierefreier und inklusiver wird: Setze dich für barrierefreie Transportmittel wie Busse, Züge und U-Bahnen ein und melde Probleme mit Fahrstühlen an die zuständige Person.

Stelle sicher, dass öffentliche Veranstaltungen wie zum Beispiel Konzerte, Festivals und Sportveranstaltungen für alle Menschen zugänglich sind. Frage behinderte Personen: Möchtest du mir erzählen, welche Barrieren du hast? Wie kann ich helfen, diese abzubauen? Du kannst aktiv dazu beitragen, dass Barrieren erkannt und abgebaut werden, indem du Projekte wie *Wheelmap.org* unterstützt.

Denke intersektional: Sowohl Menschen mit Behinderung als auch LGBTQIA+ Personen erleben Diskriminierung, die dazu führt, dass sie von der Gesellschaft ausgeschlossen werden. Sie haben schlechteren Zugang zum Gesundheitssystem und werden ebenfalls in Bereichen wie Bildung und Arbeit diskriminiert.

Awareness pflegen

Wir sind alle nicht perfekt, und jede*r von uns kann dazulernen. Wenn wir von *Awareness* sprechen, dann meinen wir, dass nicht behinderte Allys ihre Plattform nutzen, um ein Bewusstsein und Verständnis für die Erfahrungen, Bedürfnisse und Herausforderungen von behinderten Menschen zu schaffen und dadurch Diskriminierung, Stereotype und Vorurteile zu bekämpfen.

Sich gut informieren

Informiere dich sowohl über das Thema Behinderung und chronische Krankheit als auch über Ableismus und wie sich dieser auf Menschen mit Behinderung auswirkt. Lies Bücher, Artikel, Blogs von Menschen mit Behinderung, besuche Veranstaltungen, und komme in Austausch mit behinderten Menschen. Außerdem kannst du die Vorteile der sozialen Netzwerke nutzen und dort ganz einfach über die allgemeinen Hashtags im Bereich chronische Krankheit/Behinderung Informationen sammeln und Menschen kennenlernen. Hier einige Hashtags, die dir dabei helfen können: #Behinderung #Chronische-

Krankheit #ChronischKrank oder im Englischen #Disability #Disabled #ChronicIllness #ChronicallyIll bzw. die jeweilige Krankheit/Behinderung.

Menschen mit Behinderung mitdenken

Behinderte Menschen müssen in allen Bereichen mitgedacht werden, sei es im Bereich Bildung/Arbeit, Katastrophenschutz, Gesundheit oder dem nächsten Event in der Gegend. Nur wenn behinderte Personen überall mitgedacht und einbezogen werden, können wir Inklusion leben.

Das eigene Wissen mit anderen teilen

Die wenigsten Menschen wissen, was Ableismus ist und wie er sich auswirkt. Nutze dein Wissen deshalb auch, um andere zu informieren. Jede Person, die lernt und sich für das Thema einsetzt, ist ein*e potentielle*r Multiplikator*in, und je mehr Allys, desto schneller werden wir an einen Punkt kommen, an dem Ableismus (hoffentlich) nicht mehr existiert.

Von Aktionismus absehen

Die größte Gefahr für Allys besteht darin, dass sie Probleme schnell erkennen und diese genauso schnell und auf ihre eigene Art lösen wollen. Dabei wissen Menschen mit Behinderung meist sehr genau, was sie brauchen. Höre zu, frage nach!

Den Status quo hinterfragen

Frage dich immer: Muss das so sein? Oder geht das auch anders? Wir haben in der Gesellschaft viele Dinge als gegeben akzeptiert, auch wenn wir damit häufig Gruppen ausschließen. Das muss so nicht sein. Hinterfrage Situationen, die sich für dich nicht richtig anfühlen, und überlege dir auch: Wie könnte man das Problem lösen? Zum Beispiel gemeinsam mit Menschen aus der Community.

Einsatz für Menschen mit Behinderung zeigen

Unterstütze sie im Kampf gegen Diskriminierung. Wenn du Ableismus beobachtest, dann ignoriere diesen nicht. Stelle sicher, dass du der behinderten Person zuhörst, und auch, dass ihre Stimme gehört wird.

Behindertenrechtsorganisationen und Aktivist*innen unterstützen

Wenn es dir möglich ist: Spende Geld, Zeit oder Ressourcen an Organisationen oder Gruppen, die Menschen mit Behinderung unterstützen und die von behinderten Menschen gegründet bzw. geleitet werden.

Multiplikator*in sein

Teile die Stimmen und Erfahrungen von behinderten Menschen, zum Beispiel via Social Media oder in alltäglichen Situationen. Sprich deine Arbeitgeber*innen, Freund*innen, Familienangehörige auf Ableismus an. Du wirst erstaunt sein, wie viele Personen jemanden kennen, der*die chronisch krank ist oder mit einer Behinderung lebt.

Intersektional denken

Alle diese Punkte solltest du auch im Zusammenhang mit anderen marginalisierten Gruppen berücksichtigen und zur Anwendung bringen.

Du siehst: Jede marginalisierte Gruppe braucht Allys, denn nur so können wir sicherstellen, dass Menschen mit Behinderung mehr gehört und in allen Bereichen der Gesellschaft sichtbar werden. Um langfristig gegen Unterdrückung und Diskriminierung anzugehen, brauchen wir Menschen, die mit uns gemeinsam unsere Interessen vertreten und eine öffentliche Diskussion anregen, ohne uns dabei den Rang abzulaufen! Und dabei kann jede*r helfen. Du kannst helfen! Du bist wichtig im Kampf gegen Ableismus und Diskriminierung. Du kannst uns helfen, endlich Chancengleichheit und soziale Gerechtigkeit herbeizuführen. Worauf wartest du noch? Auf geht's!

Dank

An dieser Stelle möchten wir uns bei all denen bedanken, die uns bei diesem Buch unterstützt haben. Ohne die vielen Inputs von außen wäre *Stoppt Ableismus!* vermutlich nicht so geworden, wie es heute ist. Vielen Dank!

Unser besonderer Dank geht an unsere kompetenten Korrekturleser*innen, die uns von Anfang an unterstützt haben: Charlotte Zach, Constantin Grosch, Jenny Bießmann, Judyta Smykowski, Nancy Poser, NiNa Reichert, Raúl Krauthausen und Thomas Schulze zur Wiesch. Wir freuen uns sehr, dass ihr uns mit eurem Fachwissen wie auch eurem persönlichen Feedback geholfen habt, dieses Buch noch besser zu machen.

Ein ganz großes Dankeschön geht außerdem an die Sozialheld*innen e.V. und AbilityWatch e.V., die die Idee zu diesem Buch nicht nur von Anfang an unterstützt haben, sondern die uns auch jederzeit mit Rat und Tat zur Seite standen, dieses Buch zu verwirklichen. Ihr seid die Rockstars unter den Behindertenrechtsaktivist*innen. Außerdem möchten wir unseren Eltern und nahen Unterstützungspersonen danken, weil sie uns in einer Welt voller Ableismus tatkräftig begleitet haben.

Zudem schicken wir ein großes Dankeschön an alle behinderten Menschen, die uns für Interviews und Zitate zur Verfügung standen. Shout-out an Djamal Okoko und Beccs Runge und die Person, die anonym bleiben wollte. Du weißt, wer gemeint ist, wenn du das hier liest. Ihr habt uns neue Perspektiven gezeigt und dazu beigetragen, dass wir unsere eigenen Biases und Vorurteile hinterfragt haben!

Unser besonderer Dank gilt Beccs Runge, das als Sensitivity Reader durch das Buch gepflügt ist und uns geholfen hat, sprachlich möglichst inklusiv für alle marginalisierten Communitys zu sein und nicht nur für Menschen mit Behinderung. Du hast uns gezeigt, dass Worte einen riesigen Unterschied machen.

Wir möchten auch ein ganz liebes Danke an Antje Röttgers und alle anderen Menschen bei Rowohlt schicken, die dieses Buch begleitet haben. Ihr seid toll, und wir schätzen eure Geduld, Tatkraft und all die ermutigenden Worte sehr.

Und zu guter Letzt möchten wir uns bei all den behinderten Menschen bedanken, die wie wir jeden Tag mit Ableismus konfrontiert sind, aber trotzdem nicht aufgeben. Bei all denen, die ein stolzer Teil der Community sind und genauso wie wir tagein, tagaus gegen die Vorurteile, Stereotype und Ungerechtigkeit angehen und aufklären. Danke für euren Einsatz! Wir wissen euch und eure Arbeit zu schätzen.

Und last, not least möchten wir dir, liebe*r Leser*in, Danke sagen! Danke, dass du drangeblieben bist, und danke, dass du dich mit dem Thema Ableismus auseinandersetzt. Wir hoffen, dass du für dich nützliche Informationen aus diesem Buch mitgenommen hast. Vermutlich waren für dich einige Kapitel spannender als andere – für uns auch. Klar haben auch wir so unsere Lieblingsthemen. Karina weiß beispielsweise besonders viel über Stereotype in Medien und Sprache, während Anne eine fahrende Enzyklopädie an Wissen zu allen Themen rund um Bildung und Arbeit ist.

Trotz unserer besonderen Vorlieben wollten wir dir aber einen breiten Einblick in viele der Bereiche geben, in denen Menschen mit Behinderung Ableismus begegnet. Wie du nun weißt, ist Ableismus für behinderte Menschen allgegenwärtig. Wir mussten uns aber auf bestimmte Gebiete fokussieren, denn alles andere hätte den Rahmen des Buches gesprengt, bzw. wir hätten noch fünf weitere Bücher schreiben müssen, um allen gerecht zu werden. Fun Fact: Anfangs waren wir besorgt, dass wir nicht genügend Seiten zusammenschreiben können, doch am Ende hatten wir mehr als 300, und unsere wunderbare Lektorin Antje Röttgers musste uns beim Kürzen helfen. Jede*r, der*die schon mal einen Text zum Lektorat eingereicht hat, weiß, da blutet das Herz, aber letztlich geht es nicht darum, dass du alle erdenklichen Details zum Thema Ableismus kennst, sondern vielmehr hoffen wir, dass du nach diesem kompakten Überblick ein erstes Verständnis dafür hast, was Ableismus ist, wie er sich im Alltag äußert, und vor allem, was du dazu beitragen kannst, dass Ableismus abgebaut wird.

Auf ein baldiges Wiedersehen in einer inklusiven, barrierefreien Welt,
Anne & Karina

Begriffserklärungen

Einige dieser Begriffe werden im Buch erwähnt, andere wollen wir nur an dieser Stelle kurz erklären, weil sie im Kontext von Behinderung oft vorkommen.

Able-bodied: *Able-bodied* ist eine Bezeichnung für Menschen, die nicht behindert oder (chronisch) krank sind. (*able*: fähig/in der Lage zu; *bodied*: Körper, mit fähigem Körper)[1]. Manchmal auch als «leistungsfähig» übersetzt, wobei wir diese Bezeichnung nicht besonders mögen, weil Leistung eine Definitionsfrage ist und sowohl gesunde/nicht behinderte Menschen als auch behinderte Menschen unterschiedlich leistungsfähig sind. Der Begriff *able-bodied* wird von einigen Aktivist*innen abgelehnt, weil er impliziert, dass behinderte Menschen keine «fähigen, guten» Körper haben.[2]

Abled-Fragility: *Abled-Fragility* beschreibt eine abwehrend wütende Reaktion von nicht behinderten Menschen, wenn behinderte Menschen ihnen erklären, warum ihr Verhalten ableistisch und falsch war.[3]

Allgemeiner Arbeitsmarkt: Mit allgemeinem Arbeitsmarkt meinen wir den Bereich unserer Gesellschaft, in dem Menschen einer gewöhnlichen Erwerbstätigkeit bzw. Arbeit nachgehen. Behinderten Menschen steht oft nur ein gesonderter Arbeitsmarkt offen, der sogenannte zweite oder dritte Arbeitsmarkt, der nur durch Arbeitsmarktpolitik entsteht.

Ally (Mehrzahl Allys): Ein Ally ist ein*e Unterstützer*in, Mitstreiter*in oder jemand, der*die nicht nur zuschaut, sondern handelt, ohne dabei selbst zur betroffenen Community zu gehören.[4] In Bezug auf Behinderung wäre ein Ally demnach eine Person, die nicht behindert ist, sich aber in deren Sinne für Menschen mit Behinderung einsetzt.

Behinderung versus Beeinträchtigung: Das Wort Behinderung ist kein Synonym für Beeinträchtigung. Wird von einer Beeinträchtigung gesprochen, meint man die rein körperlichen/psychischen Eigenschaften einer Behinderung[5], etwa die fehlende Sehkraft oder das amputierte Bein. Spricht man von Behinderung, dann ist das mehr als nur die Beeinträchtigung. Behinderung hat eine soziale Komponente, wie zum Beispiel die mangelnde Barrierefreiheit.[6] Die Umwelt und Vorurteile behindern gleichermaßen, genau wie die Beeinträchtigungen.

BIPOC: Das Akronym *BIPOC* steht für *Black, Indigenous, and other People of Color.*[7] Die Verwendung des Begriffs *BIPOC* soll dazu beitragen, die gemeinsamen Erfahrungen und Herausforderungen von Schwarzen Menschen, indigenen Völkern und anderen nicht-weißen Gruppen hervorzuheben, während gleichzeitig aber auch die Unterschiede zwischen diesen Gruppen anerkannt werden.

Colorism/Colorismus (oder auch Shadeism): Hierbei wird der Hautton, also die Schattierung der Haut, als Basis für die Bevorzugung oder Benachteiligung einer Person genutzt. Diese basiert auf rassistischen Strukturen und Denkmustern aus der Kolonialzeit. Personen mit hellerem Hautton werden bevorzugt, während Menschen mit dunklerer Haut diskriminiert werden.[8] *Colorism* ist ein Begriff aus dem Schwarzen Aktivismus der USA und analysiert die unterschiedlichen Diskriminierungen zwischen *light skinned* und *dark skinned* Schwarzen Menschen.

Crip Time: *Crip Time* ist ein Begriff, der in den *Disability Studies* und von dem Behindertenrechtsaktivisten Robert McRuer in seinem Buch *Crip Theory: Cultural Signs of Queerness and Disability* entstanden ist.[9] *Crip Time* meint, dass Menschen mit Behinderung aufgrund der verschiedenen Barrieren, denen sie im täglichen Leben begegnen, Zeit oft anders erleben als nicht behinderte Menschen.[10] Er erkennt an, dass Menschen mit Behinderung möglicherweise mehr Zeit benötigen, um Aufgaben zu erledigen oder an Aktivitäten teilzunehmen, und dass dies nicht als negativ oder Einschränkung angesehen werden sollte.

Curb-Cut-Effekt: Vom *Curb-Cut*-Effekt spricht man, wenn Dinge, die ursprünglich für Menschen mit Behinderung entwickelt oder gedacht waren, unerwartet allen Menschen zugutekommen.[11]

Disability Mainstreaming: Beim *Disability Mainstreaming* werden Menschen mit Behinderung und Barrierefreiheit in allen Bereichen des Lebens dauerhaft mitgedacht und berücksichtigt. Behinderte Personen werden als Teil der menschlichen Vielfalt anerkannt, gleichgestellt und emanzipiert und sind bei allen Entscheidungen involviert.[12]

Disability Pride: Menschen mit Behinderung sind stolz darauf, behindert zu sein und zu einer Community und einem eigenen Kulturkreis zu gehören. Der Begriff *Disability Pride* entstand aus der amerikanischen Behindertenbewegung und soll zeigen, dass man stolz auf die persönliche Identität als behinderter Mensch sein kann, und dass Menschen mit Behinderung kein Mitleid brauchen.[13]

Diskriminierung: Diskriminierung bedeutet, dass Menschen aufgrund verschiedener Eigenschaften ungleich (und zumeist auch ungerecht) behandelt werden, beispielsweise aufgrund von Rassifizierung, aufgrund des Geschlechts, des Alters, der sexuellen Orientierung und/oder Identität, der Behinderung, der Religion und vielem mehr.[14]

Diversity: *Diversity* bedeutet übersetzt «Diversität» und beschreibt die Einbeziehung von Menschen mit ganz verschiedenen Hintergründen, wie Rassifizierung, Menschen mit Behinderung, Frauen, Menschen aus der LGBTQIA+ Community usw.[15]

Dominanzgesellschaft: Mit Dominanzgesellschaft meinen wir alle Menschen, die in einer Gesellschaft die Mehrheit bilden und demnach «dominant» sind, also alle Menschen, die zu keiner marginalisierten Gruppe gehören. Wir haben uns entschieden, in diesem Buch den Begriff «Dominanzgesellschaft» anstelle von «Mehrheitsgesellschaft» zu verwenden, weil der Begriff der Mehrheitsgesellschaft unserer Meinung nach zu schwach ist. Wir wollen darauf aufmerksam machen, dass Menschen ohne Behinderung nicht nur zur Mehrheit gehören, sondern eine dominante Position in der Gesellschaft auch mit Privilegien einhergeht, die Menschen marginalisierter Gruppen nicht haben.

Einfache/Leichte Sprache: Leichte Sprache ist eine Sprache für Menschen mit Lernschwierigkeiten. Sie folgt eigenen Regeln. Die Sätze sind zum Beispiel kürzer und einfacher zu lesen; Worte, die schwierig, lang und zusammengesetzt sind, werden durch einen Bindestrich getrennt, und es kommen Bilder zum Einsatz, um das Geschriebene zu verdeutlichen.[16] Leichte Sprache wird von Menschen mit Lernschwierigkeiten geprüft.[17] Neben der Leichten Sprache gibt es außerdem die Einfache Sprache, die, wie der Name schon sagt, eine einfachere Version unserer Alltagssprache ist. Anders als die Leichte Sprache hat sie kein klares Regelwerk, sondern ist zwischen Leichter Sprache und Alltagssprache angesiedelt.[18]

Faschismus: Faschismus ist eine autoritäre politische Ideologie, die Nationalismus, autoritäre Kontrolle und oft Militarismus betont. Sie lehnt Demokratie ab, fördert eine starke zentrale Führung und schließt fremden- und menschenfeindliche Ansichten ein. Faschismus war in der Geschichte mit Bewegungen wie dem italienischen Faschismus unter Mussolini und dem nationalsozialistischen Deutschland unter Hitler verbunden.[19]

Gaslighting: *Gaslighting* ist eine Art der emotionalen Misshandlung, bei der den Betroffenen die eigene Wahrnehmung abgesprochen wird und sie so lange bewusst psychologisch manipuliert werden, bis sie ihre eigene Realität in Frage stellen.[20] So werden Menschen mit Behinderung, insbesondere Menschen mit Lernschwierigkeiten, aber auch mit psychischen Behinderungen, häufig nicht ernst genommen und ihren Erzählungen kein Glauben geschenkt. Im Kontext von chronischen Erkrankungen spricht man von medizinischem *Gaslighting*. Das bedeutet, dass Ärzt*innen Menschen mit chronischen Krankheiten, häufig während der Diagnosefindung, absprechen, ihre Symptome seien echt.[21] Häufig wird dabei der Satz «Das ist alles in Ihrem Kopf» verwendet.

Gesundheit: Gesundheit ist nicht klar definiert und hängt von vielen Faktoren ab, wie zum Beispiel der Kultur, in der man aufwächst, und den finanziellen Mitteln, die zur Verfügung stehen. Gesundheit wird oft als das Gegenteil von Krankheit dargestellt und gilt somit als die dominante, universelle Norm. Sie wird dabei als Zustand des absoluten körperlichen und geistigen Wohlbefindens und des Fehlens von sozialen Problemen definiert.[22]

Identity-first- versus person-first-Sprache: In Bezug auf Behinderung bedeutet *identity-first*-Sprache, dass die Person ihre Behinderung als Teil der Identität sieht und daher als «behinderte Person» bezeichnet werden möchte. Hier geht es darum, dass die Person behindert wird durch ihr Umfeld. Übersetzt heißt *identity-first* so viel wie «Identität zuerst». *Person-first* hingegen bedeutet, dass bevorzugt wird, zuerst als Mensch gesehen zu werden, und dass die Behinderung nur eine von vielen Eigenschaften ist. Das heißt, dass diese Personen bevorzugen, als «Menschen mit Behinderung» bezeichnet zu werden.[23] Ob eine behinderte Person *identity-first*- oder *person-first*-Sprache nutzt, hängt von der jeweiligen Person ab und muss individuell erfragt werden. Wir benutzen in diesem Buch beide, denn wir haben selbst keine Präferenz und möchten alle Menschen mit Behinderung einschließen.

Inter-abled: *Inter-abled* wird meist im Kontext von Beziehungen oder Partnerschaften zwischen Menschen mit und ohne Behinderungen verwendet.[24] Der Begriff *inter-abled* betont die Fähigkeiten und Stärken beider Partner*innen und stellt nicht die Behinderung in den Vordergrund.

Internalisierter Ableismus: Internalisierter Ableismus bedeutet, dass die behinderte Person die Diskriminierung des Umfelds so verinnerlicht hat, dass sie gewisse Stereotype und Klischees rund um Behinderung selbst glaubt und reproduziert.[25]

Intersektionalität: Intersektionalität ist ein Konzept, das genutzt werden kann, um das Zusammenspiel verschiedener Mechanismen der Diskriminierung, Unterdrückung und Ungleichheit zu beschreiben.[26] Dabei geht es darum anzuerkennen, dass Menschen, die mehrere Diskriminierungsmerkmale in sich vereinen, exponentiell häufiger von Diskriminierung betroffen sind. Zudem sind alle Identitäten einer Person miteinander verflochten und beeinflussen einander. Der Begriff der Intersektionalität wurde zunächst im Schwarzen Feminismus entwickelt. Ein alternativer Begriff ist «Mehrfachdiskriminierung».

«Krüppel»: Der Begriff «Krüppel», der zunächst ein neutraler Begriff war, wurde nach dem Zweiten Weltkrieg ein Schimpfwort für Menschen mit Behinderung, insbesondere mit Mobilitätseinschränkung.[27] Auch heute gilt der Begriff «Krüppel» als Beleidigung, wenn eine nicht behinderte Person einen Menschen mit Behinderung so bezeichnet. ABER: Einige behinderte Menschen bezeichnen sich selbst als «Krüppel». Sie haben das Wort für sich zurückerobert und es zu einem ermächtigenden Ausdruck gemacht. Schon in den 1970er Jahren haben Menschen mit Behinderung das Wort «Krüppel» genutzt: nämlich in der «Krüppelbewegung», einer Gruppe von Behindertenrechtsaktivist*innen.[28]

LGBTQIA+: Die Abkürzung steht für *Lesbian, gay, bisexual, transgender, queer, questioning, intersex, asexual*, zu deutsch: lesbisch, schwul, bisexuell, trans, queer, die eigene sexuelle Orientierung/Identität hinterfragend, inter- und asexuell. Das Plus am Ende lässt Raum für das sich ständig erweiternde Verständnis von Geschlecht und Sexualität.[29] Wir nutzen in diesem Buch durchweg LGBTQIA+, um unseren Respekt und unsere Wertschätzung für Menschen mit allen sexuellen Orientierungen und Identitäten auszudrücken und zu berücksichtigen.

Marginalisiert: Marginalisiert bedeutet so viel wie «an den Rand gedrängt», *margo* bedeutet im lateinischen «Rand».[30] Es wird meist im Zusammenhang mit unterdrückten Gruppen genutzt, die von der Dominanzgesellschaft «an den Rand» gedrückt werden.

Mehrfache Marginalisierung: Menschen, die zu mehr als einer marginalisierten Gruppe gehören, so zum Beispiel eine behinderte Frau, die gleichzeitig bisexuell ist, sind in der Regel mehrfach marginalisiert, weil sie nicht nur wegen einer Sache – in unserem Beispiel des Geschlechts –, sondern gleichzeitig auch noch wegen der Behinderung und der sexuellen Orientierung diskriminiert werden.[31]

Menschen mit Lernschwierigkeiten: Wir verwenden in diesem Buch die Bezeichnung «Menschen mit Lernschwierigkeiten» statt «geistige oder kognitive Behinderung», weil diese von Menschen mit Lernschwierigkeiten als stigmatisierend und abwertend empfunden wird.[32] Der Ausdruck «Menschen mit Lernschwierigkeiten» betont, dass die betroffenen Personen Schwierigkeiten beim Lernen und beim Verarbeiten von Informationen haben, ohne dabei ihre Fähigkeit als Menschen zu untergraben.

Mikroaggressionen: Mikroaggressionen sind bewusste und unbewusste alltägliche Kommentare und Handlungen, die, beabsichtigt oder nicht, eine negative Auswirkung auf marginalisierte Gruppen haben. Sie werden gesellschaftlich häufig toleriert und als harmlos oder unwichtig angesehen.[33] In Bezug auf Behinderung könnte eine Mikroaggression sich folgendermaßen ausdrücken: Stelle dir vor, du siehst eine Gruppe behinderter Menschen, die gemeinsam einen Ausflug machen. Du nimmst sofort an, dass das der Ausflug eines Wohnheims sein muss. Das ist eine Mikroaggression, die ableistische Haltungen gegenüber behinderten Menschen verstärkt.

Neurodivergenz und Neurodiversität: Im Englischen ist Neurodivergenz die Abweichung und Neurodiversität die Gesamtheit: Neurodivergente Menschen zusammen mit neurotypischen machen die Gesamtheit der Neurodiversität aus.[34] Im Deutschen hat sich «neurodivers» als Synonym zu «neurodivergent» durchgesetzt. Wir benutzen im Buch den Begriff Neurodivergenz, weil das die derzeitige Präferenz der Autismus-Community ist.

Nicht-binär (non-binary): Nicht-binär oder Non-binär ist ein Sammelbegriff für Individuen, die weder weiblich noch männlich sind. Das heißt, sie können dazwischen oder ganz fern davon sein. Sie können auch eine variable Geschlechtsidentität aufweisen (genderfluid). Nicht-binäre Personen lehnen traditionelle binäre Geschlechtsmodelle ab.[35]

Normalität: Normalität beschreibt einen Zustand, der für uns selbstverständlich ist. Normalität ist auch das Verhalten einer Person, das dem durchschnittlichen Verhalten der Gesellschaft entspricht.[36] Oft definiert sich Normalität erst im Kontrast zu Dingen, die wir als abnormal wahrnehmen. Normalität ist auch abhängig von der Kultur und Gesellschaft. Menschen mit Behinderung entsprechen demnach häufig nicht der Norm.

Othering: *Othering* ist ein Begriff aus den Sozialwissenschaften und bedeutet, dass eine Person oder eine Gruppe von Menschen behandelt wird, als würde(n) sie nicht dazugehören, es entsteht ein «wir» und «die anderen» aufgrund von Verhaltensweisen, sexueller Orientierung, bestimmter Fähigkeit, die nicht der Normvorstellung entsprechen.[37] Othering kann eine Folge von Stereotypisierung, Vorurteilen oder diskriminierendem Verhalten sein.

Positiver Ableismus: Von positivem Ableismus spricht man, wenn die Behinderung als vermeintlicher Vorteil dargestellt wird, obwohl sie das nicht ist. Menschen mit unsichtbaren Behinderungen hören häufig den Satz: «Aber du siehst ja gar nicht krank aus!» Das mag nett gemeint sein, ist aber ableistisch, denn damit wird impliziert, man sei eigentlich gar nicht behindert. Gleichermaßen werden Menschen mit Down-Syndrom häufig dargestellt, als wären sie «Engel». Auch das ist diskriminierend, weil damit alle Menschen über einen Kamm geschert werden und die Individualität der Einzelnen ignoriert wird.

People of Color: *People of Color* ist ein englischer Begriff, der im Deutschen kein Synonym hat, weshalb wir in diesem Buch *People of Color* oder in der Einzahl *Person of Color* verwenden. *People of Color* meint alle Menschen, die nicht weiß sind. Der Begriff steht außerdem für die systemische Diskriminierung und Unterdrückung von nicht weißen Personen.[38]

Purplewashing: Der Begriff *Purplewashing* ist angelehnt an das Konzept des *Greenwashings*, bei dem Unternehmen sich als umweltfreundlich darstellen, ohne wirkliche Maßnahmen zum Umweltschutz zu ergreifen. Wird von *Purplewashing* gesprochen, bezieht sich dies auf Unternehmen, die sich öffentlich so hinstellen, als wären sie besonders gut darin, Menschen mit Behinderung gleichzustellen, ohne auch hier irgendwelche Schritte einzuleiten, die behinderte Personen wirklich unterstützen.[39] *Purple* (übersetzt: Lila) wurde zur Farbe für Menschen mit Behinderung.

«Quoten-Behinderte*r»: Ist von «Quoten-Behinderten» die Rede, dann geht es häufig darum, dass eine behinderte Person für eine Position eingestellt wurde, nur um eine bestimmte Quote im Betrieb zu erfüllen.

Selbstbestimmung: Selbstbestimmung bedeutet, dass jede Person das Recht hat, über ihr Leben frei zu entscheiden. Sie selbst kann bestimmen, wie und wo sie leben möchte.[40] In Bezug auf Behinderung wird häufig von fehlender Selbstbestimmung gesprochen, zum Beispiel wenn eine behinderte Person in einer Einrichtung für behinderte Menschen leben muss, obwohl sie viel lieber in einer eigenen Wohnung sein möchte.

Stationäre Wohneinrichtung für Menschen mit Behinderung: Stationäre Wohneinrichtungen für Menschen mit Behinderung sind jede stationäre Wohnform der Eingliederungshilfe – meist auch als «Heim» bekannt – und Pflegeheime.[41] Davon abzugrenzen ist das ambulante (betreute) Wohnen, bei dem Menschen mit Behinderung in kleinen Gruppen in eigenen Wohnungen unter Betreuung zusammenleben.

Taub versus taub: Wir verwenden in diesem Buch das Adjektiv «taub» immer dann, wenn wir von taub als einer reinen Eigenschaft einer Person sprechen. Wann immer wir das Wort großschreiben, meinen wir eine Community bzw. den Kulturkreis von Tauben Menschen. Manche tauben Menschen sehen sich selbst nicht als Menschen mit Behinderung, sondern als Menschen mit eigener Kultur und eigener Sprache. Taubheit gilt aber im rechtlichen Sinne in vielen Ländern als eine Behinderung, für die man bestimmte Anpassungen im Alltag erhalten kann.

Tokenism/Token Marginalized Person: *Tokenism* wird ebenfalls häufig im Bereich Arbeit verwendet und bedeutet, dass so getan wird, als wäre man besonders inklusiv für verschiedene marginalisierte Gruppen, nur um nach außen hin ein gutes Image zu wahren[42], indem man zum Beispiel eine Person mit Behinderung als Speaker*in einlädt und im Unternehmen sichtbar macht. Dabei steht die Person mit Behinderung aber für rein repräsentative Zwecke auf der Bühne. Inhalte interessieren nicht, und es gibt keinen Willen zur Veränderung.[43]

Trans*/transsexuell/transgender/trans Person: Als trans Menschen werden Personen bezeichnet, die nicht das Geschlecht sind, das ihnen bei der Geburt zugewiesen wurde. Das Sternchen lässt Raum für Menschen mit anderen trans Identitäten.[44] Transsexuell ist eine veraltete Bezeichnung, die als Fremdbezeichnung nicht geeignet ist.

Unconscious (implicit) Bias: *Unconscious* oder *implicit bias* heißt so viel wie «unbewusste Vorurteile». Jeder Mensch hat unbewusste Vorurteile. Das hängt davon ab, wo und wie man aufwächst und welche Erfahrungen man gemacht hat.[45] In Bezug auf Behinderung wäre ein unbewusstes Vorurteil die Annahme, Behinderung sei etwas Negatives.

***Weiß* (sein):** Wird von *weißen* Menschen gesprochen, dann ist damit ein Konstrukt und nicht der Hautton gemeint. *Weiß* sein ist ein Privileg, das mit der Abwesenheit von Rassismus einhergeht.[46]

Quellen

Kapitel 1 **Was ist Ableismus?**

Was ist das eigentlich: Behinderung?

1 Wiktionary, 2023. Spektrum. Online unter: https://de.wiktionary.org/wiki/Spektrum [Aufgerufen am 08.03.2023]

2 Burns, S., 2016. Diversity and journalism pedagogy: exploring news media representation of disability. *Journalism & Mass Communication Educator*, *71*(2), S. 220–230

3 World Health Organization, 2011. *World report on disability 2011.* World Health Organization. Online unter: https://www.who.int/disabilities/world_report/2011/en/ [Aufgerufen am: 15.09.2022]

4 Ellis, K., 2016. *Disability media work: Opportunities and obstacles.* S. 6. Springer

5 Rehadat, 2018. Lexikon zur beruflichen Teilhabe: Internationale Klassifikation der Funktionsfähigkeit, Behinderung und Gesundheit (ICF). Online unter: https://www.bfarm.de/DE/Kodiersysteme/Klassifikationen/ICF/_node.html [Aufgerufen am 29.07.2023] CDC, 2020. Disability and Health Overview. Centers for Disease Control and Prevention. Online unter: https://www.cdc.gov/ncbddd/disabilityandhealth/disability.html [Aufgerufen am 15.09.2022]

6 Beauftragter der Bundesregierung für die Belange von Menschen mit Behinderung, n. d. Die UN-Behindertenrechtskonvention. Online unter: https://www.institut-fuer-menschenrechte.de/fileadmin/Redaktion/PDF/DB_Menschenrechtsschutz/CRPD/CRPD_Konvention_und_Fakultativprotokoll.pdf [Aufgerufen am 28.05.2023]

7 Sozialgesetzbuch 9, n. d. § 2 – Sozialgesetzbuch Neuntes Buch (SGB IX) – Rehabilitation und Teilhabe behinderter Menschen – (SGB IX). Online unter: https://www.buzer.de/gesetz/5856/a80821.htm [Aufgerufen am 19.12.2022]

8 Sozialgesetzbuch 9, n. d. § 2 – Sozialgesetzbuch Neuntes Buch

(SGB IX) – Rehabilitation und Teilhabe behinderter Menschen – (SGB IX). Online unter: https://www.buzer.de/gesetz/5856/a80821.htm [Aufgerufen am 19.12.2022]

9 Leidmedien, n. d. Begriffe über Behinderung von A bis Z. Online unter: https://leidmedien.de/begriffe/ [Aufgerufen am 21.03.2023]

10 Ballon, 2022. Beeinträchtigung oder Behinderung. Universität Bremen. Online unter: https://www.uni-bremen.de/digitale-transformation/projekte/barrierearmes-lernen-und-lehren-online-ballon/neuigkeiten/beeintraechtigung-oder-behinderung-welcher-begriff-ist-richtig [Aufgerufen am 21.03.2023]

11 Clogston, J.S., 1990. *Disability coverage in 16 newspapers*. Avocado Press

12 Dunn, D.S., and Andrews, E.E., 2015. Person-first and identity-first language: Developing psychologists' cultural competence using disability language. *American Psychologist*, *70*(3), p. 255

13 Degener, T., 2015. Die UN-Behindertenrechtskonvention – ein neues Verständnis von Behinderung. *Handbuch Behindertenrechtskonvention. Teilhabe als Menschenrecht – Inklusion als gesellschaftliche Aufgabe*, pp. 55–74

14 Gottwald, C., 2019. Behinderung. Socialnet Lexikon. Online unter: https://www.socialnet.de/lexikon/Behinderung#toc_4_3 [Aufgerufen am 08.08.2023]

15 Destatis, 2020. 7,9 Millionen schwerbehinderte Menschen leben in Deutschland. Online unter: https://www.destatis.de/DE/Presse/Pressemitteilungen/2020/06/PD20_230_227.html [Aufgerufen am 16.09.2022]

16 World Health Organization, 2011. *World report on disability 2011*. World Health Organization. Online unter: https://www.who.int/disabilities/world_report/2011/en/ [Aufgerufen am: September 16, 2022]

17 Destatis, 2020. 7,9 Millionen schwerbehinderte Menschen leben in Deutschland. Online unter: https://www.destatis.de/DE/Presse/Pressemitteilungen/2020/06/PD20_230_227.html [Aufgerufen am 16.09.2022]

18 DocCheck Flexikon, 2023. Chronisch. Online unter: https://flexikon.doccheck.com/de/Chronisch [Aufgerufen am 04.08.2023]

19 Destatis, 2020. 7,9 Millionen schwerbehinderte Menschen leben in Deutschland. Online unter: https://www.destatis.de/DE/Presse/

Pressemitteilungen/2020/06/PD20_230_227.html [Aufgerufen am 16.09.2022]

20 Mensch zuerst – Netzwerk People First Deutschland e.V., n.d. Mensch mit Lernschwierigkeiten. Online unter: http://www.menschzuerst.de/pages/startseite/was-tun-wir/kampf-gegen-den-begriff-geistig-behindert.php [Aufgerufen am 17.09.2022]

Wie Ableismus entsteht

1 Eisenmenger, A., 2019. Ableism 101. Access Living. Online unter: https://www.accessliving.org/newsroom/blog/ableism-101/ [Aufgerufen am 16.03.2023]

2 Oxford Reference, n.d. Ableism. Online unter: https://www.oxfordreference.com/display/10.1093/oi/authority.20110803095344235;jsessionid=30844280816B759BAB96A0D73ECCED1F [Aufgerufen am 16.03.2023]

3 Britannica, 2023. Ableism. Online unter: https://www.britannica.com/topic/ableism [Aufgerufen am 16.03.2023]

4 Oxford Reference, n.d. Ableism. Online unter: https://www.oxfordreference.com/display/10.1093/oi/authority.20110803095344235;jsessionid=30844280816B759BAB96A0D73ECCED1F [Aufgerufen am 16.03.2023]

5 Maskos, R., 2015. Ableism und das Ideal des autonomen Fähig-Seins in der kapitalistischen Gesellschaft. *Zeitschrift für Inklusion*, (2). Online unter: https://www.inklusion-online.net/index.php/inklusion-online/article/view/277 [Aufgerufen am 14.04.2023]

6 Center for Intersectional Justice, 2020. Narrative Report 2020. Online unter: https://www.intersectionaljustice.org/img/cij_2020-narrative-report_final.pdf [Aufgerufen am 14.04.2023]

7 Maskos, R., 2020. Warum Ableismus Nichtbehinderten hilft, sich «normal» zu fühlen. Die Neue Norm. Online unter: https://dieneuenorm.de/gesellschaft/ableismus-behindertenfeindlichkeit/ [Aufgerufen am 28.05.2023]

8 Kugler, N., 2023. Germanwings-Absturz: Wie es psychisch kranken Piloten heute geht. Morgenpost. Online unter: https://www.morgenpost.de/vermischtes/article237974149/germanwings-absturz-depressive-piloten-psychologie.html [Aufgerufen am 31.08.2023]

9 Am 24.03.2015 starben 150 Menschen, weil ein Pilot ein Flugzeug in den französischen Alpen zum Absturz brachte. Der Pilot war psychisch krank, was zu einer Debatte rund um Flugsicherheit und mentale Gesundheit führte und psychische Erkrankungen weiter stigmatisierte. Quelle: Kara, S., 2016. Riskante Berichte. Zeit Online. Online unter: https://www.zeit.de/2016/12/psychologie-germanwings-depression-pilot-stigmatisierung-psychische-krankheit [Aufgerufen am 08.08.2023]

10 Inklumat, 2013. Stigmatisierung. Glossar. Online unter: https://www.inklumat.de/de/glossar/stigmatisierung [Aufgerufen am 07.03.2023]

11 Maskos, R., n. D. Was heißt Ableismus? Arranca! Online unter: https://arranca.org/ausgaben/bodycheck-und-linker-haken/was-hei%C3%9Ft-ableism [Aufgerufen am 17.03.2023]

Mehrfache Diskriminierung

1 Crenshaw, K., 1990. Mapping the margins: Intersectionality, identity politics, and violence against women of color. *Stan. L. Rev.*, *43*, p.1241

2 Crenshaw, K., 1990. Mapping the margins: Intersectionality, identity politics, and violence against women of color. *Stan. L. Rev.*, *43*, p.1241

3 Crenshaw, K., 1989. Demarginalizing the intersection of race and sex: A black feminist critique of antidiscrimination doctrine, feminist theory and antiracist politics. *u. Chi. Legal f.*, p.139

4 Crenshaw, K., 1989. Demarginalizing the intersection of race and sex: A black feminist critique of antidiscrimination doctrine, feminist theory and antiracist politics. *u. Chi. Legal f.*, p.139

5 Coleman, A.L., 2019. What's Intersectionality? Let These Scholars Explain the Theory and Its History. TIME. Online unter: https://time.com/5560575/intersectionality-theory/ [Aufgerufen am 23.01.2023]

6 Janssen, C., 2022. Intersektionalität: Was Geschlecht und Hautfarbe miteinander zu tun haben. NDR. Online unter: https://www.ndr.de/kultur/Intersektionalitaet-Definition-und-Urspruenge-des-Begriffs,intersektionalitaet100.html [Aufgerufen am 23.01.2023]

7 Davis, B.A., 2020. Discrimination: A Social Determinant Of Health Inequities. Health Affairs. Online unter: https://www.healthaffairs.org/do/10.1377/forefront.20200220.518458/ [Aufgerufen am 30.01.2023]

8 American Psychological Association, 2015. The Impact of Discrimination. Online unter: https://www.apa.org/news/press/releases/stress/2015/impact [Aufgerufen am 30.01.2023]
9 Siklossy, G. 2017. Racism and Discrimination in Employment in Europe. ENAR Shadow Report 2013–2017. European Network against Racism. Online unter: https://ec.europa.eu/migrant-integration/sites/default/files/2018-07/ENAR_Shadowreport_2013_2017.pdf [Aufgerufen am 30.01.2023]
10 Davis, B.A., 2020. Discrimination: A Social Determinant Of Health Inequities. Health Affairs. Online unter: https://www.healthaffairs.org/do/10.1377/forefront.20200220.518458/ [Aufgerufen am 30.01.2023]
11 Silverstein, J., 2013. How Racism Is Bad for Our Health. The Atlantic. Online unter: https://www.theatlantic.com/health/archive/2013/03/how-racism-is-bad-for-our-bodies/273911/ [Aufgerufen am 30.01.2023]
12 California Coalition Against Sexual Assault, 2010. Supporting Survivors of Sexual Assault with Disabilities. Online unter: https://www.calcasa.org/wp-content/uploads/2010/12/Disabilities-Info-Packet-Final-Upload-12.29.10.pdf [Aufgerufen am 08.02.2023]
13 Department of Labor Office of Disability Employment Policy, 2021. Spotlight on Women with Disabilities. Online unter: https://www.dol.gov/sites/dolgov/files/ODEP/pdf/Spotlight-on-Women-with-Disabilities-March-2021.pdf [Aufgerufen am 08.02.2023]
14 Human Rights Watch, n.d. Women and Girls with Disabilities. Online unter: https://www.hrw.org/legacy/women/disabled.html [Aufgerufen am 30.01.2023]
15 Light for the World, n.d. Women and Disability. Online unter: https://www.licht-fuer-die-welt.at/app/uploads/sites/7/2021/11/women_and_disability_general_factsheet_light_for_the_world_0.pdf [Aufgerufen am 30.01.2023]
16 Deutsches Institut für Menschenrechte, n.d. Frauen mit Behinderungen. Online unter: https://www.institut-fuer-menschenrechte.de/themen/rechte-von-menschen-mit-behinderungen/frauen-mit-behinderungen [Aufgerufen am 30.01.2023]
17 Deutsches Institut für Menschenrechte, n.d. Frauen mit Behinderun-

gen. Online unter: https://www.institut-fuer-menschenrechte.de/themen/rechte-von-menschen-mit-behinderungen/frauen-mit-behinderungen [Aufgerufen am 30.01.2023]

18 European Women's Lobby, 2011. Women more prone to disability than men and particularly vulnerable to discrimination and violence. Online unter: https://www.womenlobby.org/Women-more-prone-to-disability-than-men-and-particularly-vulnerable-to [Aufgerufen am 30.01.2023]

19 Deutsches Institut für Menschenrechte, n.d. Frauen mit Behinderungen. Online unter: https://www.institut-fuer-menschenrechte.de/themen/rechte-von-menschen-mit-behinderungen/frauen-mit-behinderungen [Aufgerufen am 30.01.2023]

20 CALCASA, 2010. Supporting Survivors of Sexual Assault with Disabilities. California Coalition Against Sexual Assault. Online unter: https://www.calcasa.org/wp-content/uploads/2010/12/Disabilities-Info-Packet-Final-Upload-12.29.10.pdf [Aufgerufen am 05.09.2022]

21 Reel, J.J., and Bucciere, R.A., 2010. Ableism and body image: Conceptualizing how individuals are marginalized. *Women in Sport and Physical Activity Journal*, *19*(1), pp. 91–97

22 Weibernetz, 2007. 25 Jahre Bewegung behinderter Frauen. Online unter: https://www.weibernetz.de/files/PDF/Publikationen/25-Jahre-Bewegung%20behinderter-Frauen_PDF-UA-1.pdf [Aufgerufen am 27.08.2023]

23 Maskos, R., 2011. Rebecca Maskos: Frauen mit Lernschwierigkeiten stärken. Zur Lebenssituation von Frauen in Werkstätten und Wohnheimen der Behindertenhilfe und zum inklusiven Projekt «Frauenbeauftragte in Einrichtungen». Online unter: https://www.inklusion-online.net/index.php/inklusion-online/article/view/105/105 [Aufgerufen am 31.01.2023]

24 United Nations, n.d. Factsheet on Persons with Disabilities. Online unter: https://www.un.org/development/desa/disabilities/resources/factsheet-on-persons-with-disabilities.html [Aufgerufen am 31.01.2023]

25 Weibernetz e.V., n.D. (Zwangs-)Sterilisation. Online unter: https://www.weibernetz.de/wig/zwangs-sterilisation.html [Aufgerufen am 31.01.2023]

26 Betanet, n. d. Elternassistenz für Eltern mit Behinderung. Online unter: https://www.betanet.de/elternassistenz-fuer-eltern-mit-behinderungen.html [Aufgerufen am 31.01.2023]

27 Statista, 2022. Verteilung der Beratungsanfragen bei der Antidiskriminierungsstelle des Bundes nach Diskriminierungsmerkmal in Deutschland im Jahr 2021. Online unter: https://de.statista.com/statistik/daten/studie/1123809/umfrage/diskriminierung-in-deutschland-nach-diskriminierungsmerkmal/ [Aufgerufen am 08.02.2023]

28 Bundesministerium des Innern und für Heimat. 2021. Nationale Minderheiten, Minderheitensprachen und die Regionalsprache Niederdeutsch in Deutschland. Online unter: https://www.bmi.bund.de/DE/themen/heimat-integration/minderheiten/minderheiten-in-deutschland/minderheiten-in-deutschland-node.html [Aufgerufen am 02.02.2023]

29 Schlote, E., 2010. Ethnische Minderheiten und Migration. Televizion. Online unter: https://izi.br.de/deutsch/publikation/televizion/23_2010_2/Schlote-Ethnische_Minderheiten_u_Migration.pdf [Aufgerufen am 02.02.2023]

30 Bundeszentrale für politische Bildung, 2022. Bevölkerung mit Migrationshintergrund. Kurz und Knapp. Online unter: https://www.bpb.de/kurz-knapp/zahlen-und-fakten/soziale-situation-in-deutschland/61646/bevoelkerung-mit-migrationshintergrund/ [Aufgerufen am 02.02.2023]

31 Denninger, T., und Grüber, K., 2017. Berücksichtigung von Menschen mit Behinderung und Migrationshintergrund in politischen Prozessen auf der Bundesebene

32 Donato, C., 2018. The 2010 U.S. Census reported that 22.2 % of African Americans, 14.5 % of Asians, 17.8 % of Hispanics, and 17.6 % of non-Hispanic whites had a disability. Online unter: https://www.naccho.org/blog/articles/national-minority-health-month-the-double-burden-for-minorities-with-disabilities [Aufgerufen am 01.02.2023]

33 Harris, E., 2021. Healthcare inequalities facing People with a Learning Disability from Black, Asian and Minority Ethnic Communities. Mencap. Online unter: https://www.mencap.org.uk/blog/double-

discrimination-healthcareinequalities-facing-people-learning disability-black-asian [Aufgerufen am 03.02.2023]

34 Denninger, T., und Grüber, K., 2017. Berücksichtigung von Menschen mit Behinderung und Migrationshintergrund in politischen Prozessen auf der Bundesebene

35 Denninger, T., und Grüber, K., 2017. Berücksichtigung von Menschen mit Behinderung und Migrationshintergrund in politischen Prozessen auf der Bundesebene

36 LGBT Map, n.d. LGBT People with Disabilities. Online unter: https://www.lgbtmap.org/file/LGBT-People-With-Disabilities.pdf [Aufgerufen am 06.02.2023]

37 Wolf, K., 2021. Queer und Behindert: Barrieren einer aufgeschlossenen Szene. Die Neue Norm. Online unter: https://dieneuenorm.de/gesellschaft/queer-und-behindert/ [Aufgerufen am 08.02.2023]

38 DREDF, 2018. Health Disparities at the Intersection of Disability and Gender Identity: A Framework and Literature Review*. Online unter: https://dredf.org/wp-content/uploads/2018/07/Health-Disparitiesat-the-Intersection-of-Disability-and-Gender-Identity.pdf [Aufgerufen am 06.02.2023]

39 Smith-Johnson, M., 2022. Transgender Adults Have Higher Rates Of Disability Than Their Cisgender Counterparts: Study examines rates of disability among transgender adults and cisgender adults. *Health Affairs*, *41*(10), pp. 1470–1476

40 DREDF, 2018. Health Disparities at the Intersection of Disability and Gender Identity: A Framework and Literature Review*. Online unter: https://dredf.org/wp-content/uploads/2018/07/Health-Disparitiesat-the-Intersection-of-Disability-and-Gender-Identity.pdf [Aufgerufen am 06.02.2023]

41 Ascher, E., 2018. More Than One-Third of LGBTQ Adults Identify as Having a Disability. Respectability. Online unter: https://www.respectability.org/2018/06/lgbt-pride-month-2018/ [Aufgerufen am 08.02.2023]

42 Martens, D., Mohr, S., Struck, P., Vogt, F., 2020. Lebenswirklichkeiten und Problemlagen von LSBTIQ*mit unterschiedlichen Formen der Behinderung, chronischen Erkrankungen, psychischen und sonstigen Beeinträchtigungen. LSBTIQ*inklusiv NRW. Online unter: https://

www.lsbtiq-inklusiv.nrw/files/lsbtiq/pdf/Gesamtauswertung%20 NRW%20LSBTIQ%20inklusiv%202020-1.pdf [Aufgerufen am 06.02.2023]

43 Mulcahy, A., Streed Jr., C.G., Wallisch, A.M., Batza, K., Kurth, N., Hall, J.P., and McMaughan, D.J., 2022. Gender identity, disability, and unmet healthcare needs among disabled people living in the community in the United States. *International Journal of Environmental Research and Public Health*, *19*(5), p. 2588

44 DREDF, 2018. Health Disparities at the Intersection of Disability and Gender Identity: A Framework and Literature Review*. Online unter: https://dredf.org/wp-content/uploads/2018/07/Health-Disparitiesat-the-Intersection-of-Disability-and-Gender-Identity.pdf [Aufgerufen am 06.02.2023]

45 Echte Vielfalt, 2021. Wie queere Menschen mit Behinderung von der Community ausgeschlossen werden. Online unter: https://echte-vielfalt.de/lebensbereiche/lsbtiq/wie-queere-menschen-mit-behinderung-von-der-community-ausgeschlossen-werden/ [Aufgerufen am 06.02.2023]

46 Enable Me, n.d. Homosexualität bei Menschen mit Behinderung – das unsichtbare Handicap. Online unter: https://www.enableme.ch/de/artikel/homosexualitat-bei-menschen-mit-behinderung-das-unsichtbare-handicap-1370 [Aufgerufen am 09.02.2023]

47 Sturm, K., 2021. Jung und Behindert: Im System nicht vorgesehen. Die Neue Norm. Online unter: https://dieneuenorm.de/gesellschaft/behinderung-medizinischer-dienst-krankenkasse/ [Aufgerufen am 09.02.2023]

48 Deutscher Paritätischer Wohlfahrtsverband Gesamtverband e.V., 2021. Der Paritätische Teilhabebericht 2021. Online unter: https://www.der-paritaetische.de/fileadmin/user_upload/Schwerpunkte/Teilhabeforschung/doc/Teilhabebericht-2021_web.pdf [Aufgerufen am 09.02.2023]

49 Name auf Wunsch geändert

50 Çetin, Z., 2020. Intersektionale Diskriminierungen von als muslimisch markierten schwulen Männern. Bundeszentrale für politische Bildung. Online unter: https://www.bpb.de/themen/migration-integration/kurzdossiers/migration-und-maennlichkeit/310043/

intersektionale-diskriminierungen-von-als-muslimisch-markierten-schwulen-maennern/ [Aufgerufen am 10.02.2023]

51 Çetin, Z., 2020. Intersektionale Diskriminierungen von als muslimisch markierten schwulen Männern. Bundeszentrale für politische Bildung. Online unter: https://www.bpb.de/themen/migration-integration/kurzdossiers/migration-und-maennlichkeit/310043/intersektionale-diskriminierungen-von-als-muslimisch-markierten-schwulen-maennern/ [Aufgerufen am 10.02.2023]

Ableismus im historischen Kontext

1 Ebd. Rothberg, E., 2023. Judith Heumann. National Women's History Museum. Online unter: https://www.womenshistory.org/education-resources/biographies/judith-heumann [Aufgerufen am 12.05.2023]

2 Judy Heumann, n.d. Judy Heumann (1947–2023). Online unter: https://judithheumann.com/project/about/ [Aufgerufen am 12.05.2023]

3 Heumann, J., 2020. Being Heumann: An unrepentant memoir of a disability rights activist. Seite 4, Beacon Press

4 Heumann, J., 2020. Being Heumann: An unrepentant memoir of a disability rights activist. Seite 8, Beacon Press

5 Malcom, A.H., 1970. Woman in Wheel Chair Sues to Become Teacher. New York Times. Online unter: https://www.nytimes.com/1970/05/27/archives/woman-in-wheel-chair-sues-to-become-teacher.html [Aufgerufen am 12.05.2023]

6 Malcom, A.H., 1970. Woman in Wheel Chair Sues to Become Teacher. New York Times. Online unter: https://www.nytimes.com/1970/05/27/archives/woman-in-wheel-chair-sues-to-become-teacher.html [Aufgerufen am 12.05.2023]

7 Crip Camp, n.d. Crip Camp. Online unter: https://cripcamp.com/ [Aufgerufen am 12.05.2023]

8 Judy Heumann, n.d. Judy Heumann (1947–2023). Online unter: https://judithheumann.com/project/about/ [Aufgerufen am 12.05.2023]

9 Waldschmidt, A. (2006). Soziales Problem oder kulturelle Differenz? Zur Geschichte von «Behinderung» aus der Sicht der «Disability

Studies». Traverse. Zeitschrift für Geschichte, Revue d'Histoire, 13(3), 31–46

10 Hering, S., und Münchmeier, R., 2000. Geschichte der sozialen Arbeit. *Eine Einführung*

11 Sozialverband Deutschland, n. d. Die Vorteile einer starken Gemeinschaft nutzen. Online unter: https://www.sovd.de/gemeinschaft/vorteile [Aufgerufen am 12.05.2023]

12 Sozialverband Deutschland, n. d. Geschichte – Über 100 Jahre Sozialverband Deutschland. Online unter: https://www.sovd.de/sozialverband/geschichte [Aufgerufen am 03.04.2023]

13 Gen-ethisches Netzwerk, n. d. Die frühe Eugenik. Online unter: https://www.gen-ethisches-netzwerk.de/behinderung/246/diefrueheeugenik [Aufgerufen am 12.05.2023]

14 T4-Denkmal, n. d. Die nationalsozialistischen Euthanasiemorde. Eugenik/Rassenhygiene. Online unter: https://www.t4-denkmal.de/Eugenik-Rassenhygiene [Aufgerufen am 12.05.2023]

15 Graefe, S., 2015. Schöner Tod? «Euthanasie» in Vergangenheit und Gegenwart. Bundeszentrale für politische Bildung. Online unter: https://www.bpb.de/themen/medien-journalismus/netzdebatte/210577/schoener-tod-euthanasie-in-vergangenheit-und-gegenwart/ [Aufgerufen am 12.05.2023]

16 Schott, H., Medizingeschichte(n): Ethanasie – Wert des Lebens. Ärzteblatt. Online unter: https://www.aerzteblatt.de/archiv/50056/Medizingeschichte(n)Euthanasie-Wert-des-Lebens [Aufgerufen am 12.05.2023]

17 Karl Binding/Alfred Hoche, (1922): Die Freigabe der Vernichtung lebensunwerten Lebens. Ihr Maß und ihre Form, 2. Aufl., Leipzig

18 T4-Denkmal, n. d. Zwangssterilisation. Online unter: https://www.t4-denkmal.de/Zwangssterilisation [Aufgerufen am 12.05.2023]

19 Krol, B., n. d. Die Geschichte der Eugenik-Verbrechen. Planet Wissen. Online unter: https://www.planet-wissen.de/geschichte/nationalsozialismus/nationalsozialistische_rassenlehre/geschichte-der-eugenik-verbrechen-100.html [Aufgerufen am 17.03.2023]

20 T4-Denkmal, n. d. Zwangssterilisation. Online unter: https://www.t4-denkmal.de/Zwangssterilisation [Aufgerufen am 12.05.2023]

21 T4-Denkmal, n.d. Zwangssterilisation. Online unter: https://www.t4-denkmal.de/Zwangssterilisation [Aufgerufen am 12.05.2023]

22 Die nationalsozialistischen Euthanasie-Morde, n.d. T4-Denkmal. Online unter: https://www.t4-denkmal.de/Zwangssterilisation [Aufgerufen am 03.04.2023]

23 Deutscher Bundestag, n.d. Experten: NS-Opfer von «Euthanasie» und Zwangssterilisationen anerkennen. Online unter: https://www.bundestag.de/dokumente/textarchiv/2022/kw39-pa-kultur-908960 [Aufgerufen am 12.05.2023]

24 Jenner, H., 2004. Quellen zur Geschichte der «Euthanasie»-Verbrechen 1939–1945 in deutschen und österreichischen Archiven. Ein Inventar. Bundesarchiv. Online unter: https://www.bundesarchiv.de/geschichte_euthanasie/Inventar_euth_doe.pdf [Aufgerufen am 15.05.2023]

25 Euthanasie-Gedenken. n.d. Aktion T4 Berlin. Online unter: https://www.euthanasie-gedenken.de/t4_gedenken.htm [Aufgerufen am 15.05.2023]

26 Bundeszentrale für politische Bildung, 2019. Vor 80 Jahren: Beginn der NS-«Euthanasie»-Programme. Online unter: https://www.bpb.de/kurz-knapp/hintergrund-aktuell/295244/vor-80jahren-beginn-der-ns-euthanasie-programme/ [Aufgerufen am 15.05.2023]

27 Bundeszentrale für politische Bildung, 2019. Vor 80 Jahren: Beginn der NS-«Euthanasie»-Programme. Online unter: https://www.bpb.de/kurz-knapp/hintergrund-aktuell/295244/vor-80jahren-beginn-der-ns-euthanasie-programme/ [Aufgerufen am 15.05.2023]

28 T4-Denkmal, n.d. Die nationalsozialitischen Euthanasie-Morde. Online unter: https://www.t4-denkmal.de/Die-Aktion-T4 [Aufgerufen am 15.05.2023]

29 Schönwiese, Volker (2016): Behindertenbewegung. In: Hedderich, Ingeborg; Biewer, Gottfried; Hollenweger, Judith (Hg.): Handbuch Inklusion und Sonderpädagogik (utb Erziehungswissenschaft, Sonderpädagogik), S. 44–48

30 Schönwiese, Volker (2016): Behindertenbewegung. In: Hedderich, Ingeborg; Biewer, Gottfried; Hollenweger, Judith (Hg.): Handbuch Inklusion und Sonderpädagogik (utb Erziehungswissenschaft, Sonderpädagogik), S. 44–48

31 VdK, n. d. Wofür wir stehen. Online unter: https://www.vdk.de/deutschland/pages/der_vdk/73484/wofuer_wir_stehen [Aufgerufen am 12.05.2023]

32 VdK, n. d. Was bedeutet die Abkürzung VdK? Online unter: https://www.vdk.de/deutschland/pages/der_vdk/9958/was_heiszt_vdk [Aufgerufen am 03.04.2023]

33 Inklusion als Menschenrecht, n. d. Umgang mit nationalsozialistischen Gesetzen und Urteilen nach dem Ende des Nationalsozialismus (ab 1945). Online unter: https://www.inklusion-als-menschenrecht.de/nachkriegsdeutschland-brd-und-ddr/ [Aufgerufen am 15.05.2023]

34 Köbsell, S., n. D. Gegen Aussonderung – für Selbstvertretung: zur Geschichte der Behindertenbewegung in Deutschland. Inklusion als Menschenrecht. Online unter: https://www.inklusion-als-menschenrecht.de/gegenwart/zusatzinformationen/gegen-aussonderung-fuer-selbstvertretung/ [Aufgerufen am 12.05.2023]

35 Rößler, N., 2018. Fürsorge, Ausgrenzung – oder beides? Deutschlandfunk. Online unter: https://www.deutschlandfunk.de/60-jahre-lebenshilfe-fuersorge-ausgrenzung-oder-beides-100.html [Aufgerufen am 28.08.2023]

36 Köbsell, Swantje (2009): Behindertenbewegung. In: Markus Dederich, Wolfgang Jantzen und Iris Beck (Hg.): Behinderung und Anerkennung. Behinderung, Bildung, Partizipation, Bd. 2. Stuttgart: Kohlhammer (Heil- und Sonderpädagogik)

37 Schönewiese, V., 2017. Die Geschichte der Behindertenbewegung. Der Standard. Online unter: https://www.derstandard.de/story/2000068794055/die-geschichte-der-behindertenbewegung [Aufgerufen am 12.05.2023]

38 Dederich, M., und Jantzen, W. (2009): Behinderung und Anerkennung, Behinderung, Bildung, Partizipation, Enzyklopädisches Handbuch der Behindertenpädagogik, Stuttgart: Kohlhammer

39 Köbsell, Swantje (2009): Behindertenbewegung. In: Markus Dederich, Wolfgang Jantzen und Iris Beck (Hg.): Behinderung und Anerkennung. Behinderung, Bildung, Partizipation, Bd. 2. Stuttgart: Kohlhammer (Heil- und Sonderpädagogik)

40 Köbsell, Swantje (2009): Behindertenbewegung. In: Markus Dederich, Wolfgang Jantzen und Iris Beck (Hg.): Behinderung und Anerken-

nung. Behinderung, Bildung, Partizipation, Bd. 2. Stuttgart: Kohlhammer (Heil- und Sonderpädagogik)

41 Bifos, n.d. Krüppelgruppen. Online unter: http://www.zeitzeugen-projekt.de/index.php/glossar/131-krueppelgruppen [Aufgerufen am 15.05.2023]

42 Köbsell, Swantje (2009): Behindertenbewegung. In: Markus Dederich, Wolfgang Jantzen und Iris Beck (Hg.): Behinderung und Anerkennung. Behinderung, Bildung, Partizipation, Bd. 2. Stuttgart: Kohlhammer (Heil- und Sonderpädagogik)

43 Marzell, P., 2020. Krüppelfrauengruppen. Digitales Deutsches Frauenarchiv. Online unter: https://www.digitales-deutsches-frauenarchiv.de/themen/krueppelfrauengruppen [Aufgerufen am 28.08.2023]

44 Miles-Paul, Ottmar (1992): Wir sind nicht mehr aufzuhalten. Behinderte auf dem Weg zur Selbstbestimmung; Beratung von Behinderten durch Behinderte – Peer Support: Vergleich zwischen den USA und der BRD. München: AG SPAK. Online verfügbar unter http://bidok.uibk.ac.at/library/miles_paul-peer_support.html#idp8565088 [Aufgerufen am 04.04.2023]

45 Miles-Paul, Ottmar (1992): Wir sind nicht mehr aufzuhalten. Behinderte auf dem Weg zur Selbstbestimmung; Beratung von Behinderten durch Behinderte – Peer Support: Vergleich zwischen den USA und der BRD. München: AG SPAK. Online verfügbar unter http://bidok.uibk.ac.at/library/miles_paul-peer_support.html#idp8565088 [Aufgerufen am 04.04.2023]

46 Köbsell, Swantje (2009): Behindertenbewegung. In: Markus Dederich, Wolfgang Jantzen und Iris Beck (Hg.): Behinderung und Anerkennung. Behinderung, Bildung, Partizipation, Bd. 2. Stuttgart: Kohlhammer (Heil- und Sonderpädagogik)

47 Maskos, R., 2011. Endlich undankbar. Jungle World. Online unter: https://jungle.world/artikel/2011/50/endlich-undankbar [Aufgerufen am 03.04.2023]

48 Köbsell, Swantje (2009): Behindertenbewegung. In: Markus Dederich, Wolfgang Jantzen und Iris Beck (Hg.): Behinderung und Anerkennung. Behinderung, Bildung, Partizipation, Bd. 2. Stuttgart: Kohlhammer (Heil- und Sonderpädagogik)

49 Köbsell, Swantje (2009): Behindertenbewegung. In: Markus Dederich, Wolfgang Jantzen und Iris Beck (Hg.): Behinderung und Anerkennung. Behinderung, Bildung, Partizipation, Bd. 2. Stuttgart: Kohlhammer (Heil- und Sonderpädagogik)

50 Miles-Paul, O., 2021. 1991–2021:30 Jahre Düsseldorfer Appell. Kobinet-Nachrichten. Online unter: https://kobinet-nachrichten.org/2021/10/23/1991–2021–30-jahre-duesseldorfer-appell/ [Aufgerufen am 15.05.2023]

51 Netzwerk Artikel 3, n.d. Der Vorstand stellt sich vor. Online unter: https://www.nw3.de/index.php/selbstdarstellung [Aufgerufen am 15.05.2023]

52 Miles-Paul, Ottmar (1992): Wir sind nicht mehr aufzuhalten. Behinderte auf dem Weg zur Selbstbestimmung; Beratung von Behinderten durch Behinderte – Peer Support: Vergleich zwischen den USA und der BRD. München: AG SPAK. Online verfügbar unter http://bidok.uibk.ac.at/library/miles_paul-peer_support.html#idp8565088 [Aufgerufen am 15.05.2023]

53 Miles-Paul, O., 2022. 20 Jahre Behindertengleichstellungsgesetz. Kobinet. Online unter: https://kobinet-nachrichten.org/2022/05/01/20-jahre-behindertengleichstellungsgesetz/ [Aufgerufen am 15.05.2023]

54 Bundesministerium für Arbeit und Soziales, n.d. Behindertengleichstellungsgesetz. Online unter: https://www.bmas.de/DE/Service/Gesetze-und-Gesetzesvorhaben/gesetz-zur-gleichstellung-behinderter-menschen.html [Aufgerufen am 15.05.2023]

55 Welti, F., Groskreutz, H., Hlava, D., Rambausek, T., Ramm, D., & Wenckebach, J. (2014). Evaluation des Behindertengleichstellungsgesetzes: Abschlussbericht. (Forschungsbericht/Bundesministerium für Arbeit und Soziales, FB445.) Kassel: Bundesministerium für Arbeit und Soziales; Universität Kassel, FB 01 Humanwissenschaften, Institut für Sozialwesen. Online unter: https://nbn-resolving.org/urn:nbn:de:0168-ssoar-47635-7

56 Glvhh, n.d. Gebärdensprache und Gehörlosenkultur. Online unter: https://www.glvhh.de/infos/geb%C3%A4rdensprache/ [Aufgerufen am 15.05.2023]

57 Bündnis AGG Reform Jetzt!, n.d. Online unter: https://agg-reform.jetzt/ [Aufgerufen am 28.05.2023]

58 Deutscher Behindertenrat, n. d. Wir über uns. Online unter: https://www.deutscher-behindertenrat.de/ID25034 [Aufgerufen am 28.05.2023]

59 Bundesministerium der Justiz, n. d. Gesetz zur Gleichstellung von Menschen mit Behinderung. Online unter: https://www.gesetze-im-internet.de/bgg/BJNR146800002.html [Aufgerufen am 28.05.2023]

60 Bundesministerium für Arbeit und Soziales, n. d. Persönliches Budget. Online unter: https://www.bmas.de/DE/Soziales/Teilhabe-und-Inklusion/Persoenliches-Budget/persoenliches-budget.html [Aufgerufen am 28.05.2023]

61 NITSA, n. d. Bundesteilhabegesetz. Online unter: https://nitsa-ev.de/bewusstseinsbildung/bundesteilhabegesetz/ [Aufgerufen am 18.05.2023]

62 Ratifizierung bedeutet, einen Vertrag gültig zu machen. In einer Bürokratie braucht es dafür bestimmte Verfahren. Bei uns muss der Deutsche Bundestag dem Vertrag zustimmen, und der Bundespräsident muss den Vertrag unterzeichnen

63 Hahne, H., 2017. «Ich steuere auf jedenfall auf Altersarmut zu.» Zeit. Online unter: https://www.zeit.de/arbeit/2017-11/raul-krauthausen-gehalt-arbeit-ngo [Aufgerufen am 15.05.2023]

64 Völpel, E., 2013. Online unter: https://taz.de/Petition-fuer-Behinderten-Rechte/!5063037/ [Aufgerufen am 15.05.2023]

65 Bundesministerium für Arbeit und Soziales, n. d. Bundesteilhabegesetz. Online unter: https://www.bmas.de/DE/Soziales/Teilhabe-und-Inklusion/Rehabilitation-und-Teilhabe/bundesteilhabegesetz.html [Aufgerufen am 15.05.2023]

66 Leidmedien, 2016. Papp-Protest und Spree-Sprung. Online unter: https://leidmedien.de/aktuelles/papp-protest-spree-sprung-nichtmeingesetz/ [Aufgerufen am 15.05.2023]

67 Deutscher Bundestag, 2016. Experten für Korrekturen am Bundesteilhabegesetz. Online unter: https://www.bundestag.de/webarchiv/textarchiv/2016/kw45-pa-arbeit-soziales-473514 [Aufgerufen am 15.05.2023]

Kapitel 2 **Ableismus in Deutschland heute**

(K)ein inklusiver Bildungsweg & Arbeitsmarkt

1 Bildungsklick, 2014. Meilenstein für die inklusive Bildung. Online unter: https://bildungsklick.de/schule/detail/meilenstein-fuer-die-inklusive-bildung [Aufgerufen am 09.05.2023]

2 Deutsches Institut für Menschenrechte, n.d. Artikel 24 UN-BRK. Online unter: https://www.institut-fuer-menschenrechte.de/menschenrechtsschutz/datenbanken/datenbank-fuer-menschenrechte-und-behinderung/detail/artikel-24-un-brk [Aufgerufen am 09.05.2023]

3 Miles-Paul, K., 2021. Für eine korrekte deutsche Übersetzung der UN-BRK. Kobinet. Online unter: https://kobinet-nachrichten.org/2021/11/05/fuer-eine-korrekte-deutsche-uebersetzung-der-un-behindertenrechtskonvention/ [Aufgerufen am 09.05.2023]

4 Bundesministerium für Familie, Senioren, Frauen und Jugend, 2020. Gute-KiTa-Bericht 2020, S. 48–49. Online unter: https://www.bmfsfj.de/resource/blob/163400/5cafebd2140264b8cdb0cd149a965950/gute-kita-bericht-2020-data.pdf [Aufgerufen am 08.05.2023]

5 Bundesministerium für Familie, Senioren, Frauen und Jugend, 2020. Gute-KiTa-Bericht 2020, S. 48–49. Online unter: https://www.bmfsfj.de/resource/blob/163400/5cafebd2140264b8cdb0cd149a965950/gute-kita-bericht-2020-data.pdf [Aufgerufen am 08.05.2023]

6 Allmendinger, J., Wrase, M., 2014. Inklusion ist keine «Utopie». Spiegel Panorama. Online unter: https://www.spiegel.de/lebenundlernen/schule/inklusion-warum-behinderte-kinder-regelschulen-besuchen-sollten-a-979079.html [Aufgerufen am 11.10.2022]

7 Aktion Mensch, n.d. Inklusionsquoten in Deutschland. Online unter: https://www.aktion-mensch.de/inklusion/bildung/hintergrund/zahlen-daten-und-fakten/inklusionsquoten [Aufgerufen am 11.10.2022]

8 Trenkamp, O., Greiner, L., 2014. Behinderte Kinder lernen an Regelschulen besser. Spiegel Panorama. Online unter: https://www.spiegel.de/lebenundlernen/schule/inklusion-behinderte-kinder-an-regelschulen-lernen-besser-a-968288.html [Aufgerufen am 11.10.2022]

9 Klemm, K., 2009. Sonderweg Förderschulen: Hoher Einsatz, wenig Perspektiven. Online unter: https://www.bertelsmann-stiftung.de/

de/publikationen/publikation/did/sonderweg-foerderschulen-hoher-einsatz-wenig-perspektiven/#:~:text=2%2C6%20Milliarden%20Euro%20pro,zur%C3%BCck%20auf%20eine%20allgemeine%20Schule. [Aufgerufen am 08.05.2023]

10 Klemm, K., 2023. Jugendliche ohne Hauptschulabschluss. Bertelsmann Stiftung. Online unter: https://www.bertelsmann-stiftung.de/de/publikationen/publikation/did/jugendliche-ohne-hauptschul abschluss-1 [Aufgerufen am 18.05.2023]

11 Reimann, L., 2014. «Die Förderschule für Lernbehinderte ist sinnvoll.» Inklusionsfakten.de. Online unter: https://inklusionsfakten.de/die-foerderschule-fuer-lernbehinderte-ist-sinnvoll/ [Aufgerufen am 18.05.2023]

12 Schumann, B., Förderschüler:innen haben keine Aussicht auf Schulformwechsel. Online unter: https://bildungsklick.de/schule/detail/foerderschuelerinnen-haben-kaum-aussicht-auf-schulformwechsel [Aufgerufen am 15.05.2023]

13 Bundeszentrale für politische Bildung, 2023. Integrationsquote: Anteil der Inklusionsschülerinnen steigt. Online unter: https://www.bpb.de/themen/bildung/dossier-bildung/518229/integrations quote-anteil-der-inklusionsschueler-innen-steigt/ [Aufgerufen am 08.05.2023]

14 Bundeszentrale für politische Bildung, 2023. Integrationsquote: Anteil der Inklusionsschülerinnen steigt. Online unter: https://www.bpb.de/themen/bildung/dossier-bildung/518229/integrations quote-anteil-der-inklusionsschueler-innen-steigt/ [Aufgerufen am 08.05.2023]

15 Afeworki Abay, R., 2022. Rassismus und Ableism: Same, Same but Different? Intersektionale Perspektive und konviviale Visionen auf Erwerbsarbeit in der Dominanzgesellschaft. In *DisAbility in der Migrationsgesellschaft. Betrachtungen an der Intersektion von Behinderung, Kultur und Religion in Bildungskontexten* (pp. 93–110)

16 Dpa, 2020. Schulen. Umfrage: Akzeptanz der Lehrer für Inklusion geht zurück. Die Zeit. Online unter: https://www.zeit.de/news/2020-11/09/studie-nur-15-prozent-der-suedwest-schulen-barrierefrei#:~:text=Nur%2015%20Prozent%20der%20Schulen,Schulen%20ist%20demnach%20nicht%20barrierefrei. [Aufgerufen am 09.05.2023]

17 Dpa, 2020. Schulen. Umfrage: Akzeptanz der Lehrer für Inklusion geht zurück. Die Zeit. Online unter: https://www.zeit.de/news/2020-11/09/studie-nur-15-prozent-der-suedwest-schulen-barrierefrei#:~:text=Nur%2015%20Prozent%20der%20Schulen,Schulen%20ist%20demnach%20nicht%20barrierefrei. [Aufgerufen am 09.05.2023]

18 DIN 18040, n.d. DIN 18040 Norm Barrierefreies Bauen. Online unter: https://www.din18040.de/ [Aufgerufen am 18.05.2023]

19 Deutscher Verein, 2021. Empfehlungen des Deutschen Vereins zur Umsetzung und Weiterentwicklung von Schulassistenz nach § 112 SGB IX und § 35a SGB VIII. Online unter: https://www.deutscher-verein.de/de/uploads/empfehlungen-stellungnahmen/2021/dv-5-20_schulassistenz.pdf [Aufgerufen am 15.05.2023]

20 Rauch, E., 2022. Schulassistenten: Stellenausschreibungen frühestens ab November. Thüringer Allgemeine. Online unter: https://www.thueringer-allgemeine.de/politik/schulassistenten-stellenausschreibungen-ab-november-id236739549.html [Aufgerufen am 09.05.2023]

21 Micksch, S., 2023. Cebeef-Schulassistenz in Frankfurt vor dem Aus. Frankfurter Rundschau. Online unter: https://www.fr.de/frankfurt/cebeef-schulassistenz-in-frankfurt-vor-dem-aus-92177378.html [Aufgerufen am 09.05.2023]

22 Leuschner, H., 2022. Schulassistenz: Warum der Pool zu scheitern droht. Online unter: https://www.nordsee-zeitung.de/Cuxland/Schulassistenz-Warum-der-Pool-zu-scheitern-droht-103543.html [Aufgerufen am 09.05.2023]

23 Bundesagentur für Arbeit, 2022. Arbeitsmarktsituation schwerbehinderter Menschen. Online unter: https://statistik.arbeitsagentur.de/DE/Statischer-Content/Statistiken/Themen-im-Fokus/Menschen-mit-Behinderungen/generische-Publikation/Arbeitsmarktsituation-schwerbehinderter-Menschen-2022.pdf?__blob=publicationFile&v=15 [Aufgerufen am 28.05.2023]

24 Destatis, 2021. 57 Prozent der Menschen mit Behinderung zwischen 15 und 64 Jahren waren 2019 in den Arbeitsmarkt integriert. Online unter: https://www.destatis.de/DE/Presse/Pressemitteilungen/Zahl-der-Woche/2021/PD21_20_p002.html [Aufgerufen am 12.10.2022]

25 Nota, L., Santilli, S., Ginevra, M.C., and Soresi, S., 2014. Employer

attitudes towards the work inclusion of people with disability. *Journal of Applied Research in Intellectual Disabilities*, *27*(6), pp. 511–520

26 Stuart, H., 2006. Mental illness and employment discrimination. *Current opinion in psychiatry*, *19*(5), pp. 522–526

27 Kunert, H., 2021. Arbeitsmarkt: Blinde und Sehbehinderte werden ausgegrenzt. Rollingplanet. Online unter: https://rollingplanet.de/arbeitsmarkt-blinde-und-sehbehinderte-menschen-werden-ausgegrenzt/ [Aufgerufen am 12.10.2022]

28 Kallman, D., 2017. Integrating disability: Boomerang effects when using positive media examples to reduce disability prejudice. *International Journal of Disability, Development and Education*, *64*(6), pp. 644–662

29 Ameri, M., Schur, L., Adya, M., Bentley, F.S., McKay, P., and Kruse, D., 2018. The disability employment puzzle: A field experiment on employer hiring behavior. *ILR Review*, *71*(2), pp. 329–364

30 Baert, S., 2016. Wage subsidies and hiring chances for the disabled: some causal evidence. *The European Journal of Health Economics*, *17*(1), pp. 71–86

31 Canadian Centre on Disability Studies, 2001. *Building Bridges Between the Corporate Sector and the Disability Community*. Canadian Centre on Disability Studies

32 Friedman, C., 2020. The relationship between disability prejudice and disability employment rates. *Work*, *65*(3), pp. 591–598

33 Institut für Rehabilitationsforschung Norderney, n. d. Der allgemeine Arbeitsmarkt. Sozialmedizinische Leistungsbeurteilung in der medizinischen Rehabilitation. Online unter: https://www.leistungsbeurteilung-reha.de/grundlagen/der-allgemeine-arbeitsmarkt/ [Aufgerufen am 06.01.2023]

34 Rehadat Statistik, 2022. Bundesarbeitsgemeinschaft Werkstätten für behinderte Menschen. Online unter: https://www.rehadat-statistik.de/statistiken/berufliche-teilhabe/wfbm/bagwfbm/ [Online unter 29.12.2022]

35 Deutsches Institut für Menschenrecht, n. d. Artikel 27 UN-BRK. Online unter: https://www.institut-fuer-menschenrechte.de/menschenrechtsschutz/datenbanken/datenbank-fuer-menschenrechte-und-behinderung/detail/artikel-27-un-brk [Aufgerufen am 30.12.2022]

36 Deutsches Institut für Menschenrechte, 2018. Das Recht auf Arbeit für Menschen mit Behinderung verwirklichen. Online unter: https://www.institut-fuer-menschenrechte.de/publikationen/detail/das-recht-auf-arbeit-fuer-menschen-mit-behinderungen-verwirklichen [Aufgerufen am 06.01.2023]

37 BAG WfbM, 2022. Statistik zu den durchschnittlichen monatlichen Arbeitsentgelten 2020. Online unter: https://www.bagwfbm.de/article/6141 [Aufgerufen am 06.01.2023]

38 Deutsches Institut für Menschenrechte, 2016. Inklusiver Arbeitsmarkt statt Sonderstrukturen. S. 2 ff. Online unter: https://www.institut-fuer-menschenrechte.de/fileadmin/Redaktion/Publikationen/Position__Inklusiver_Arbeitsmarkt_statt_Sonderstrukturen.pdf [Aufgerufen am 06.01.2023]

39 Bundesarbeitsgemeinschaft Werkstätten für behinderte Menschen e.V., n.d. Menschen in Werkstätten. Online unter: https://www.bagwfbm.de/page/25 [Aufgerufen am 30.12.2022]

40 Bundesarbeitsgemeinschaft der überörtlichen Träger der Sozialhilfe, 2017. Kennzahlenvergleich Eingliederungshilfe der überörtlichen Träger der Sozialhilfe. Online unter: https://www.lwl.org/spur-download/bag/190306_BAGueS_Bericht_2017_final.pdf [Aufgerufen am 30.12.2022]

41 Kowalewski, S., 2011. Behindertenwerkstätten sind ökonomisches Schwergewicht. Online unter: https://www.deutschlandfunk.de/behindertenwerkstaetten-sind-oekonomisches-schwergewicht-100.html [Aufgerufen am 06.01.2023]

42 Lill, T., 2020. Arbeit ohne Lohn. BSZ. Online unter: https://www.bayerische-staatszeitung.de/staatszeitung/politik/detailansicht-politik/artikel/arbeit-ohne-lohn.html#topPosition [Aufgerufen am 30.12.2022]

43 Schweiger, A., 2018. Auch die Lebenshilfe produziert für VW. Braunschweiger Zeitung. Online unter: https://www.braunschweiger-zeitung.de/wirtschaft/article214637989/Auch-die-Lebenshilfe-produziert-fuer-VW.html [Aufgerufen am 06.01.2023]

44 Behindertenwerkstätten Oberpfalz, n.d. Referenzen. Online unter: https://www.wfb-cham.de/unsere-aufgabe-unser-ziel-2/referenzen/ [Aufgerufen am 13.01.2023]

45 Behrend, S., 2021. Die Schattenseiten der Inklusionspreisträger. Die Neue Norm. Online unter: https://dieneuenorm.de/arbeit/inklusionspreistraeger-werkstaetten-behinderung/ [Aufgerufen am 13.01.2023]

46 BHZ Stuttgart, n.d. Ihre Vorteile. Online unter: https://www.bhz.de/produkte-und-dienstleistungen/ihre-vorteile [Aufgerufen am 13.01.2023]

47 BHZ Stuttgart, n.d. Ihre Vorteile. Online unter: https://www.bhz.de/produkte-und-dienstleistungen/ihre-vorteile [Aufgerufen am 13.01.2023]

48 Weißenburger Werkstätten, n.d. Referenzen. Online unter: https://www.weissenburger-werkstaetten.de/index.php/produkte-dienstleistungen/referenzen [Aufgerufen am 13.01.2023]

49 Fakture, n.d. Bonbonmanufaktur. Online unter: https://www.faktura-berlin.de/produkte-und-dienstleistungen/bonbonmanufaktur/ [Aufgerufen am 13.01.2023]

50 Lebenshilfe Aachen Werkstätten & Service GmbH, 2015. Imagefilm der Lebenshilfe Aachen Werkstätten & Service GmbH. YouTube. Online unter: https://www.youtube.com/watch?v=_jGtO5tz9g4 [Aufgerufen am 06.01.2023]

51 BAG WfbM, n.d. Die Ergebnisse der bundesweiten SROI-Studie. Online unter: https://www.bagwfbm.de/page/sroi_ergebnisse [Aufgerufen am 06.01.2023]

52 BAG WfbM, n.d. Mehr Wert als man denkt. Online unter: https://www.bagwfbm.de/page/sroi_allgemein [Aufgerufen am 13.01.2023]

53 SGB, 2022. § 219 SGB IX Begriff und Aufgaben der Werkstatt für behinderte Menschen. Neuntes Buch, Rehabilitation und Teilhabe von Menschen mit Behinderung. Online unter: https://www.sozialgesetzbuch-sgb.de/sgbix/219.html [Aufgerufen am 30.12.2022]

54 Bundesministerium der Justiz, n.d. Werkstättenverordnung § 12 Wirtschaftsführung. Online unter: https://www.gesetze-im-internet.de/schwbwv/__12.html [Aufgerufen am 30.12.2022]

55 Körner, J., 2019. Behindertenwerkstätten als Sackgassen? NDR. Online unter: https://www.ndr.de/fernsehen/sendungen/panorama3/Behindertenwerkstaetten-als-Sackgasse,behindertenwerkstatt118.html [Aufgerufen am 30.12.2022]

56 Pracht, A., und Welti, F., 2021. Studie zu einem transparenten, nachhaltigen und zukunftsfähigen Entgeltsystem für Menschen mit Behinderung in Werkstätten für behinderte Menschen und deren Perspektiven auf dem allgemeinen Arbeitsmarkt: Erster Zwischenbericht

57 Schmidt-Stein, M., 2023. Inklusion: Ab 2024 höhere Ausgleichsabgaben. Personalwirtschaft. Online unter: https://www.personalwirtschaft.de/news/arbeitsrecht/inklusion-bundeskabinett-will-ausgleichsabgabe-erhoehen-146319/ [Aufgerufen am: 18.11.2023]

58 REHADAT, 2020. Statistik zur Beschäftigung schwerbehinderter Menschen. Online unter: https://www.rehadat-ausgleichsabgabe.de/hintergrund/statistik/ [Aufgerufen am 01.08.2022]

Selbstbestimmt leben geht

1 Leifels, A., 2020. Barrierearmer Wohnraum: Bedarf steigt durch Alterung steil – Förderung wirkt. KFW. Online unter: https://www.kfw.de/PDF/Download-Center/Konzernthemen/Research/PDF-Dokumente-Fokus-Volkswirtschaft/Fokus-2020/Fokus-Nr.-285-April-2020-Barrierearmer-Wohnraum.pdf [Aufgerufen am 17.04.2023]

2 Institut für Menschenrechte, n.d. Wohnen. Online unter: https://www.institut-fuer-menschenrechte.de/themen/rechte-von-menschen-mit-behinderungen/wohnen#:~:text=Die%20UN%20DBRK%20ver pflichtet%20dazu,institutionellen%20zu%20gemeindenahen%20 Wohnformen%20voraus [Aufgerufen am 14.02.2022]

3 LBP, 2022. Grundgesetz Artikel 13. Landeszentrale für politische Bildung Baden-Württemberg. Online unter: https://www.grund rechte-fibel.de/artikel13-wohnung [Aufgerufen am 17.04.2023]

4 Bundesministerium der Justiz. Grundgesetz für die Bundesrepublik Deutschland Art 2. Online unter: https://www.gesetze-im-internet.de/gg/art_2.html [Aufgerufen am 09.03.2023]

5 Maier, W., 2015. Achtung der Selbstbestimmung und Anwendung von Zwang bei der Behandlung von psychisch erkrankten Menschen. *Eine ethische Stellungnahme der DGPPN (23.09.2014). Im Internet:* http://www. dgppn. de/en/presse/pressemitteilungen/detailansicht/article/*307/achtung-der. html Stand, 9*

6 Metzler, H., Meyer, T., Rauscher, C., Schäfers, M., & Wansing, G. (2007). *Begleitung und Auswertung der Erprobung trägerübergreifender*

Persönlicher Budgets: wissenschaftliche Begleitforschung zur Umsetzung des Neunten Buches Sozialgesetzbuch (SGB IX) – Rehabilitation und Teilhabe behinderter Menschen; Abschlussbericht. Berlin: Bundesministerium für Arbeit und Soziales. https://nbn-resolving.org/urn:nbn:de:0168-ssoar-294346

Barrierefreiheit, nein danke!

1 Bundesverband für körper- und mehrfachbehinderte Menschen e.V. n.d. Barrierefreiheitsstärkungsgesetz. Online unter: https://bvkm.de/ratgeber/barrierefreiheitsgesetz-stellungnahme-des-bvkm/ [Aufgerufen am 02.11.2022]

2 Zeit Online, 2020. Mobilität: Mehr als 1000 Bahnhöfe nicht barrierefrei. Online unter: https://www.zeit.de/mobilitaet/2020-07/mobilitaet-barrierefreiheit-bahnhoefe-nicht-zugaenglich-anfrage-fdp-verkehrsministerium?utm_referrer=https%3A%2F%2Fwww.google.com%2F [Aufgerufen 26.09.2022]

3 WDR, 2022. Neuer ICE L: Kann die Bahn auch barrierefrei? Online unter: https://www1.wdr.de/nachrichten/bahn-ice-rollstuhl-behinderung-barrierefreiheit-100.html [Aufgerufen am 21.09.2022]

4 Thomas, T., 2022. Passengers faking need for wheelchair to skip queues, Heathrow boss claims. The Guardian. Online unter: https://www.theguardian.com/world/2022/jul/26/passengers-fakingneed-for-wheelchair-skip-airport-queues-heathrow [Aufgerufen am 26.09.2022]

5 GOV.UK, n.d. Transport support services for disabled people. Online unter: https://www.gov.uk/transport-disabled/taxis-and-minicabs [Aufgerufen am 29.09.2022]

6 InklusionsTaxis, n.d. Barrierefreie Taxis. Online unter: https://inklusionstaxi.de/projekt/barrierefreie-taxen/ [Aufgerufen am 29.09.2022]

7 BBC, 2022. Uber to pay $2.2 m to disabled riders over wait time. Online unter: https://www.bbc.com/news/business-62214567 [Aufgerufen am 29.09.2022]

8 Hawkins, Andrew J., 2022. Uber doesn't have to provide wheelchair accessible vehicles in every city. The Verge. Online unter: https://

www.theverge.com/2022/7/26/23279408/uber-wheelchair-accessible-service-judge-ruling-ada [Aufgerufen am 29.09.2022]

9 Kulturerbe in Bewegung, 2021. Barrierefreiheit und Denkmalrecht. Online unter: https://www.dnk.de/fokus/barrierefreiheit-und-denkmalrecht/ [Aufgerufen am 28.02.2023]

10 Ruhs, J., Wengert, J., 2022. Ministerin Scharf: «Bayern barrierefrei 2023» nicht zu schaffen. BR. Online unter: https://www.br.de/nachrichten/bayern/ministerin-scharf-bayern-barrierefrei-2023-nicht-zu-schaffen,TK3BkB5 [Aufgerufen am 28.02.2023]

11 Deutscher Bundestag, 2018. Denkmalschutz und Barrierefreiheit bei öffentlichen Gebäuden, Gesetzgebungskompetenz und Ausnahmeregelungen. Online unter: https://www.bundestag.de/resource/blob/549982/4652209b3309d6662739a3893b3e29a0/wd-7-031-18-pdf-data.pdf [Aufgerufen am 28.02.2023]

12 Liebetrau, N., 2019. Barrierefreiheit in Berlin: Denkmalschutz: Kein Zugang für alle? Tagesspiegel. Online unter: https://www.tagesspiegel.de/berlin/denkmalschutz-kein-zugang-fuer-alle-5316313.html [Aufgerufen am 01.03.2023]

13 Barrierefrei bauen, n.d. Anforderungen an öffentlich zugängliche Gebäude. Online unter: https://www.bfb-barrierefrei-bauen.de/wp-content/uploads/checkliste-barrierefreie-erschliessung.pdf [Aufgerufen am 30.09.2022]

14 Holsten, C., Spittka, E., 2020. Barrierefreiheit im privaten Fernsehen. Die Ergebnisse des achten Monitorings. Die Medienanstalten. Online unter: https://www.die-medienanstalten.de/fileadmin/user_upload/die_medienanstalten/Themen/Barrierefreiheit/ua_2021_Medienanstalten_Barrierefreiheit_achtes_Monitoring.pdf [Aufgerufen am 07.09.2022]

15 Krümpelmann, S., 2020. Der neue Medienstaatsvertrag: Fernsehen endlich barrierefrei? Die Neue Norm. Online unter: https://dieneuenorm.de/innovation/barrieren-fernsehen-medienstaatsvertrag/#:~:text=Der%20MStV%20ersetzt%20damit%20den,%2Ddemand%20(abrufbare)%20Streamingdienste [Aufgerufen am 08.08.2023]

16 National Association of the Deaf, 2012. *Landmark Precedent in NAD vs. Netflix.* National Association of the Deaf. Online unter: https://

www.nad.org/2012/06/19/landmark-precedent-in-nad-vs-netflix/ [Aufgerufen am: 07.09.2022]

17 The Audio Description Project, 2019. *Netflix Audio Described Titles?* American Council of the Blind. Online unter: http://acb.org/adp/netflixad.html [Aufgerufen am: 07.09.2022]

18 TV für Alle, 2022. Auswertung der letzten Woche. Online unter: https://tvfueralle.de/auswertung [Aufgerufen am 21.12.2022]

19 National Geographic, 2022. Sign Language. Online unter: https://education.nationalgeographic.org/resource/sign-language [Aufgerufen am 10.10.2022]

20 Bocksch, René, 2020. Barrierefreiheit im Internet kaum vorhanden. Online unter: https://de.statista.com/infografik/23675/anteil-der-majestic-million-websites-der-wcag-fehler-aufweist/ [Aufgerufen am 10.10.2022]

21 BGG, 2022. Gesetz zur Gleichstellung von Menschen mit Behinderung. Online unter: https://www.gesetze-im-internet.de/bgg/BJNR146800002.html [Aufgerufen am 10.10.2022]

22 Uebele, M., n.d. Checkliste für eine barrierefreie Website. Online unter: https://svaerm.com/blog/checkliste-fuer-eine-barrierefreie-website/ [Aufgerufen am 01.08.2023]

Umwelt- und Katastrophenschutz: Wer schützt eigentlich wen?

1 Paraplegie Community, n.d. Der Ableismus des Umweltschutzes. Online unter: https://community.paraplegie.ch/de/blog/gesellschaft/der-ableismus-des-umweltschutzes-6531 [Aufgerufen am 22.02.2023]

2 Krauthausen, R., 2021. Nicht ohne meinen Strohhalm. Spiegel. Online unter: https://www.spiegel.de/panorama/umweltschutz-und-behinderung-nicht-ohne-meinen-strohhalm-a-c9b45903-b174-4f52-befe-983de841ba45 [Aufgerufen am 22.02.2023]

3 #AbleismusTötet, 2022. Zwölf behinderte Menschen starben bei Hochwasser in Sinzig. Online unter: https://ableismus.de/toetet/de/gewaltfaelle/21-07-16-01-11-02 [Aufgerufen am 23.03.2023]

4 #AbleismusTötet, 2022. Brand: Zwei behinderte Menschen starben, drei schwerverletzt. Hof Klanhorst. Online unter: https://ableismus.de/toetet/de/gewaltfaelle/10-02-01-01-09-01 [Aufgerufen am 23.02.2023]

5 #AbleismusTötet, 2022. Zwei schwerverletzte behinderte Menschen durch Brand. Engelsstift. Online unter: https://ableismus.de/toetet/de/gewaltfaelle/21-08-09-01-10-01 [Aufgerufen am 23.02.2023]
6 Ciszewski, J., 2021. Katastrophenschutz muss barrierefrei werden. VdK. Online unter: https://www.vdk.de/deutschland/pages/themen/behinderung/83011/katastrophenschutz_muss_barrierefrei_werden?dscc=ok [Aufgerufen am 23.02.2023]
7 Ciszewski, J., 2021. Katastrophenschutz muss barrierefrei werden. VdK. Online unter: https://www.vdk.de/deutschland/pages/themen/behinderung/83011/katastrophenschutz_muss_barrierefrei_werden?dscc=ok [Aufgerufen am 23.02.2023]
8 Deutschlandfunk, 2021. Wie Menschen mit Beeinträchtigungen besser gewarnt werden können. Online unter: https://www.deutschlandfunk.de/katastrophenschutz-und-barrierefreiheit-wie-menschen-mit-100.html [Aufgerufen am 23.02.2023]
9 Deutschlandfunk, 2021. Wie Menschen mit Beeinträchtigungen besser gewarnt werden können. Online unter: https://www.deutschlandfunk.de/katastrophenschutz-und-barrierefreiheit-wie-menschen-mit-100.html [Aufgerufen am 23.02.2023]
10 Steinhofer, B., 2019. Barrierefreier Brandschutz – Evakuierungskonzepte für alle. Barrierefrei Bauen. Online unter: https://www.bfb-barrierefrei-bauen.de/evakuierungskonzepte/ [Aufgerufen am 27.02.2023]
11 Unser, A., n.d. Barrierefreie Rettungswege und Selbstrettung. Nullbarriere. Online unter: https://nullbarriere.de/din18040-rettungswege.htm [Aufgerufen am 27.02.2023]

Kein Einzelfall: Gewalt an Menschen mit Behinderung

1 Glammeier, S., 2019, March. Gewalt gegen Menschen mit Behinderungen. In *Public Health Forum* (Vol. 27, No. 1, pp. 84–86). De Gruyter
2 Morgan, C., n. D. The Unacknowledged Crisis of Violence Against Disabled People, Center for Disability Rights. Online unter: https://cdrnys.org/blog/advocacy/the-unacknowledged-crisis-of-violence-against-disabled-people/ [Aufgerufen am 03.09.2022]
3 Schröttle, M., Puchert, R., Arnis, M., Hafid, A., Sarkissian, A.H.,

Lehmann, C., Zinsmeister, J., Paust, I., Pölzer, L., Zinsmeister, H., und Thümmel, I., 2021. Gewaltschutzstrukturen für Menschen mit Behinderungen – Bestandsaufnahme und Empfehlungen

4 Schröttle, M., Hornberg, C., Glammeier, S., Sellach, B., Kavemann, B., Puhe, H., und Zinsmeister, J., 2012. Lebenssituation und Belastungen von Frauen mit Beeinträchtigungen und Behinderungen in Deutschland – Kurzfassung

5 United Nations, 2013. Fact Sheet: Violence against Women and Girls with Disabilities. Online unter: https://www.un.org/womenwatch/daw/csw/csw57/side_events/Fact%20sheet%20%20VAWG%20with%20disabilities%20FINAL%20.pdf [Aufgerufen am: 03.09.2022]

6 CALCASA, 2010. Supporting Survivors of Sexual Assault with Disabilities. California Coalition Against Sexual Assault. Online unter: https://www.calcasa.org/wp-content/uploads/2010/12/Disabilities-Info-Packet-Final-Upload-12.29.10.pdf [Aufgerufen am 05.09.2022]

7 bff, n.d. Gewalt gegen Frauen und Mädchen mit Behinderungen. bff: Frauen gegen Gewalt. Online unter: https://www.frauen-gegen-gewalt.de/de/infothek/gewalt-gegen-frauen-und-maedchen-mit-behinderung/merkmale-und-tatsachen.html [Aufgerufen am 04.09.2022]

8 Puchert, R., und Hornberg, C., 2013. Lebenssituation und Belastungen von Männern mit Behinderungen und Beeinträchtigungen in Deutschland. Abschlussbericht. Forschungsbericht Sozialforschung 435 im Auftrag des BMAS, Berlin

9 Fang, Z., Cerna-Turoff, I., Zhang, C., Lu, M., Lachman, J.M., and Barlow, J., 2022. Global estimates of violence against children with disabilities: an updated systematic review and meta-analysis. *The Lancet Child & Adolescent Health*

10 Schröttle, M., Hornberg, C., Neder, N., Mecke, D., Elli, O., und Vogt, K., 2014. Gewalterfahrungen von in Einrichtungen lebenden Frauen mit Behinderungen – Ausmaß, Risikofaktoren, Prävention

11 Schröttle, M., Hornberg, C., Glammeier, S., Sellach, B., Kavemann, B., Puhe, H., und Zinsmeister, J., 2012. Lebenssituation und Belastungen von Frauen mit Beeinträchtigungen und Behinderungen in Deutschland – Kurzfassung

12 Schröttle, M., Hornberg, C., Glammeier, S., Sellach, B., Kavemann, B.,

Puhe, H., und Zinsmeister, J., 2012. Lebenssituation und Belastungen von Frauen mit Beeinträchtigungen und Behinderungen in Deutschland – Kurzfassung

13 Women with disabilities Victoria, n.d. Violence against women with disabilities. Online unter: https://www.wdv.org.au/wp-content/uploads/2019/07/fact-sheet-3_Jul19_P2.pdf [Aufgerufen am 04.09.2022]

14 Schröttle, M., Hornberg, C., Neder, N., Mecke, D., Elli, O., und Vogt, K., 2014. Gewalterfahrungen von in Einrichtungen lebenden Frauen mit Behinderungen – Ausmaß, Risikofaktoren, Prävention

15 Strand, M., Benzein, E., and Saveman, B.I., 2004. Violence in the care of adult persons with intellectual disabilities. *Journal of clinical nursing*, *13*(4), pp. 506–514

16 Kräher, L., 2021. Der gefährliche Versuch, Gewalt gegen Menschen mit Behinderung nachvollziehbar zu machen. Übermedien. Online unter: https://uebermedien.de/59531/der-gefaehrliche-versuch-gewalt-gegen-menschen-mit-behinderung-nachvollziehbar-zu-machen/ [Aufgerufen am 27.12.2022]

17 Ableismus Tötet, 2021. Online unter: www.ableismus.de [Aufgerufen am 28.09.2023]

Behinderte Liebe, Sexualität und Familiengründung

1 Vallis, J., 2019. #DisabledPeopleAreHot: Viral Hashtag sparks conversation about sexuality and disability. CBC. Online unter: https://www.cbc.ca/radio/nowornever/how-do-you-feel-about-your-body-1.5042773/disabledpeoplearehot-viral-hashtag-sparks-conversation-about-sexuality-and-disability-1.5042776 [Aufgerufen am 10.01.2023]

2 Brown, K., 2020. How one woman celebrates her disability with the #DisabledAndCute hashtag. Essence. Online unter: https://www.essence.com/culture/disabled-and-cute-creator-keah-brown/ [Aufgerufen am 10.01.2023]

3 Kiermeier, C., 2022. Online Dating: Von Fantasywesen und einem hübschen Gesicht. Online unter: https://sexabled.de/2022/04/14/online-dating-von-fantasywesen/ [Online unter 20.02.2023]

4 Bluhm, M.M., 2021. Representation of disabled sexuality in the

media. Online unter: https://scholarworks.calstate.edu/downloads/xw42nf478 [Aufgerufen am 11.01.2023]

5 Statista, 2021. Gender Care Gap noch immer viel zu hoch. Online unter: https://de.statista.com/infografik/24809/hoehe-des-gender-care-gaps-in-deutschland/ [Aufgerufen am 28.08.2023]

6 Zanzu, n.d. Sex. Mein Körper in Wort und Bild. Online unter: https://www.zanzu.de/de/sexualitaet/sex/was-ist-sex/ [Aufgerufen am 21.02.2023]

7 Rapp, S., Sexualität ist ein Grundbedürfnis. Apothekenzeitung. Online unter: https://www.deutsche-apotheker-zeitung.de/news/artikel/2013/06/24/sexualitaet-ist-ein-grundbeduerfnis#:~:text=F%C3%BCr%20die%20meisten%20Menschen%20z%C3%A4hlt,sind%20daher%20oft%20sehr%20belastend [Aufgerufen am 16.05.2023]

8 Nwanazia, C., 2018. Sex care in the Netherlands: helping the disabled find intimacy. Dutch Review. Online unter: https://dutchreview.com/culture/relationships/sex-care-in-the-netherlands-helping-the-disabled-find-intimacy/ [Aufgerufen am 02.11.2022]

9 Findthammer, V., 2017. Sex für Pflegebedürftige auf Rezept – Tatsächlich? Deutschlandfunk. Online unter: https://www.deutschlandfunkkultur.de/gruenen-vorstoss-sex-fuer-pflegebeduerftige-auf-rezept-102.html [Aufgerufen am 02.11.2022]

10 Enable Me, n.d. Sexualassistenz und Sexualbegleitung. Online unter: https://www.enableme.de/de/artikel/sexualbegleitung-2384 [Aufgerufen am 21.02.2023]

11 Gutensohn, D., 2019. Wie ein Gesetz Menschen bedroht, die Sexualbegleitung anbieten. Ze.tt. Online unter: https://www.zeit.de/zett/liebe-sex/2019–05/wie-ein-gesetz-menschen-bedroht-die-sexualbegleitung-anbieten [Aufgerufen am 21.02.2023]

12 Geisler, A., 2018. Warum diese Eltern gegen eine Hörprothese für ihren tauben Sohn kämpfen. Stern. Online unter: https://www.stern.de/gesundheit/medizin/tauber-zweijaehriger---aerzte-sind-fuer-hoerprothese--eltern-sind-dagegen-7838504.html [Aufgerufen am 13.01.2023]

Kapitel 3 **Privilegien & Abwehrmechanismen**

Das ewige Leid: behindernde Sprache

1 Ash, 2022. Was ist eigentlich Inspiration Exploitation? Behindernisse. Online unter: https://be-hindernisse.org/2022/02/16/was-ist-eigentlich-inspiration-exploitation/ [Aufgerufan am 13.03.2023]

2 Young, S., 2014. I'm not your inspiration, thank you very much. TED. Online unter: https://www.ted.com/talks/stella_young_i_m_not_your_inspiration_thank_you_very_much?language=en [Aufgerufen am: 02.07.2022]

3 Haller, B., and Preston, J., 2016. Confirming normalcy:‹Inspiration porn› and the construction of the disabled subject? In *Disability and social media* (pp. 63–78). Routledge

4 Ash, 2022. Was ist eigentlich Inspiration Exploitation? Behindernisse. Online unter: https://be-hindernisse.org/2022/02/16/was-ist-eigent lich-inspiration-exploitation/ [Aufgerufen am 13.03.2023]

5 Ross, S.D., and Lester, P.M., 2011. Images that injure: Pictorial stereotypes in the media. ABC-CLIO

6 Shelton, S., 2017. Not an Inspiration Just for Existing: How Advertising Uses Physical Disabilities as Inspiration: A Categorization and Model. In Conference: AEJMC Southeast Colloquium (pp. 1–30)

7 Pirsl, D., and Popovska, S., 2013. Media mediated disability: How to avoid stereotypes. International Journal of Scientific Engineering and Research (IJSER) Volume, 1, pp. 42–45

8 Nelson, J.A., 2000. The media role in building the disability community. Journal of Mass Media Ethics, 15(3), pp. 180–193

9 de Graaf, Gert, Frank Buckley and Brian G. Skotko. «Estimation of the number of people with Down syndrome in Europe.» *European Journal of Human Genetics* 29, no. 3 (2021): 402–410. Online unter: https://www.sciencedaily.com/releases/2020/12/201218131911.htm

10 Zhang, S., 2020. The Last Children of Down Syndrome. The Atlantic. Online unter: https://www.theatlantic.com/magazine/archive/2020/12/the-last-children-of-down-syndrome/616928/ [Aufgerufen am 02.07.2022]

11 Haller, B.A., 2010. Representing disability in an ableist world: Essays on mass media. Louisville, KY: Advocado Press

12 Zhang, L., and Haller, B., 2013. Consuming image: How mass media impact the identity of people with disabilities. Communication Quarterly, 61(3), pp. 319–334
13 Auslander, G.K., and Gold, N., 1999. Disability terminology in the media: A comparison of newspaper reports in Canada and Israel. Social Science & Medicine, 48(10), pp. 1395–1405
14 Haller, B., Dorries, B., and Rahn, J., 2006. Media labeling versus the US disability community identity: a study of shifting cultural language. Disability & Society, 21(1), pp. 61–75
15 National Center on Disability and Journalism, 2018. Disability Language Style Guide. Walter Cronkite School of Journalism and Mass Communication, Arizona State University. Available at: https://ncdj.org/style-guide/ [Accessed: August 5, 2019]
16 Ryan, M., 2018. I Don't Have Autism. I Am Autistic. Lenny. Online unter: https://www.lennyletter.com/story/i-dont-have-autism-im-autistic [Aufgerufen am 05.08.2023]
17 Hill, J., 2018. Netflix and Hill: The True Story Behind «Afflicted». Jamison Writes. Online unter: https:// jamisonwrites.com/2018/08/20/netflix-and-hill-the-true-story-behind-afflicted/ [Aufgerufen am 05.08.2023]
18 Smykowski, J., 2016. Behindert sein = Sterben wollen? Filmkritik: «Ein ganzes halbes Jahr», Online unter: https://leidmedien.de/aktuelles/ein-ganzes-halbes-jahr/ [Aufgerufen am 02.07.2022]
19 Spiegel Panorama, 2020. Anne Hathaway bittet für Darstellung von Behinderung um Entschuldigung. Online unter: https://www.spiegel.de/panorama/leute/anne-hathaway-anne-hathaway-bittet-fuer-darstellung-von-behinderung-um-entschuldigung-a-4281ad29-a899–41f1-babd-f693bc5e9f5c [Aufgerufen am 02.07.2022]
20 Bastow, C., 2021. Sia's film Music misrepresents autistic people. It could also do us damage. The Guardian. Online unter: https://www.theguardian.com/film/2021/jan/27/sias-film-music-misrepresents-autistic-people-it-could-also-do-us-damage [Aufgerufen am 02.07.2022]
21 Taylor, A., 2021. Sex Education: Isaac actor George Robinson gets intimate about disability. BBC. Online unter: https://www.bbc.com/news/entertainment-arts-58623652 [Aufgerufen am 02.07.2022]

22 Evans, D., Law, A., 2018. FilmDis White Paper on Disability Representation on Television, Examining 180 TV Shows from March 2018 to March 2019. FilmDis. Online unter: https://filmdis.com/wp-content/uploads/2020/03/FilmDisWhitePaperonDisabilityRepresentationon Television.pdf [Aufgerufen am 13.03.2023]

23 Charlton, J.I., 1998. Nothing about us without us. In *Nothing About Us Without Us*. University of California Press

24 ProQuote Medien, 2021. Männerdomäne Regionalpresse: Wo bleiben die Führungsfrauen. Online unter: https://www.pro-quote.de/wp-content/uploads/2021/02/Proquote_Online-Interviewstudie.pdf [Aufgerufen am 02.08.2023]

25 Robertson, C.T., Kleis Nielsen, R., 2021. Women and leadership in the news media 2021: evidence from 12 markets. Reuters Institute. Online unter: https://reutersinstitute.politics.ox.ac.uk/women-and-leadership-news-media-2021-evidence-12-markets [Aufgerufen am 01.08.2022]

26 Spilsbury, M., 2017. Diversity in Journalism. National Council for the Training of Journalists. Online unter: https://www.nctj.com/downloadlibrary/DIVERSITY%20JOURNALISM%204WEB.pdf [Aufgerufen am 01.08.2022]

27 Berkowitz, D.A., 2009. Reporters and their sources. In The handbook of journalism studies (pp. 122–135). Routledge

28 Bourgault, J., 2021. Diversity in the newsroom can build better media. World Economic Forum. Online unter: https://www.weforum.org/agenda/2021/12/diversity-in-news-media/ [Aufgerufen am 01.08.2022]

29 Leidmedien, n.d. Begriffe über Behinderung von A bis Z. Online unter: https://leidmedien.de/begriffe/ [Aufgerufen am 03.07.2022]

30 National Center on Disability and Journalism, 2021. Disability Language Style Guide. Online unter: https://ncdj.org/style-guide/ [Aufgerufen am 03.07.2022]

Inklusion ist keine Wohltätigkeit

1 Einfach teilhaben, n.d. Was ist Inklusion und wie kann sie gelingen? Online unter: https://www.einfach-teilhaben.de/DE/AS/Ratgeber/Inklusion/Inklusion_node.html [Aufgerufen am 25.04.2023]

2 Betanet, 2023. Behinderung ▸ Inklusion. Online unter: https://www.betanet.de/behinderung-inklusion.html#:~:text=Exklusion%20

bedeutet%20Ausschluss,die%20M%C3%B6glichkeit%20bekommen %2C%20zu%20arbeiten [Aufgerufen am 25.04.2023]

3 Aguayo-Krauthausen, Raúl, 2023. Wer Inklusion will, findet einen Weg. Wer sie nicht will, findet Ausreden. Rowohlt Polaris. Online unter: https://www.rowohlt.de/buch/raul-aguayo-krauthausen-wer-inklusion-will-findet-einen-weg-wer-sie-nicht-will-findet-ausreden-9783499010293 [Aufgerufen am 25.04.2023]

4 Betanet, 2023. Behinderung ▸ Inklusion. Online unter: https://www.betanet.de/behinderung-inklusion.html#:~:text=Exklusion%20 bedeutet%20Ausschluss.,die%20M%C3%B6glichkeit%20bekommen %2C%20zu%20arbeiten [Aufgerufen am 25.04.2023]

5 Boban, I., und Hinz, A., 2009. Der Index für Inklusion: Lernen und Teilhabe in der Schule der Vielfalt entwickeln. *Sozial Extra*, *33*(9–10), pp. 12–16

6 Boban, Ines; Hinz, Andreas (2003): Index für Inklusion. Lernen und Teilhabe in der Schule der Vielfalt entwickeln. Entwickelt von Tony Booth & Mel Ainscow. Halle-Wittenberg

7 Inklumat, n. d. Disability Mainstreaming. Online unter: https://www.inklumat.de/de/glossar/disability-mainstreaming [Aufgerufen am 21.03.2023]

8 BMFSFJ, 2021. Gender Mainstreaming. Online unter: https://www.bmfsfj.de/bmfsfj/themen/gleichstellung/gleichstellung-und-teilhabe/strategie-gender-mainstreaming/gender-mainstreaming-80436 [Aufgerufen am 17.01.2023]

9 Bundesfachstelle Barrierefreiheit, n. d. Online unter: https://www.bundesfachstelle-barrierefreiheit.de/DE/Fachwissen/Veranstaltungs planung/veranstaltungsplanung_node.html [Aufgerufen am 04.08.2023]

10 NIH, 2021. The Curb-Cut Effect, National Cancer Institute. Online unter: https://dceg.cancer.gov/about/diversity-inclusion/inclusivity-minute/2021/curb-cut-effect [Aufgerufen am 21.03.2023]

11 Aguayo-Krauthausen, Raúl, 2023. Wer Inklusion will, findet einen Weg. Wer sie nicht will, findet Ausreden. Rowohlt Polaris. Online unter: https://www.rowohlt.de/buch/raul-aguayo-krauthausen-wer-inklusion-will-findet-einen-weg-wer-sie-nicht-will-findet-aus reden-9783499010293 [Aufgerufen am 25.04.2023]

Kapitel 4 **Das kannst du tun**

1 Catlin, K., and McGraw, S., 2019. Better allies: Everyday actions to create inclusive, engaging workplaces. San Francisco, CA: Better Allies Press

Begriffserklärungen

1 Merriam-Webster, n.d. Able-bodied. Online unter: https://www.merriam-webster.com/dictionary/able-bodied [Aufgerufen am 21.03.2023]

2 National Center on Disability and Journalism, 2021. Disability Language Style Guide. Online unter: https://ncdj.org/style-guide/ [Aufgerufen am 21.03.2023]

3 Katz, J., 2018. Abled Fragility is Not An Access Need. Online unter: https://medium.com/@JonathanPKatz_43214/abled-fragility-is-not-an-access-need-5af767ecc1fe [Aufgerufen am 21.03.2023]

4 Cambridge Dictionary, n.d. Ally. Online unter: https://dictionary.cambridge.org/dictionary/english/ally [Aufgerufen am 21.03.2023]

5 Leidmedien, n.d. Begriffe über Behinderung von A bis Z. Online unter: https://leidmedien.de/begriffe/ [Aufgerufen am 21.03.2023]

6 Ballon, 2022. Beeinträchtigung oder Behinderung. Universität Bremen. Online unter: https://www.uni-bremen.de/digitale-transformation/projekte/barrierearmes-lernen-und-lehren-online-ballon/neuigkeiten/beeintraechtigung-oder-behinderung-welcher-begriff-ist-richtig [Aufgerufen am 21.03.2023]

7 Universität zu Köln, 2022. Gender Equality and Diversity. BIPOC. Online unter: https://vielfalt.uni-koeln.de/antidiskriminierung/glossar-diskriminierung-rassismuskritik/bipoc [Aufgerufen am 27.08.2023]

8 Musafiri, K., 2019. Hä, was heißt Colorism? Missy Magazine. Online unter: https://missy-magazine.de/blog/2019/06/20/hae-was-heisst-colorism/ [Aufgerufen am 08.08.2023]

9 McRuer, R., 2006. *Crip theory: Cultural signs of queerness and disability.* NYU press

10 Critical Disability Studies Collective, n.d. Terminology. Online unter: https://cdsc.umn.edu/cds/terms [Aufgerufen am 21.03.2023]

11 NIH, 2021. The Curb-Cut Effect, National Cancer Institute. Online unter: https://dceg.cancer.gov/about/diversity-inclusion/inclusivity-minute/2021/curb-cut-effect [Aufgerufen am 21.03.2023]
12 Inklumat, n.d. Disability Mainstreaming. Online unter: https://www.inklumat.de/de/glossar/disability-mainstreaming [Aufgerufen am 21.03.2023]
13 EnableMe, n. D. Disability Pride – Warum Menschen weltweit ihre Behinderung zelebrieren. Online unter: https://www.enableme.de/de/artikel/disability-pride-warum-menschen-weltweit-ihre-behinderungen-zelebrieren-3746 [Aufgerufen am 21.03.2023]
14 Antidiskriminierungsstelle des Bundes, n.d. Was ist Diskriminierung? Online unter: https://www.antidiskriminierungsstelle.de/DE/ueber-diskriminierung/was-ist-diskriminierung/was-ist-diskriminierung-node.html [Aufgerufen am 21.03.2023]
15 Cambridge Dictionary, n.d. Diversity. Online unter: https://dictionary.cambridge.org/dictionary/english/diversity [Aufgerufen am 21.03.2023]
16 Netzwerk Leichte Sprache, n.d. Die Regeln. Online unter: https://www.leichte-sprache.org/leichte-sprache/die-regeln/ [Aufgerufen am 21.03.2023]
17 Netzwerk Leichte Sprache, n.d. Das Prüfen. Online unter: https://www.leichte-sprache.org/leichte-sprache/das-pruefen/ [Aufgerufen am 11.05.2023]
18 Kellermann, G., 2014. Leichte und Einfache Sprache – Versuch einer Definition. Online unter: https://www.bpb.de/shop/zeitschriften/apuz/179341/leichte-und-einfache-sprache-versuch-einer-definition/ [Aufgerufen am 21.03.2023]
19 Bundeszentrale für politische Bildung, n.d. Faschismus. Online unter: https://www.bpb.de/kurz-knapp/lexika/politiklexikon/17480/faschismus/ [Aufgerufen am 29.08.2023]
20 Newport Institute, n.d. How to tell if someone is gaslighting you. Online unter: https://www.newportinstitute.com/resources/mental-health/what_is_gaslighting_abuse/ [Aufgerufen am 21.03.2023]
21 Swift Yasgur, B., 2023. Medical Gaslighting: When the doctor dismisses your concerns. WebMD. Online unter: https://www.webmd.

com/mental-health/news/20230120/medical-gaslighting-what-to-know [Aufgerufen am 21.03.2023]

22 Franzkowiak, P., Hurrelmann, K., 2022. Gesundheit. BZgA. Online unter: https://leitbegriffe.bzga.de/alphabetisches-verzeichnis/gesundheit/ [Aufgerufen am 22.03.2023]

23 Okundaye, J., 2021. Ask a Self-Advocate: The Pros and Cons of Person-First and Identity-First Language. Massachusetts Advocates for Children. Online unter: https://www.massadvocates.org/news/ask-a-self-advocate-the-prosand-cons-of-person-first-and-identity-first-language [Aufgerufen am 22.03.2023]

24 Mattlin, B., 2019. Help! I think I created a word! Facing Disability. Online unter: https://facingdisability.com/blog/help-i-think-i-created-a-word [Aufgerufen am 22.03.2023]

25 Die Neue Norm, 2021. #13 Internalisierter Ableismus. Online unter: https://dieneuenorm.de/podcast/internalisierter-ableismus/ [Aufgerufen am 22.03.2023]

26 DISW, 2021. Was ist eigentlich Intersektionalität? Echte Vielfalt. Online unter: https://echte-vielfalt.de/lebensbereiche/lsbtiq/was-ist-eigentlich-intersektionalitaet/ [Aufgerufen am 22.03.2023]

27 DWDS, n.d. Krüppel. Online unter: https://www.dwds.de/wb/Kr%C3%BCppel [Aufgerufen am 22.03.2023]

28 Miles-Paul, O., 2021. Heute vor 40 Jahren: Krüppelbewegung beim Gesundheitstag. Kobinet. Online unter: https://kobinet-nachrichten.org/2021/10/04/heute-vor-40-jahren-krueppelbewegung-beim-gesundheitstag/ [Aufgerufen am 22.03.2023]

29 Gender Sexuality Resource Center, n. D. LGBTQIA+ 101. Online unter: https://www.gsrc.princeton.edu/lgbtqia-101 [Aufgerufen am 22.03.2023]

30 Diversity Arts Culture, n.d. Marginalisierung. Online unter: https://diversity-arts-culture.berlin/woerterbuch/marginalisierung [Aufgerufen am 22.03.2023]

31 Baer, S., Bittner, M., Göttsche, A.L., 2010. Mehrdimensionale Diskriminierung – Begriffe, Theorien und juristische Analyse. Antidiskriminierungsstelle des Bundes. Online unter: https://www.antidiskriminierungsstelle.de/SharedDocs/downloads/DE/publikationen/Expertisen/expertise_mehrdimensionale_diskriminierung_

jur_analyse.pdf?__blob=publicationFile&v=2 [Aufgerufen am 22.03.2023]

32 Leidmedien, n.d. Begriffe über Behinderung von A bis Z. Online unter: https://leidmedien.de/begriffe/ [Aufgerufen am 22.03.2023]

33 Universität Köln, n.d. Mikroaggression. Gender, Equity and Diversity. Online unter: https://vielfalt.uni-koeln.de/antidiskriminierung/glossar-diskriminierung-rassismuskritik/mikroaggressionen [Aufgerufen am 22.03.2023]

34 Minzgespinst, n.d. Glossar. Online unter: https://minzgespinst.net/glossar/ [Aufgerufen am 25.08.2023]

35 Queer Lexikon, n.d. Trans und Nichtbinär. Online unter: https://queer-lexikon.net/uebersichtsseiten/trans/ [Aufgerufen am 25.08.2023]

36 Spektrum, n.d. Normalität. Online unter: https://www.spektrum.de/lexikon/psychologie/normalitaet/10657 [Aufgerufen am 22.03.2023]

37 IDA e.V., n.d., Othering. Vielfalt Mediathek. Online: https://www.vielfalt-mediathek.de/othering [Aufgerufen am 23.03.2023]

38 Diversity Arts Culture Berlin, n.d. PoC/Person of Color. Online unter: https://diversity-arts-culture.berlin/woerterbuch/poc-person-color [Aufgerufen am 23.03.2023]

39 Pring, J., 2021. Purple Tuesday defends itself from «purplewashing» accusations. Disability News Service. Online unter: https://www.disabilitynewsservice.com/purple-tuesday-defends-itself-from-purplewashing-accusation/ [Aufgerufen am 23.03.2023]

40 Schneider, G., Toyka-Seid, C., 2023. Selbstbestimmung. Das junge Politik-Lexikon von www.hanisauland.de, Bonn: Bundeszentrale für politische Bildung 2023. Online unter: https://www.hanisauland.de/wissen/lexikon/grosses-lexikon/s/selbstbestimmung.html [Aufgerufen am 23.03.2023]

41 Einfach teilhaben, 2019. Wohn- und Pflegeheime. Online unter: https://www.einfach-teilhaben.de/DE/AS/Themen/Wohnen/WohnPflegeheime/wohnpflegeheime_node.html [Aufgerufen am 23.03.2023]

42 IDA e.V. Token/Tokenism. Vielfalt Mediathek. Online unter https://www.vielfalt-mediathek.de/kurz-erklaert-token-tokenismus [Aufgerufen am 23.03.2023]

43 Die Neue Norm, 2022. Vielfalt im Journalismus. Online unter: https://dieneuenorm.de/transkript/vielfalt-im-journalismus-transkript/ [Aufgerufen am 15.05.2023]

44 Antidiskriminierungsstelle des Bundes, n.d. trans*Online unter: https://www.antidiskriminierungsstelle.de/DE/ueber-diskriminierung/diskriminierungsmerkmale/geschlecht-und-geschlechtsidentitaet/trans/trans-node.html [Aufgerufen am 23.03.2023]

45 UCSF, n. D. Unconscious Bias Training. Online unter: https://diversity.ucsf.edu/programs-resources/training/unconscious-bias-training [Aufgerufen am 24.03.2023]

46 Universität zu Köln, n. D. Weißsein. Gender Equality & Diversity. Online unter: https://vielfalt.uni-koeln.de/antidiskriminierung/glossar-diskriminierung-rassismuskritik/weisssein [Aufgerufen am 24.03.2023]